아이의 습관

부모도 모르게 굳어지는 아이의 마음과 행동

아이의 습관
부모도 모르게 굳어지는 아이의 마음과 행동

초판 1쇄 펴낸날 | 2025년 11월 5일

지은이 | 임승렬
펴낸이 | 고성환
펴낸곳 | (사)한국방송통신대학교출판문화원
　　　　03088 서울시 종로구 이화장길 54
　　　　전화 1644-1232
　　　　팩스 02-741-4570
　　　　홈페이지 http://press.knou.ac.kr
　　　　출판등록 1982년 6월 7일 제1-491호

출판위원장 | 박지호
편집 | 박혜원
본문 디자인 | 티디디자인
표지 디자인 | 플랜티

ⓒ 임승렬, 2025
ISBN 978-89-20-05465-5　13590

값 18,000원

- 잘못 만들어진 책은 바꾸어 드립니다.
- 이 책의 내용에 대한 무단 복제 및 전재를 금하며, 저자와 (사)한국방송통신대학교출판문화원의 허락 없이는 어떠한 방식으로든 2차적 저작물을 출판하거나 유포할 수 없습니다.

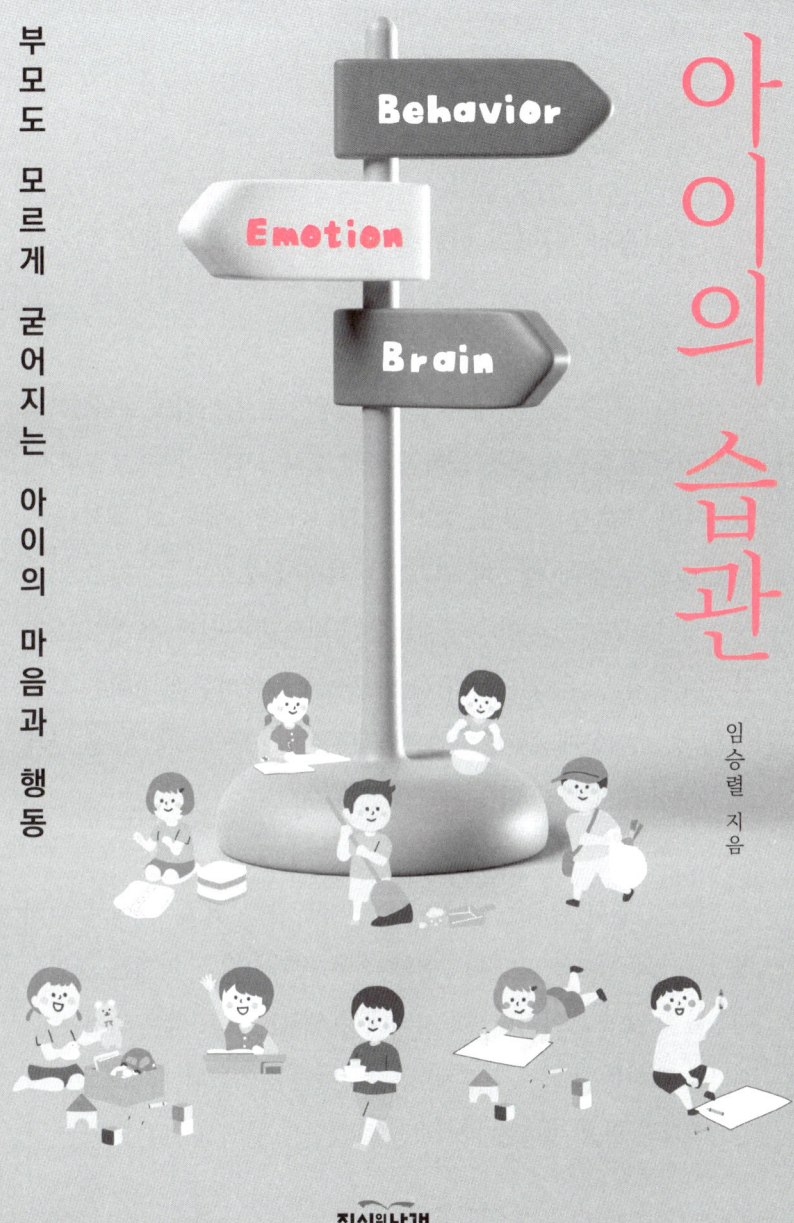

부모도 모르게 굳어지는 아이의 마음과 행동

아이의 습관

임승렬 지음

지식의날개

머리말

습관, 아이의 미래를 바꾸는 마법의 주문

"세 살 버릇 여든 간다."

이 오래된 속담은 이제 식상한 잔소리처럼 들리기도 한다. 어릴 때 젓가락질 습관을 잘못 들이면 평생 고치기 힘들다, 정도로만 이해한다면 그럴 수도 있다. 그러나 나는 이 속담에서 더 깊은 통찰을 발견한다. 식사 때마다 연습을 반복하여 젓가락질을 바르게 완성해 낸 아이는 결국 이후의 삶도 성공적으로 꾸려갈 수 있다고 믿기 때문이다. 작은 일도 부단히 탐구하고 애써버릇한 아이는 자전거 타기, 수학문제 풀기, 사업 실패 극복하기 등 인생의 다음 단계도 차분히 헤쳐 나갈 힘을 지니게 된다.

어린 시절의 습관은 인간의 뇌 구조, 감정 회로, 그리고 삶의 방향에까지 영향을 미친다. 취학 전후 젓가락질을 익히는 경험은 대수롭지 않아 보이지만, 이 시기에 형성되는 크고 작은 습관은 삶 전반을 대하는 태도로 연결된다. 그렇다면 선조들의 이 통찰은 "습관은 제2의 천성"이라는 파스칼의 주장과도 일맥상통한다.

세 살부터 열 살은 '습관 흡수기'이다. 보이는 대로 따라 하고, 듣는 대로 믿으면서 매일 반복되는 행동이 무의식적으로 고착화된다. 그래서 부모가 된 우리는 하루를 시작하며 굳게 다짐하곤 한다. '오늘은 화내지 말자. 칭찬을 많이 해주자. 어떤 일이 있어도 차분하게 훈육하자.' 그러나 다짐은 몇 시간 만에 여지없이 깨지고 만다. 참다못한 부모는 결국 큰 소리로 타박하고 아이를 끌어내고 아이가 해야 할 일을 대신 해주는 것으로 마무리한다. 이것이 매일 반복되면? 그것이 바로 습관이 된다. 그리고 이렇게 형성된 습관 하나하나가 아이의 인생을 좌우할 수 있다.

부모도 모르는 사이 아이의 습관이 형성되고 인생 전체에 영향을 미칠 수 있다니, 부모로서는 부담스러운 일이다. 그러나 부모들이 거창하고 어려운 무언가를 해내야 한다는 뜻은 아니다. 잠자기 전에 오늘 좋았던 일을 한 가지 떠올리기, 잘 안 풀려도 "그래도 해보자"라고 말하기, 짜증 날 때는 심호흡하기, 물건은 제자리에 놓기, 밥 먹기 전에 "잘 먹겠습니다"라고 말하기. 이런 소소한 말과 행동이 반복되면 아이의 뇌 안에 새로운 길이 만들어진다. 그리고 그 길을 자주 다니다 보면, 그게 바로 우리 아이의 삶의 방식이 된다. 작은 반복이 만드는 큰 변화, 이 책은 바로 그런 이야기를 하려고 한다.

어린 시절의 습관은 정서에도 큰 영향을 미친다. 화가 날 때마다 문을 쾅 닫는 아이, 작은 일에도 무너지는 아이, 무슨 일이든 "몰라" 하며 회피하는 아이. 이 아이들에게는 감정을 다루는 습관 훈련이 필요하다. 그래서 이 책에서는 '감정도 습관이다'라는 주제로, 감정을 표현하고 조절하는 이야기도 담았다. 특히 아이가 실패해도 다시 일어서는 습관을 기르는 일이 정말 중요하다. "괜찮아, 다시 하면 돼." "실패해도 넌 여전히 소중해." 이런 말을 자주 듣는 아이는 실수 앞에서 무너지지 않는다. 오히려 그 경험을 디딤돌 삼아 더 크게 성장할 수 있다. 실패해도 다시 일어서는 습관, 그것도 훈련이 필요하다.

미리 털어놓자면 이 책에는 부모들이 불편해할 수 있는 진실도 담겨 있다. 아이의 습관은 부모의 감정을 먹고 자란다. 부모가 늘 예민하고 불안하면, 아이의 습관 훈련은 뜻대로 되지 않을 수 있다. 반대로 부모가 조금 느긋하고 유연하면, 아이의 습관도 그처럼 자연스럽고 여유롭게 형성된다. 부모의 감정 관리가 아이의 습관을 지키는 '보이지 않는 울타리'인 셈이다. 그러니, 아이를 바꾸고 싶다면, 먼저 나부터 바꿔보는 연습이 필요하다. 책의 마지막 장에 그 방법을 담아냈다. 물론 완벽한 부모 되기를 강요하진 않는다. 실수해도 다시 돌아올 수 있는 길을 곳곳에 제시해 놓았다.

대학에서 32년간의 교직 생활을 마무리하며 한 가지 결심을 했다. '육아 현장으로, 부모들 곁으로 더 가까이 다가가자!' 그간 수천 명의 학생을 가르치고 수많은 연구를 수행했지만 부모들의 갈증을 풀어주기에는 역부족이라는 생각이었다. 다행히 퇴직 후 여러 기관의 요청으로 부모 상담과 멘토링을 맡게 되었고, 거기서 자주 들은 질문에서 이 책이 시작되었다. "어릴 적 습관이 그렇게 중요한가요?" "아이 습관을 잡아야 하는데 잘 안돼요." 나의 대답은 다음과 같다. "습관은 아이의 미래를 바꾸는 마법의 주문이며 하루 10분이면 당신도 아이도 해낼 수 있습니다."

마법의 주문을 담은 책이 나오기까지 도움을 주신 분들께 고마움을 전하고 싶다. 책 구성에 대한 조언과 모담도서관을 매번 동행해 준 남편, 멀리 미국에서 엄마가 하는 일에 무조건 지지와 격려를 보내주는 아들, 열심히 노력하는 동생이 안쓰러워 늘 걱정해 주는 언니, 그리고 나와 남편의 주치의로서 삶 전반을 보살펴주는 이경혜 원장에게 정말 고마운 마음이다. 바쁜 중에도 추천사를 써주신 김경성 교수님, 오헌석 교수님께 감사드리고, 책을 출판해 주신 한국방송통신대학교 출판문화원의 박지호 원장님과 애써주신 박혜원 팀장님께 진심으로 감사드린다. 이 모든 마음이 모여 오늘도 꿋꿋이 육아를 해내는 부모들에게 닿길, 힘이 되길 기원한다.

차례

머리말
습관, 아이의 미래를 바꾸는 마법의 주문 • 4

1장 습관이 아이의 뇌를 바꾼다
_ 습관의 뇌과학

왜 습관이 뇌를 만든다고 할까 • 17
하루 루틴이 두뇌의 예측성과 안정감을 높인다 • 22
좋은 습관은 전두엽을 키우고 충동을 조절한다 • 28
나쁜 습관이 굳어지기 쉬운 이유 • 36

🌿 아이의 습관 형성을 방해하는 부모의 행동 • 45

2장 작은 반복이 큰 변화를 이룬다
_ 습관 형성의 메커니즘

습관의 3요소: 신호, 행동, 보상 • 50
아이들은 습관을 어떻게 배울까 • 54
시작은 작고 쉽게 • 61
사소해 보여도 실행이 먼저 • 67
작은 일을 매일 반복하는 힘 • 74
습관 형성에도 단계가 필요하다 • 80
무의식적 선택을 의식해 보자 • 88

🌱 바쁜 부모를 위한 '루틴 자동화' 꿀팁 • 93

3장 감정도 습관이다
_ 감정 표현력·조절력 기르기

왜 감정도 길러야 할까 • 98
아이의 감정 표현, 부모의 반응이 결정한다 • 103
반복되는 반응이 감정 습관을 만든다 • 107
감정 습관은 부모와의 관계에서 시작된다 • 113
감정을 억누르면 더 커진다 • 117
감정 습관은 사회성을 발달시키는 기반이다 • 123
부모의 감정 습관이 아이에게 전염된다 • 127
감정을 언어로 표현하는 힘 • 131
감정도 연습해야 좋아진다 • 135
감정을 다루는 습관, 이렇게 기를 수 있다 • 140

🌱 아이의 올바른 감정 습관을 방해하는 부모의 말투 • 144
🌱 우리 아이 감정 습관 자가 진단표 • 146

4장 지속 가능해야 습관이 된다
_ 실패해도 다시 시작하는 리셋 전략

목표 설정: 구체적으로 무엇을, 도대체 왜 • 149

작고 쉬운 목표로 '할 수 있다'는 감각을 선물하기 • 154

실천 계획은 '언제' '어디서'를 분명하게 • 159

실패해도 다시 시작할 수 있는 리셋 루틴 만들기 • 164

눈에 보이는 체크리스트와 시각화 전략 • 168

칭찬보다 격려와 피드백이 지속력을 만든다 • 174

부모도 함께해야 포기하지 않는다 • 180

아이의 자율성 존중하기 • 184

일관성 유지하기 • 190

명료하고도 유연한 규칙 만들기 • 195

🌱 아이의 회복탄력성을 기르는 전략 10가지 • 200

5장 11가지 습관이 미래를 결정한다
_ 평생 힘이 되어줄 일상의 습관들

일상의 루틴이 아이를 성장시킨다 • 205
기본 생활 습관이 모든 학습의 기초이다 • 212
사회성과 배려 습관 • 216
스스로 조절하는 미디어 사용 습관 • 223
정리정돈은 감정 정리의 시작이다 • 228
독서 습관은 집중력의 훈련소 • 233
감정을 말로 표현하는 습관 • 238
목표를 세우고 실천하는 습관 • 243
질문하고 생각하는 습관 • 250
시간 관리 습관 • 256
실패를 받아들이고 극복하는 습관 • 262

🌱 우리집 루틴 체크리스트 • 267

6장 부모 감정이 아이의 습관을 지킨다
_ 육아 멘털 코칭

부모의 감정 기복은 아이 습관에 영향을 준다 • 271
잔소리는 부모의 불안을 먹고 자란다 • 277
부모에게도 감정 회복 루틴이 필요하다 • 283
아이의 문제, 먼저 내 반응을 들여다보자 • 289
조급한 훈육보다 기다림이 습관을 이룬다 • 296
부모의 일관성이 아이의 습관을 만든다 • 303

🌱 부모를 위한 감정 루틴 만들기 • 309

참고문헌 • 311

1장

습관이 아이의 뇌를 바꾼다

습관의 뇌과학

_인간은 태어나는 순간부터 습관을 형성하기 시작한다. 우리는 습관을 그저 특정 행동의 반복 정도로 생각하지만, 아이의 습관은 두뇌 발달에 직결되는 중요한 문제이다. 아이가 매일 반복하는 행동은 뇌의 특정 회로를 점점 굵고 단단하게 연결시키고, 이는 아이의 성격, 감정 조절 능력, 집중력, 자기조절력 등 삶의 핵심 역량을 일군다. 습관은 뇌에서 자동화라는 이름으로 자리 잡으며 의식적인 에너지 없이도 특정 행동을 유도한다. 그런 점에서 좋은 습관은 아이의 삶을 편안하고 안정적으로 이끌지만, 나쁜 습관은 고질병이 되어 인생의 걸림돌이 되기도 한다.

왜 습관이 뇌를 만든다고 할까? 뇌는 반복되는 자극에 민감하게 반응한다. 하루 일과가 일정한 아이는 뇌가 다음 상황을 예측하고 준비할 수 있어 안정감을 느낀다. 이는 스트레스를 줄이고 감정 조절에 필요한 에너지를 아껴준다. 특히 전두엽은 계획, 판단, 충동 억제 등 자기조절의 중추 역할을 한다. 좋은 습관은 전두엽을 자주 사용하게 하여 이 부위를 더욱 발달시키는 반면, 나쁜 습관은 빠르게 쾌락 중추를 자극하고 뇌에 강한 흔적을 남기기 때문에 쉽게 굳어지며 전두엽의 개입을 어렵게 한다.

이 장에서는 왜 일상의 작은 반복이 아이의 인지력과 정서 안정, 행동 조절 능력을 키우는지 살펴보고, 좋은 습관이 뇌 발달에 어떤 영향을 미치는지, 나쁜 습관이 왜 쉽게 자리 잡는지 살펴본다. 부모가 알아야 할 습관의 뇌과학. 그 첫 문을 함께 열어보자.

왜 습관이 뇌를 만든다고 할까

습관은 뇌의 자동 실행 회로

우리가 반복해서 하는 행동은 결국 뇌 속에 '자동 실행 회로'를 만들어 별다른 인식 없이 자동으로 실행된다. 이는 마치 자전거를 여러 번 타다 보면 어느 순간 힘들이지 않고 자동으로 탈 수 있게 되는 것과 같은 원리이다. 뇌는 반복적인 행동을 기억하여, 의식적인 노력 없이도 자연스럽게 실행되도록 회로를 구성한다. 이 자동 실행 회로는 뇌의 '기저핵basal ganglia'이라는 부위가 담당하는데, 이곳은 우리가 습관적으로 하는 행동이나 감정을 조절하고 저장하는 데 큰 역할을 한다. 이 회로는 일단 만들어지면 외부의 자극 없이도 뇌가 스스로 작동하게 도와준다. 그래서 특정 행동을 자꾸 반복하다 보면 뇌는 그 행동을 생각이나 의지 없이도 당연히 해야 하는 것으로 기억하게 된다. 마치 숲속의 자주 밟은 길이 점점 넓어지고 다져지는 것처럼.

이러한 뇌의 작용은 아이들에게서 쉽게 볼 수 있다. 예를 들어, 매일 아침 일어나서 이를 닦고, 얼굴을 씻고, 옷을 갈아입는 루틴을 반복하는 아이는 어느 순간 부모가 말하지 않아도 자연스럽게 그 행동을 하게 된다. 처음에는 "양치해야지?", "세수는 했니?"라는 부모의 말에 따라 움직이던 아이가, 반복을 통해 그 행동을 자동으로 수행하게 되는 것이다. 이처럼 반복적인 행동은 뇌에 회로를 만들고, 그 회로가 강화되면 아이는 별다른 인식 없이도 그 행동을 자연스럽게 이어가게 된다.

다섯 살 민준이는 아침마다 어린이집 가기 전 한바탕 전쟁을 치르던 아이였다. 양치하라고 하면 도망가고, 옷 입자고 하면 눕고 울기 일쑤였다. 이에 민준이의 부모를 상담하면서 민준이와 '아침 준비 놀이'를 만들 것을 조언했다. 시계 그림이 그려진 '아침 루틴 보드'를 만들고, 이를 완료할 때마다 스티커를 붙이게 한 것이다. 처음엔 매번 함께 체크하며 도와주었지만, 2주가 지나자 스스로 시계를 보며 "이제 양치할 시간이야!"라고 말하며 움직이기 시작했다. 놀랍게도 부모의 반복적인 안내와 놀이 방식의 루틴 형성이 민준이의 뇌에 '아침 준비 자동 회로'를 만든 것이다.

이러한 습관 형성은 단지 생활 습관에만 적용되는 것이 아니다. 감정 조절, 인내심, 자율성 등 정서적·사회적 행동에도 큰 영향을 미친다. 예컨대, 아이가 화가 났을 때 깊게 숨을 쉬며 마음을 진정시키는 연습을 반복하면, 점차 뇌는 '화가 났을 때 숨을 고르는 회로'를 만들게 된다. 이는 아이가 자라나면서 충동을 조절하고 자기조절력을 기르는 데 큰 도움이 될 수 있다. 결국, 습관은 단순한 반복 행위가 아니라 뇌 속에 회로를 만드는 '설계' 작업과도 같다. 부모가 아이에게 일관되게 긍정적이고 건강한 습관을 반복적으로 제공하면, 그것은 아이의 삶 전반을 이끄는 자동 파일럿 기능이 되어준다. 습관은 단순한 행동이 아닌, 뇌를 만들어가는 강력한 도구인 셈이다.

뇌 발달의 결정적 시기=습관 설계의 황금기

뇌 발달의 결정적 시기는 인간이 외부 환경에 가장 민감하게 반응하며, 뇌 구조가 빠르게 형성되는 시기를 말한다. 특히 영유아기와 아동기는 이러한 결정적 시기 중에서도 매우 중요한 시기로, 경험과 반복되는 행동이 뇌의 구조와 기능에 직접적인 영향을 미친다. 이 시기의 반복된 자극은 뇌 속 신경 회로를 더욱 굵고 견고하게 연결시키며, 이는 습관 형성과도 밀접한 관련이 있다. 뇌는 자주 쓰는 회로를 강화하고, 사용하지 않는 회로는 가지치기하여 제거하는 '시냅스 가지치기' 과정을 거치게 된다. 예를 들어, 아침마다 책을 펼치고 잠깐이라도 읽는 아이는 뇌 속에 '독서 루틴'을 위한 회로가 형성된다.

결정적 시기의 뇌는 말 그대로 '만들어지는 중'이기 때문에, 어떤 경험을 얼마나 반복하느냐에 따라 미래의 행동과 사고방식이 달라질 수 있다. 이 시기에 형성된 습관은 성인이 되어서도 지속되는 경우가 많기 때문에 아이가 긍정적이고 건강한 습관을 형성할 수 있도록 돕는 것은 무엇보다 중요하다. 뇌 발달의 결정적 시기는 단순한 성장 시기가 아니라, 평생을 좌우할 수 있는 '습관 설계의 황금기'인 것이다. 부모는 이 시기를 활용해 아이가 긍정적인 습관을 형성하도록 반복적인 환경과 경험을 제공해야 한다. 이는 단지 하루의 행동을 바꾸는 것이 아니라, 아이의 뇌 구조를 바꾸고, 더 나아가 삶의 방향을 형성하는 중요한 시작이 될 수 있다.

습관은 신경경제학적으로 에너지 절약 전략이다

뇌는 에너지를 매우 많이 소비하는 기관이기 때문에 반복된 행동을 자동화해 에너지를 절약하려는 성향이 있다. 습관은 바로 뇌가 사용하는 대표적인 에너지 절약 전략이다. 신경경제학neuroeconomics의 관점에서 보면, 인간의 뇌는 늘 효율성을 추구한다. 뇌는 체중의 약 2%밖에 되지 않지만, 몸 전체 에너지의 약 20%를 사용할 정도로 에너지 소모가 큰 기관이다. 따라서 뇌는 가능한 적은 에너지로 많은 정보를 처리하고 반복되는 일을 자동화하려는 특성을 지니고 있다. 바로 이때 등장하는 것이 '습관'이다.

습관은 뇌가 자주 사용하는 행동을 자동화함으로써, 매번 선택하고 판단하는 데 드는 에너지를 아껴준다. 반복된 행동이 습관으로 굳어지면, 뇌는 더 이상 그 행동을 수행할 때 전전두엽(판단과 의사결정의 중추)을 크게 활성화하지 않고, 대신 기저핵이라는 영역을 이용해 자동으로 처리한다. 이는 마치 반복해서 운전한 길을 아무 생각 없이 갈 수 있는 것과 같은 원리이다.

아이들에게도 이 신경경제학적 전략은 뚜렷하게 작용한다. 예를 들어, 아침마다 등원 준비를 일일이 설명하고 재촉해야 하는 아이는 부모와 아이 모두 많은 에너지와 감정을 소비하게 된다. 그러나 일련의 행동을 루틴화하여 습관으로 만들면, 아이는 더 이상 매번 '생각'하지 않아도 알아서 움직이게 된다. 뇌가 그 과정을 자동화하여 에너지를 절약하기 때문이다.

여섯 살 하윤이는 장난감을 가지고 놀고 나서 늘 어질러진 채 방을 나간다. 엄마는 매번 치우라고 말했지만, 하윤이는 싫증을 내며 쉽게 움직이지 않았다. 이에 엄마는 '놀이 끝 청소송song'이라는 짧은 노래를 만들어, 놀이가 끝날 무렵 틀어주기 시작했다. 처음에는 엄마가 함께 치우며 동기를 부여했지만, 10일 정도가 지나자 하윤이는 노래가 나오면 자연스럽게 정리를 시작하는 것을 볼 수 있었다. 뇌는 '노래 → 정리'라는 일련의 행동 흐름을 신경회로로 연결했고, 이 회로는 반복될수록 강해졌기 때문에 하윤이에게 정리정돈은 더 이상 하기 싫고 힘든 일이 아닌, 적은 에너지로도 쉽게 할 수 있는 일이 된 것이다.

습관은 뇌가 정보 처리와 행동 실행에 드는 에너지를 절약하기 위한 경제적 선택이다. 처음에는 인지적 자원을 많이 쓰지만, 반복을 통해 자동화되면 뇌는 더 적은 에너지로 더 많은 일을 하게 된다. 아이가 습관을 형성할수록 에너지를 덜 쓰고, 그만큼 더 중요한 문제 해결이나 창의적 사고에 자원을 쓸 수 있게 되는 것이다. 아이가 일상에서 긍정적인 습관을 갖게 되는 것은 단지 생활을 편하게 하는 것 이상의 의미를 가진다. 그것은 뇌가 에너지를 효율적으로 분배하고 성장의 기반을 다지는 신경경제학적 전략이기도 하다. 부모와 교사는 이를 이해하고, 반복과 일관성을 통해 아이의 뇌가 건강한 습관을 형성하도록 도와야 한다. 에너지를 아끼는 뇌는 그만큼 더 많은 것을 배우고 성장할 준비가 되어 있기 때문이다.

하루 루틴이 두뇌의 예측성과 안정감을 높인다

아이의 뇌는 반복 속에서 예측을 학습한다

아이의 뇌는 세상과의 끊임없는 상호작용 속에서 발달하며 혼란보다 예측 가능한 상황을 선호한다. 특히 발달 단계에 있는 아이의 뇌는 반복되는 경험 속에서 세상을 이해하고, 안정감을 얻게 되며 환경으로부터 어떤 일이 일어날지를 예측하면서 효율적으로 작동하는 방향으로 진화한다. 따라서 반복되는 일상은 단순히 '규칙적인 생활'의 차원을 넘어, 아이의 뇌가 '예측하고 준비하는 능력'을 기르도록 돕는다. 이 과정을 통해 아이는 정서적 안정은 물론 자기조절력과 주의 집중력 같은 실행 기능 executive function도 함께 키워나가게 된다.

예를 들어, 5세 유진이는 아침마다 등원 전 세수하기, 옷 입기, 간단한 아침식사 순으로 하루를 시작한다. 이 루틴은 매일 거의 동일하게 반복되며, 유진이의 뇌는 "이제 옷을 입으면 식사가 오겠구나"라는 식으로 다음 상황을 예측하게 된다. 어느 날 아침, 엄마가 갑자기 순서를 바꿔 식사부터 하자고 했을 때 유진이는 평소와 다른 흐름에 당황하며 "엄마, 나 옷 안 입었는데 밥부터 먹어도 돼?"라고 물었다. 이는 유진이의 뇌가 루틴을 기반으로 한 예측 시스템을 갖추고 있음을 보여주는 대표적인 장면이다.

이러한 예측은 뇌의 전두엽과 해마, 편도체가 관여하는 작용으로, 뇌는 반복된 상황을 패턴화하여 빠르게 처리하고 불확실성에 대한 경계심을 낮춘다. 다시 말해, 예측이 가능해진다는 것은 곧 '불안이 줄고 안정감이 높아진다'는 것을 의미한다. 특히 하루 일과의 순서가 반복되면, 아이는 자신의 행동을 통제하고 조절하는 감각을 자연스럽게 익힐 수 있다. 이는 자율성과 자기효능감으로 이어지며, 장기적으로는 학습과 사회성 발달에도 긍정적인 영향을 준다.

네 살 승원이 엄마가 "아이가 매일 아침 등원 준비할 때마다 짜증을 내고 늦장을 부려 너무 힘들어요"라고 학부모 상담 중 고민을 털어놓았다. 상담 결과, 이 가정은 아침마다 등원 준비 방식이 들쭉날쭉했다. 어떤 날은 엄마가 서둘러 준비를 시키고, 또 어떤 날은 아이가 늦잠을 자도 내버려두는 식으로 일정한 루틴이 없었다. 아이는 매일 아침 '예측할 수 없는 불안한 시간'을 보내고 있었던 것이다. 이후 상담가의 권유로 이 가정은 '기상 → 세수 → 옷 입기 → 식사 → 출발'의 고정 루틴을 만들었고, 눈에 보이는 순서표까지 벽에 붙였다. 몇 주가 지나자 아이는 놀랍게도 스스로 시계를 보고 준비를 시작했고, 아침에 예전처럼 떼쓰거나 짜증 내는 일이 거의 사라졌다고 기뻐하는 부모의 연락을 받았다.

반복되는 일상은 단순한 습관 형성을 넘어, 아이의 뇌 구조를 '예측 가능성'에 맞춰 발달시키는 중요한 자극이 된다. 하루 루틴이 잡히면, 아이는 '안심하고 살아갈 수 있는 틀'을 경험하게 되며, 이는 감정 조절과 인지 발달의 중요한 토대가 되어준다.

루틴은 정서적 안전지대를 만든다

아이의 뇌는 예측이 가능해지면 안도감을 느끼고 보다 안정적으로 반응한다. 이는 뇌 속에서 위협 대신 안전 신호가 전달되기 때문이다. 아이들은 스스로 세상을 통제할 수 없기에, 예측할 수 없는 상황이 반복되면 아이의 뇌는 혼란스러워 경계 모드에 머물게 되고 이는 스트레스 호르몬의 과다 분비와 감정 조절의 어려움으로 이어지게 된다. 따라서 아이는 주변 환경이 예측 가능할 때 더 큰 정서적 안정을 느낀다. 일정한 생활 루틴은 아이에게 '이 시간엔 이런 일이 일어나'라는 신호를 주어, 정서적인 안전지대를 형성하는 데 결정적인 역할을 한다. 특히 낯선 상황에 대한 두려움이 많은 유아기에 루틴은 마치 울타리처럼 아이를 보호하며, 감정을 조절할 수 있는 힘을 키워준다.

다섯 살 민우는 어린이집에서 종종 갑자기 울음을 터뜨리곤 했다. 이유를 몰라 걱정하던 엄마는 선생님의 조언에 따라 집에서의 일과를 점검해 보았다. 민우는 잠드는 시간도, 저녁 식사 시간도 매일 달랐고, 엄마가 일이 바쁠 때는 TV를 보다 잠드는 날도 있었다. 이런 변화무쌍한 일상은 민우에게 늘 '다음에 무슨 일이 일어날지 모르는' 불안감을 남겼고, 그 감정은 어린이집에서도 터져 나오곤 했던 것임을 알게 되었다. 이후 엄마는 매일 같은 시간에 저녁을 먹고, 양치, 책 읽기, 잠자리에 드는 순서를 정한 저녁 루틴을 시작했다. 처음에는 힘들었지만, 2주가 지나자 민우는 밤이 되면 책을 가져와 누워 있었고, 어린이집에서도 점차 감정 기복이 줄어들었다. 루틴이 아이에게 '이 시간은 안전해, 다음엔 이런 일이 일어나'라는 심리적 예고장을 제공한 것이라는 것을 민우 엄마는 깨달았다.

이처럼 루틴은 단순히 습관의 반복이 아니라, 아이의 마음속에 '내가 예측할 수 있는 세상'이라는 믿음을 형성하는 정서적 기반이다. 특히 취침, 식사, 외출 전후처럼 감정이 요동치기 쉬운 시간대에 루틴이 있으면 아이는 낯선 자극이나 변화에도 더 안정적으로 반응할 수 있게 된다. 루틴은 '변하지 않는 기준점'을 아이에게 제공하며, 불확실한 세상 속에서 정서적으로 쉴 수 있는 심리적 공간을 만들어 주기 때문이다.

또한 루틴을 통해 아이는 부모와의 애착도 더욱 견고해질 수 있다. 정해진 시간에 부모와 함께하는 활동은 단순한 시간이 아니라 '예상 가능한 사랑의 표현'이 되어 아이의 정서적 안정감을 키워준다. 예를 들어, 매일 저녁 책을 함께 읽는 루틴이 있다면, 그것은 단지 책을 읽는 시간이 아니라 '부모가 나에게 관심을 기울이고, 내가 사랑받고 있다는 것을 확인하는 시간'이 되는 것이다. 이런 점에서 루틴은 아이에게 세상을 향한 심리적 안식처를 제공하고, 정서적 탄탄함을 길러주는 출발점이 된다. 아이가 일상을 통해 '세상은 내가 감당할 수 있는 곳이야'라고 느낄 수 있다면, 그 마음의 기반에는 언제나 따뜻한 루틴이 자리하고 있다.

루틴은 두뇌의 에너지 절약 모드를 가능하게 한다

우리의 두뇌는 하루에도 수많은 선택과 판단을 반복하며 에너지를 사용한다. 특히 새로운 상황이나 불확실한 환경에서는 더 많은 인지 자원을 동원해야 한다. 반면 반복적이고 익숙한 행동은 자동화되며, 뇌는 별도의 에너지 소비 없이 효율적으로 작동할 수 있다. 이는 뇌는 같은 행동이 일정한 방식으로 반복되면 그것이 기억으로 저장되고 자동화되는 특성을 가지고 있기 때문이다. 마치 컴퓨터가 '절전 모드'로 들어가듯, 뇌가 불필요한 에너지 소모를 줄이는 전략이다. 자동화된 행동은 뇌의 인지적 부담과 에너지 소모를 줄여주어 아이는 더 많은 자원을 새로운 학습과 창의적 사고에 사용할 수 있다.

　유아기 아이들은 감정 조절, 사회적 규칙 따르기, 주의 집중 등 다양한 상황에서 두뇌의 에너지를 많이 쓴다. 이때, 아침이나 저녁 시간을 반복 가능한 활동으로 루틴화하면, 뇌의 자원을 보다 중요한 일에 쓸 수 있다. 반면, 매일 달라지는 환경은 아이를 긴장시키고, 뇌의 에너지를 불필요하게 소모하게 한다는 것을 부모는 알아야 한다. 또한 부모에게도 루틴은 도움이 된다. 일정한 루틴이 자리 잡히면 "지금 뭐 해야 하지?", "이걸 먼저 시켜야 하나?" 같은 반복적인 고민에서 벗어날 수 있고, 아이와의 갈등도 줄어들어 스트레스가 감소된다. 아이와 부모 모두의 뇌가 보다 효율적이고 평온하게 일상을 살아갈 수 있는 것이다.

　루틴은 그저 단순하고 반복적인 일상생활의 규칙이 아니다. 그것은 아이의 두뇌를 덜 피로하게 하고, 집중과 자율성을 위한 에너지를 아끼게 해주는 지혜로운 전략이라는 것을 기억하자. 뇌가 쉴 수 있는 시간과 공간이 확보될 때, 아이는 보다 유연하게 세상을 배우고 성장할 수 있다.

좋은 습관은 전두엽을 키우고 충동을 조절한다

전두엽은 뇌의 사령탑

우리의 뇌는 각각의 기능을 담당하는 여러 부위로 나뉘어 있다. 그중에서도 '전두엽'은 가장 앞에 위치하며, 마치 사령탑처럼 뇌 전체를 조율하고 계획하며 통제하는 역할을 한다. 전두엽은 사고력, 판단력, 문제 해결 능력, 감정 조절, 충동 억제, 그리고 목표 지향적 행동을 조절하는 기능을 맡고 있다. 특히 어린 시기의 전두엽은 아직 미성숙한 상태이기 때문에, 적절한 자극과 반복을 통해 서서히 발달한다.

전두엽은 후천적인 경험에 민감하게 반응한다. 즉, 아이가 어떤 환경에서 자라고, 어떤 습관을 반복하며 살아가느냐에 따라 전두엽의 발달 속도와 질이 달라질 수 있다. 예를 들어 아이가 평소에 '기다리기'를 연습하거나, 스스로 문제를 해결해 보는 기회를 자주 갖는다면 전두엽은 그만큼 더 활성화된다. 반면에 항상 누군가가 대신 결정해 주거나, 충동적인 행동을 제지받지 않고 방치된다면 전두엽의 발달은 더뎌질 수밖에 없다.

다섯 살 지후는 장난감을 치우지 않고 다른 놀이로 쉽게 넘어가곤 한다. 엄마가 매번 대신 정리해 주다 보니 지후는 마무리 행동을 '굳이' 할 필요를 느끼지 못하는 것 같다. 그런데 어느 날부터 엄마는 지후에게 놀이가 끝나면 먼저 정리함에 장난감을 넣고 나서야 다음 놀이로 넘어가도록 했다. 처음엔 지후가 힘들어했지만, 몇 주가 지나자 놀이의 흐름 속에 '정리하기'라는 순서가 자연스럽게 들어오게 되었다. 이 과정을 통해 지후는 '계획 → 실행 → 마무리'라는 사고 구조를 뇌에 차곡차곡 쌓아가는 중이었다. 바로 이때 전두엽이 활발히 작동한 것을 알 수 있다.

이처럼 전두엽은 '하고 싶은 것을 지금 당장 하는 것'과 '조금 기다리고 계획해서 행동하는 것' 사이에서 균형을 잡게 해준다. 유아기에는 아직 이 기능이 완전하지 않기 때문에, 부모나 교사의 도움 아래 반복적인 경험과 규칙 있는 생활이 매우 중요하다. 아이가 "지금은 안 돼"라는 말을 받아들이고 기다릴 줄 아는 것도, "이건 어떻게 하면 좋을까?"라고 생각해 보는 것도 모두 전두엽의 훈련이자 성장 과정인 것이다.

전두엽은 청소년기까지도 계속 발달하지만, 그 기초는 유아기에 형성된다. 매일 반복하는 습관, 규칙적인 생활 리듬, 선택과 책임을 경험하는 일상이 바로 전두엽을 훈련시키는 최고의 교육이다. 전두엽을 키우는 것은 단지 공부를 잘하게 만드는 것이 아니라, 스스로 삶을 계획하고 이끌어갈 수 있는 힘을 키우는 것이라는 점에서, 아이의 뇌 발달에 있어 가장 중요한 핵심 중 하나이다.

좋은 습관은 전두엽을 훈련시킨다

전두엽은 태어날 때부터 완성되어 있는 것이 아니라, 아이가 자라고 반복적인 생활을 하면서 점차 발달해 나간다. 이 전두엽은 계획을 세우고, 주의를 집중하며, 감정을 조절하고, 충동을 억제하는 역할을 한다. 그런데 이 중요한 뇌 영역은 단지 시간이 지나면 자연스럽게 성장하는 것이 아니라, '어떻게 자극을 받고 훈련되는가'에 따라 기능의 질이 크게 달라질 수 있다. 그 핵심적인 훈련 방식이 바로 좋은 습관 형성이다.

좋은 습관이란 아이가 스스로 규칙을 지키고, 반복적으로 실천하며, 자기 삶을 일정한 리듬 속에서 조율해가는 행동을 말한다. 예를 들어, 아침에 일어나면 스스로 이부자리를 개고, 세수하고, 옷을 갈아입고, 아침을 먹는 순서를 반복하는 아이는 단지 행동을 반복하는 것이 아니라, '계획→실행→완수'라는 일련의 사고 과정을 훈련하고 있는 것이다. 이러한 일상 습관은 바로 전두엽을 반복적으로 자극해, 실행기능을 강화하고 회로를 견고하게 만든다.

여섯 살 수아는 유치원에서 친구와 자주 다투고, 감정을 조절하지 못해 울거나 때리는 경우가 많았다. 수아 엄마는 상담을 통해 수아의 전두엽 기능이 아직 충분히 훈련되지 않았기 때문이라는 것을 알게 되었고, 전두엽의 활성화를 위한 활동으로 매일 밤 '오늘 하루를 돌아보는 시간'을 수아와 함께 가져보라는 조언을 들었다. 오늘 기분이 어땠는지, 어떤 일이 속상했는지, 그때 어떻게 행동했는지 이야기하면서 "다음에는 어떻게 하면 좋을까?"라고 묻는 시간을 가졌다. 처음엔 짧은 대화였지만, 시간이 지나자 수아는 갈등 상황에서 한 번쯤 멈추고 생각하는 습관을 갖게 되었고, 행동도 점차 조절하기 시작했다. 이처럼 반성과 계획, 감정 조절을 연습하는 습관은 전두엽의 핵심 기능을 단련하는 데 매우 효과적이라는 것을 수아의 부모는 알게 되었다.

좋은 습관은 단순한 행동의 반복이 아니라, '생각하는 행동의 반복'이다. 정리정돈, 식사 예절, 수면 습관, 규칙 지키기 같은 일상적 습관은 전두엽이 논리적 판단과 자기 통제를 연습할 수 있는 최적의 환경을 제공한다. 이 습관이 쌓이면 아이는 점점 자신의 행동을 예측하고 조절할 수 있게 되고, 결국 자기조절력, 주의 집중력, 목표 지향성이라는 전두엽 기반 능력이 강화될 수 있다. 중요한 것은 습관이 훈련으로 연결되기 위해서는 지속성과 의미가 필요하다는 점이다. 아이가 어떤 행동을 반복할 때 '왜 이걸 해야 하는지'를 이해하고, 부모와의 긍정적 상호작용 속에서 실천한다면 그 습관은 단순한 규칙을 넘어서 전두엽을 훈련하는 강력한 도구가 된다. 좋은 습관은 아이가 스스로 인생의 방향을 정하고 감정을 조절하며 타인과 조화를 이루는 힘, 즉 건강한 자기조절력을 길러주는 전두엽 훈련 프로그램이라고 할 수 있다.

전두엽이 충동을 조절하게 돕는다

아이들은 자주 감정에 휩쓸리고, 하고 싶은 것을 참지 못하며, 상황에 맞지 않는 행동을 보이곤 한다. 이는 충동 억제와 감정 조절의 기능을 가진 전두엽이 아직 미성숙하기 때문이다. 전두엽은 뇌에서 충동을 억제하고, 감정을 조절하며, 행동을 통제하는 '조절 센터' 역할을 한다. 아이가 화가 났을 때 바로 소리를 지르거나 물건을 던지는 대신 한 번 멈추고 생각할 수 있도록 도와주는 것이 바로 전두엽의 기능이다. 이러한 전두엽의 조절 능력은 선천적인 것이 아니라, 경험과 훈련을 통해 서서히 발달한다. 특히 반복적인 일상 속에서 아이가 자기 행동을 조절하는 기회를 많이 가질수록, 전두엽은 더욱 효과적으로 작동하게 된다. 즉, 충동 조절 능력은 훈련 가능한 능력이며, 그 중심에 전두엽이 있다는 것을 아이의 충동적인 행동에 화만 내는 부모는 반드시 기억해야 한다.

다섯 살 민호는 장난감을 친구와 나누기보다 먼저 차지하려고 하고, 빼앗기면 즉각 화를 내곤 했다. 교사는 민호가 감정을 조절할 수 있도록 '5초 숨 고르기 놀이'를 도입했다. 민호가 흥분할 때마다 "우리 숨 쉬고 생각해 보자"라는 말을 반복하며, 민호 스스로 감정을 알아차리고 조절하는 연습을 하게 한 것이다. 몇 주가 지나자 민호는 갈등 상황에서 잠깐 멈추는 행동을 보이기 시작했다. 훈련을 통해 전두엽이 감정을 인식하고 행동을 통제하는 능력이 길러진 것이다.

이렇듯 '충동→인식→조절'의 흐름을 반복하게 되면 전두엽의 신경 회로는 강화된다. 전두엽은 감정 중추인 편도체와 연결되어 있어, 강한 감정이 올라올 때 이를 제어하거나 진정시키는 역할을 한다. 그러나 불행히도 이 연결은 자연적으로 작동하는 것이 아니라 경험을 통해 훈련되어야만 제대로 작동한다. 따라서 아이가 화가 날 때마다 즉각적으로 반응하기보다는, 감정을 표현할 언어를 배우고 상황을 조절하는 새로운 방식을 시도해 보는 경험이 꼭 필요하다. 그러므로 부모는 아이의 충동적인 행동을 단호하게 억누르기보다는, 그 감정을 '인정'하면서도 '대안적인 행동'을 함께 찾아주어야 한다. 예를 들어 "친구 장난감을 뺏으면 안 돼!"라는 말 대신 "그 장난감이 갖고 싶었구나. 다음에는 친구에게 어떻게 말하면 좋을까?"라고 물어보는 방식이 아이의 전두엽을 자극하고, 조절력을 키우는 훈련이 되는 것이다.

또한 생활 속 규칙과 습관은 충동 조절 능력을 키우는 데 큰 도움이 된다. 식사 전에 손 씻기, 놀다가 정해진 시간에 정리하기, 간식 먹기 전에 기다리기 같은 작은 규칙을 실천하는 것만으로도 아이는 '지금 하고 싶은 것'을 잠시 멈추고 '해야 할 것'을 우선하는 법을 익힐 수 있다. 이는 곧 전두엽을 훈련시키고 충동을 조절하는 능력을 키우는 기본 연습이다. 전두엽은 아이가 자신을 통제하고, 상황을 판단하며, 감정을 조절할 수 있도록 도와주는 뇌의 핵심 장치이다. 그리고 이 기능은 훈련과 경험을 통해 점점 더 정교해진다. 아이가 일상에서 작은 기다림과 선택, 감정 표현을 배우며 충동을 조절해 나가는 과정이 곧 전두엽을 키우는 교육이며, 더 나아가 자기조절력이라는 평생의 힘을 기르는 밑거름이 된다는 것을 잊지 말자.

일관성과 반복이 전두엽 발달의 열쇠

전두엽은 단기간의 자극으로는 쉽게 발달하지 않는다. 전두엽은 반복적인 경험과 일관된 환경 속에서 가장 잘 발달한다. 전두엽은 계획, 자기조절, 충동 억제, 문제 해결 능력 등 고차원적인 인지 기능을 담당하는 뇌 부위로, 아이가 태어나서부터 청소년기까지 점진적으로 성장하는 과정에서 '일관성'과 '반복'이 중요한 역할을 한다. 일관성은 아이가 예측 가능한 환경에서 생활하며, 규칙과 기대가 명확히 유지되는 상태를 의미한다. 반복은 동일한 행동이나 사고 패턴을 꾸준히 실행하는 것을 뜻한다. 이 두 가지는 전두엽이 안정적으로 자기 통제 기능을 배우고 강화할 수 있는 토대를 마련해 준다. 예를 들어, 매일 아침 일어났을 때 일정한 순서로 세수하고 옷을 입고 아침을 먹는 습관이 있다면, 아이는 '내가 오늘 해야 할 일'이 무엇인지 명확히 인지하게 된다. 이러한 일상 루틴이 반복되고, 부모가 이를 꾸준히 유지하면 아이는 혼란 없이 계획을 세우고 실천하는 능력을 키울 수 있다. 이는 전두엽이 반복된 경험 속에서 '이 행동이 적절하다'는 신경회로를 강화하는 과정이라는 것을 의미한다.

반대로 일관성이 없고 매일 달라지는 환경에서는 아이가 무엇을 기대해야 할지 알기 어려워, 불안감이 커지고 자기 통제 능력 발달도 늦어질 수 있다. 예컨대, 저녁 식사 시간이 매일 다르거나, 부모의 규칙이 자주 바뀌는 경우 아이는 행동을 조절하기보다는 순간적인 충동에 따라 움직이기 쉬운데 이는 전두엽 발달에 부정적인 영향을 끼치게 된다.

반복 또한 전두엽 발달의 필수 조건이다. 어떤 행동이 반복될 때 해당 행동을 담당하는 뇌 신경회로는 점점 더 굵고 강해져, 자동 실행 능력이 강화된다. "쓰면 강화되고, 쓰지 않으면 약화된다(Use it or lose it)"라는 신경가소성의 핵심 원리에 따라 '기다리기', '순서 지키기', '감정 표현하기' 같은 자기조절 행동을 자주 반복할수록 전두엽은 더욱 단련된다.

특히 유아기는 전두엽이 빠르게 성장하는 시기로, 이때 충분한 자극과 반복된 경험이 없으면 충동 조절, 집중력, 계획력 같은 중요한 능력이 제대로 발달하지 못할 위험이 크다. 따라서 부모와 교사는 아이에게 매일 비슷한 환경과 규칙을 제공하며, 반복적으로 좋은 습관을 실천하도록 돕는 것이 무엇보다 중요하다. 아이의 전두엽을 건강하게 발달시키기 위해서는 '일관성과 반복'이라는 두 가지 원칙을 꼭 기억해야 한다. 꾸준하고 예측 가능한 환경 속에서 좋은 습관이 반복될 때, 전두엽은 그 기능을 점차 키우며 아이가 충동을 조절하고 자기 삶을 스스로 이끌어갈 수 있는 힘을 길러준다. 이는 아이의 평생 성공과 행복을 위한 든든한 토대가 되는 것이다.

나쁜 습관이 굳어지기 쉬운 이유
_ 뇌의 자동화 전략과 보상의 함정

뇌는 에너지를 아끼려는 장치이다

우리의 뇌는 생각보다 게으른 기관이며 하루에 사용할 수 있는 에너지의 양이 제한되어 있어 가능한 한 에너지 효율적인 형식으로 작동하려고 한다. 정확히 말하면, 뇌는 에너지를 가능한 적게 쓰려는 경향이 있다. 이 에너지 절약 전략 덕분에 인간은 위급한 순간에 빠르게 판단하고 반응할 수 있고, 반복되는 일상 속에서는 복잡한 사고를 줄이며 효율적으로 살아갈 수 있게 된다. 문제는 이 에너지 절약 전략이 습관과 밀접하게 연결되어 있다는 점이다. 뇌는 한 번 학습하거나 반복된 행동을 자동화하여, 그 과정을 의식하지 않고도 할 수 있도록 구조화한다. 그 결과, 아이가 어떤 행동을 반복하다 보면 뇌는 그것을 '에너지 소비를 줄이는 효율적인 방법'으로 판단하고 습관으로 굳혀버리게 된다.

여섯 살 민우는 아침마다 TV를 보며 밥을 먹는 습관이 있다. 처음에는 아침 준비로 바쁜 엄마가 잠시 TV를 틀어준 것이 시작이었다. 민우는 TV를 보는 동안 밥을 잘 먹었고, 엄마도 그 시간에 다른 준비를 할 수 있어 편했다. 그러나 며칠이 지나자 민우는 TV 없이는 밥을 먹으려 하지 않았다. 엄마가 TV를 켜주면 그제야 민우는 숟가락을 들었다. 왜 민우는 이런 행동을 할까? 민우의 뇌는 'TV를 보며 밥 먹기'라는 행동을 반복하면서 자동화 회로를 만들었던 것이다. 즉, 바쁜 엄마의 편리한 선택이 민우의 뇌에 '밥→TV'라는 연결고리를 만든 것이다. 이 연결은 민우의 뇌가 에너지를 덜 들이기 위해 선택한 방식이다. 더 이상 밥을 먹는 상황에서 집중하거나, 음식을 탐색하거나, 식사의 필요성을 따지지 않아도 된다. 그냥 TV만 켜지면 자동으로 밥을 먹는 '습관 모드'에 들어간다는 것을 알게 된 민우 엄마는 자신이 어떤 잘못을 했는지 비로소 알게 되었다.

여기서 중요한 점은, 뇌가 이러한 자동화를 '좋다' 혹은 '나쁘다'로 판단하지 않는다는 사실이다. 아이에게 해로운 습관일지라도, 반복되기만 하면 뇌는 그것을 효율적인 방식으로 받아들이고 회로를 강화한다. 나쁜 습관이 빠르게 굳어지고 고치기 어려운 이유가 여기에 있는 것이다.

부모도 마찬가지이다. 엄마가 TV를 켜준 행동은 반복을 통해 '조용한 아침을 위한 효율적인 전략'으로 굳어져 버렸다. 민우가 떼쓰지 않고 밥을 먹는다는 보상을 받았기에, 엄마의 뇌 역시 그 상황을 긍정적으로 학습한 셈이다. 부모의 반복된 행동 역시 아이의 습관을 강화시키는 방향으로 작용한다. 이처럼 우리의 뇌는 아이 어른 할 것 없이 에너지를 아끼기 위해 반복되는 행동을 자동화하고, 그 자동화는 쉽게 고착화된다. 따라서 나쁜 습관을 예방하거나 바꾸기 위해서는 단순한 지적이나 훈육만으로는 부족하다. 뇌가 이미 만든 자동화 회로를 새롭게 설계하고, 반복을 통해 좋은 습관으로 대체하는 시간이 필요하다.

무심코 하는 행동이 습관이 된다

우리는 하루에도 수없이 많은 행동을 '무심코' 한다. 예를 들어 휴대폰을 만지작거리거나, 손톱을 물어뜯거나, 발을 떨거나 하는 행동들이다. 이처럼 의식하지 않은 채 반복되는 행동은 뇌의 자동화 회로에 의해 점점 습관으로 굳어진다. 아이들도 예외는 아니다. 처음엔 단순한 호기심이나 우연히 시작된 행동이 반복되면서, 뇌는 그 행동을 '매번 생각할 필요 없는 행동'으로 저장한다. 이 과정이 바로 '습관화'이다.

일곱 살 지우는 유치원에서 돌아오면 늘 간식을 먹으며 태블릿으로 영상을 본다. 처음에는 엄마가 잠시 집안일을 하기 위해 허용한 행동이었다. 그런데 어느 날부터 지우는 집에 오자마자 태블릿부터 찾기 시작했고, 바로 보여주지 않으면 심하게 짜증을 내기도 했다. 영상 시청 자체가 특별한 의미가 있는 것이 아니라, '집에 오면 자동으로 시작되는 루틴'으로 굳어진 것이다.

이러한 행동의 배경에는 뇌의 자동화 시스템이 있다. 뇌는 반복되는 자극과 행동 사이의 연결을 빠르게 학습하고 저장한다. 그 과정에서 도파민이라는 신경전달물질이 작용해, 행동이 주는 작은 보상감(예: 재미, 편안함)을 강화한다. 이렇게 되면 이후에는 생각 없이도 동일한 행동을 반복하게 되는 것이다. 지우의 경우, '집에 도착→간식→영상'이라는 흐름이 뇌 속에 루틴으로 저장된 것이다. 이 루틴은 무의식적으로 작동하므로, 아이는 왜 짜증을 내는지도 잘 모를 뿐 아니라 그저 원래 그래야 할 것처럼 느껴지는 것이다.

문제는 이 '무심코 한 행동'이 굳어지고 나면 고치기가 쉽지 않다는 점이다. 왜냐하면 뇌는 이미 그 행동을 편리하고 익숙한 방식으로 인식하고 있기 때문이다. 단순히 아이에게 "그만해"라고 말하는 것으로는 습관을 바꿀 수 없다. 오히려 아이는 습관이 무너지는 불편함을 느끼며 거부감을 보일 수 있다.

부모의 역할은 이러한 무의식적인 반복을 초기에 인식하고 조절하는 데 있다. 아이가 반복하는 행동을 잘 관찰하고, 그것이 무심코 반복되면서 굳어지지 않도록 의도적인 개입이 필요하다. 예를 들어, 지우 엄마는 일정 시간 동안만 태블릿을 허용하고, 간식 대신 놀이나 대화를 통해 집에서의 루틴을 재설계할 수 있다. 새로운 루틴을 반복하면, 뇌는 그것을 다시 학습하고 자동화된 회로를 바꿔나가게 된다. 결국, 습관은 큰 결심보다 작은 반복에서 만들어진다. 무심코 한 번 허용한 행동이 반복되면 뇌는 그것을 학습하고 자동화한다. 그래서 '무심코'는 사실 습관 형성의 시작점인 것이다. 부모는 아이의 하루를 관찰하며, 어떤 행동이 습관으로 자리 잡고 있는지를 민감하게 파악하고, 건강한 루틴으로 조정해 주는 조력자가 되어야 한다.

즉각적인 보상이 나쁜 습관을 강화한다

아이들은 순간의 즐거움이나 편안함에 매우 민감하다. 이는 뇌에서 보상 시스템이 활발히 작동하기 때문이다. 특히 도파민이라는 신경전달물질은 어떤 행동이 즉각적인 만족을 줄 때 강하게 분비되며, 그 행동을 반복하고 싶게 만든다. 이 메커니즘은 본래 생존을 돕기 위한 기능이지만, 현대 사회에서는 오히려 나쁜 습관을 강화하는 원인이 되기도 한다.

초등학교 1학년 유나는 숙제를 하다가 모르는 문제가 나오면 곧잘 짜증을 낸다. 처음 몇 번은 엄마가 곁에서 다정하게 도와줬지만, 어느 날부터 유나는 일부러 짜증을 내고 "못 하겠어!"라고 말하며 숙제를 멈추는 행동을 보이기 시작했다. 이때마다 엄마가 곧장 옆에 와서 문제를 풀어주거나 답을 알려주었고, 유나는 다시 웃으며 숙제를 이어갔다. 겉으로 보면 엄마와 아이 사이의 자연스러운 상호작용처럼 보이지만, 실은 유나의 뇌는 '짜증→도움→쉽게 해결→기분 좋아짐'이라는 흐름을 즉각적인 보상 체계로 저장하고 있었음을 유나 엄마는 몰랐던 것이다.

이러한 상황은 뇌에게 매우 매력적이다. 왜냐하면 노력이나 인내 없이도 원하는 결과를 얻을 수 있었기 때문이다. 유나의 뇌는 '짜증을 내면 숙제가 쉬워진다'는 보상 경로를 학습했고, 이 행동을 점점 더 자주 반복하게 되었다. 결국 짜증은 유나에게 '숙제를 쉽게 끝내기 위한 도구'로 자리 잡은 셈이다. 즉각적인 보상이 나쁜 습관을 강화하는 또 다른 예는 스마트폰이나 간식과 관련된 행동에서도 자주 볼 수 있다. 예를 들어, 아이가 심심하다고 할 때마다 부모가 휴대폰을 건네거나 과자를 주면, 아이는 '지루함→스마트폰→재미있음'이라는 빠른 보상 회로를 뇌에 각인시키게 된다. 이후에는 약간의 지루함도 견디지 못하고 곧장 무언가를 요구하거나 찾을 수밖에 없다. 그 결과 스스로 놀이를 만들어내거나 인내하는 힘은 점점 약해진다. 이처럼 즉각적인 보상은 뇌에 강한 인상을 남기고, 행동을 반복하게 만드는 가장 강력한 요소 중 하나이다. 반복된 행동은 곧 습관으로 굳어지고 시간이 갈수록 더 강한 보상을 요구하게 되어, 행동이 점점 더 고착되고 변형되기까지 한다.

부모는 아이가 반복적으로 보상을 요구하는 상황을 '행동 강화'의 신호로 인식해야 한다. 즉각적으로 보상을 제공하기보다, 일정한 규칙과 지연된 만족감을 경험하게 도와주는 것이 중요하다. 유나의 경우에도, 처음에는 "조금만 더 생각해 보자", "엄마는 잠시 뒤에 도와줄게"와 같이 즉각적인 도움을 지연시킴으로써, 짜증을 해결 수단으로 쓰는 행동을 차단할 수 있다. 또한 아이가 스스로 문제를 해결했을 때 큰 칭찬이나 만족감을 경험하게 하면, 뇌는 오히려 그 경험을 더 가치 있는 보상으로 학습하게 된다. 요약하자면, 즉각적인 보상은 뇌에 강한 인상을 남겨 잘못된 행동이나 나쁜 습관을 빠르게 굳히는 역할을 한다. 반면 좋은 습관은 대개 느리고 반복적인 과정 속에서 형성된다. 부모의 인내와 전략적인 개입이 필요한 이유가 여기에 있다.

자동화된 습관은 의식적 통제가 어렵다

아이들이 반복적으로 하는 행동 중에는 자신도 모르게 습관이 되어 버린 것들이 많다. 예를 들어 손톱을 물어뜯거나, 특정 말버릇을 반복하거나, 스마트폰을 찾는 행동 등은 아이가 스스로 통제하려고 해도 잘 고쳐지지 않는다. 뇌에 자동화된 습관 회로가 한번 형성되면 아무리 그러지 말아야지 생각해도 쉽게 바뀌지 않는다. 이 경우 부모는 단순히 아이의 의지 부족을 탓하게 되는데 이는 의지가 부족해서가 아니라, 뇌의 자동화 시스템이 이미 작동하고 있기 때문이다. 뇌에는 습관을 관리하는 주요 회로 중 하나로 '기저핵'이라는 영역이 있다. 이 부위는 반복된 행동을 기억하고 자동화하는 데 중요한 역할을 한다. 새로운 행동을 배울 때는 전두엽과 같은 고차원적 사고 영역이 많이 작동하지만, 행동이 반복되면 점차 기저핵이 주도권을 가져가고 전두엽의 개입은 줄어들게 된다. 이렇게 되면 해당 행동은 더 이상 '생각해서 하는' 것이 아니라 '자동으로 실행되는' 행동이 되어버린다. 의식적으로 통제하기 어려운 상태에 이르기 때문에 이게 바로 습관의 무서운 점이다.

아홉 살 현우는 손가락을 입에 물고 있는 습관이 있다. 처음에는 스트레스를 받을 때 무심코 하던 행동이었는데, 이젠 특별한 이유가 없어도 손이 입으로 가곤 한다. 엄마가 "그만해"라고 여러 번 말해도 현우는 "나도 모르게 그랬어"라며 민망해할 뿐, 행동은 지속되었다. 사실 이건 거짓말이 아니다. 현우의 뇌는 불안하거나 지루할 때 그 행동을 통해 순간적인 안정을 경험했던 기억을 학습했고 이후 유사한 상황에서 그 행동을 자동적으로 불러내기 때문이다.

문제는 자동화된 습관을 바꾸는 것이 단순한 인지적 노력만으로는 어렵다는 점이다. 의식적으로 참으려고 해도, 상황이 반복되면 다시 무의식적으로 같은 행동을 하게 된다. 뇌는 이미 그 행동을 '생각 없이도 할 수 있는' 절차로 저장해 놓았기 때문이다.

그렇다면 어떻게 해야 할까? 첫 번째는 습관이 작동하는 '방아쇠$_{trigger}$'를 파악하는 것이다. 예를 들어 현우의 손가락 깨물기는 불안하거나 집중이 흐트러질 때 시작된다는 점을 부모가 알아차린다면, 그 상황에서 대체 행동을 제시할 수 있다. 스트레스를 받을 때는 손에 작은 장난감이나 스트레스 볼을 쥐게 하거나, 집중이 흐트러질 때는 잠시 몸을 움직이는 루틴을 제공하는 것도 하나의 방법이 될 수 있다. 두 번째는 변화된 행동을 꾸준히 반복하여 새로운 자동화를 만드는 것이다. 뇌는 기존의 자동화 회로를 완전히 지우는 것이 아니라, 새로운 회로를 만들어야만 바뀔 수 있다. 이 과정은 시간과 반복, 그리고 인내를 필요로 한다. 부모가 아이의 행동을 비난하기보다 "그럴 수 있어, 우리가 조금씩 바꿔보자"라고 말해주는 것이 훨씬 효과적이다. 자동화된 습관은 쉽게 생기지만, 바꾸기는 어렵다. 하지만 불가능한 것이 아니다. 아이의 습관을 바꾸기 위해서는 행동의 원인을 이해하고, 감정과 상황을 고려한 대체 루틴을 설계하며, 반복적인 연습을 통해 뇌가 새로운 자동화를 만들 수 있도록 돕는 것이 핵심이다.

아이의 습관 형성을 방해하는 부모의 행동

부모는 아이의 습관 형성에서 '감독자'이자 '동반자'이다. 좋은 의도로 했던 말이 오히려 습관 형성에 마이너스가 되기도 한다. 습관 형성을 방해하는 행동을 나도 모르게 하고 있지 않은지 점검해 보자.

- **"그만 해, 내가 해줄게"**
  - 아이가 신발 끈을 느릿느릿 매거나 옷을 뒤집어 입고 있을 때
  - 반복하고 익숙해지는 기회를 빼앗는 것
  - 부모가 대신하면 아이 뇌는 '이건 내가 안 해도 되는 일'이라고 학습한다.

- **"왜 이렇게 느려", "맨날 똑같아"**
  - 아이가 루틴을 따르지 못하거나 자꾸 잊어버릴 때
  - 비난은 습관 형성을 방해하는 감정을 불러온다.
  - 습관은 '안전한 반복' 속에서 만들어지므로 부정적인 감정은 뇌가 그 행동을 피하게 만든다.

- **"지금만 특별히 봐줄게"**
  - 밤마다 책 한 권만 보기로 약속했지만 오늘은 세 권, 내일은 그냥 자기
  - 습관은 일관성에서 생긴다.
  - 자주 예외가 생기면 아이는 규칙을 믿지 않게 되고 신뢰 기반도 흔들린다.

- **"빨리빨리" "시간 없어"**
  - 등원 준비나 식사 시간에 부모가 조바심 낼 때
  - 습관은 반복과 안정감 위에서 자란다.
  - 급박한 상황은 아이의 뇌를 스트레스 모드로 바꿔 루틴 학습을 방해한다.

- **아이의 루틴을 자꾸 바꾸는 부모**
  - '식사 전 손 씻기' 루틴을 외식한다고 그냥 넘어가기
  - 부모의 일관성이 없으면 아이는 이건 꼭 해야 하는 행동이라고 인식하지 못한다.
  - 습관은 조건과 순서가 반복될 때 만들어진다.

그렇다면 어떻게 해야 할까?

- "잘하고 있어", "천천히 해도 괜찮아"처럼 인정과 여유를 주는 말부터 해보자.
- 습관은 정확하게 똑같이가 아니라 비슷하게 반복되면 충분하다.
- 부모도 완벽할 필요 없다. 대신 '다시 돌아가는 힘'을 보여주는 것이 더 중요하다

2장

작은 반복이 큰 변화를 이룬다

습관 형성의 메커니즘

_아이의 성장은 거창한 사건보다는 사소한 반복 속에서 이루어진다. 하루하루 반복되는 양치하기, 책 읽기, 인사하기, 장난감 정리 같은 행동이 모여 아이의 성격과 행동 스타일을 형성하고, 그 기반 위에 인지력과 자존감, 자기조절력 같은 능력들이 자라난다. 그런데 부모는 종종 습관을 결과로만 인식하고 그 형성 과정을 놓치곤 한다. 이 장에서는 아이가 어떻게 습관을 형성하는지, 그 과정을 과학적으로 이해하고 구체적으로 실천하는 방법을 소개하고자 한다.

습관은 단순히 반복되는 행동이 아니라 '신호→행동→보상'이라는 구조를 가진 학습 시스템이다. 이를 통해 뇌는 특정 상황에서 어떤 행동을 하면 어떤 결과가 오는지를 자동으로 연결시킨다. 아이가 반복을 통해 익숙해지고 편안함을 느끼는 것도 바로 이 구조 덕분이다. 더불어 아이들은 환경과 모델링을 통해 행동을 빠르게 습득한다. 그런 점에서 부모의 말보다 일상적인 행동이 더 큰 영향을 미친다. 아이가 반복을 배우는 가장 강력한 방식은 부모와 함께하고 반복하며 칭찬받는 경험을 통해서이다.

습관 형성의 시작은 작고 쉬워야 한다. 처음부터 완벽한 계획이나 큰 변화를 기대하기보다, 단 한 가지 행동을 매일 실행하는 것이 훨씬 효과적이다. 사소해 보이는 일이라도 반복되면 뇌에 회로가 생기고 그 회로는 아이를 점점 안정적인 행동을 하도록 이끌어 준다. '매일 10분 책 읽기' 같은 작은 실천이 시간이 지나면 집중력과 언어 능력의 기초가 되는 것도 이 때문이다.

습관 형성에도 단계가 있다. 처음에는 낯설고 불편한 행동이 시간이 지나면서 익숙해지고 결국에는 무의식적으로 실행되는 수준에 이르게 된다. 그리고 이때가 바로 아이의 행동이 자동화되는 시점이다. 부모가 무심코 지나치는 선택들 속에는 수많은 무의식적 습관이 숨어 있다. 그렇기에 아이의 행동을 돌아보며 반복되고 있는 무의식적 선택을 의식적으로 들여다보는 부모의 시선이 중요하다.

이 장에서는 습관이 형성되는 메커니즘을 이해하고 일상의 작은 반복이 아이 인생에 어떤 큰 힘을 주는지 살펴보자. 부모가 아이에게 줄 수 있는 최고의 선물 중 하나는 '좋은 습관을 함께 형성하는 것'임을 알게 될 것이다.

습관의 3요소: 신호, 행동, 보상

신호(Cue): 습관을 작동시키는 시작점

모든 습관은 반복되는 신호에서 시작된다. 찰스 두히그Charles Duhigg에 따르면 습관은 '신호→반응(행동)→보상'이라는 '습관 고리habit loop' 구조로 형성된다. 신호는 특정 행동을 유도하는 자극이나 상황으로, 습관의 고리를 작동시키는 첫 번째 요소이다. 반복되는 행동은 대부분 어떤 신호가 주어질 때 자동으로 시작되며, 이 과정은 특히 영유아기 아이들에게 매우 중요하다. 이 시기의 아이들은 환경 속 신호에 민감하게 반응하며, 이를 기반으로 반복적인 행동을 통해 습관을 형성한다.

예를 들어, 유아가 잠자기 전에 매일 그림책을 읽는 습관을 갖고 있다고 생각해 보자. 이 아이에게 '잠옷으로 갈아입기', '조명의 밝기 줄이기', '읽고 싶은 그림책 갖다 놓기' 등은 '이제 잠잘 시간'이라는 신호가 된다. 이러한 신호가 반복될수록 아이는 책을 읽는 행동을 통해 점차 몸과 마음이 안정되고, 결국 수면으로 자연스럽게 이어지는 습관을 갖게 된다.

영유아는 언어적 지시보다는 시각적, 공간적, 시간적 신호에 더욱 쉽게 반응한다. 따라서 건강한 습관을 기르기 위해서는 아이의 일상에 자연스럽고 반복적인 신호를 제공해 주는 것이 중요하다. 반대로 좋은 습관뿐만 아니라 좋지 않은 습관도 특정 신호에 의해 반복될 수 있다. 예를 들어, TV가 켜지면 무조건 과자를 찾는 습관이 생긴 경우, 'TV 소리'가 과자를 먹는 신호가 될 수 있다. 좋은 습관을 형성하기 위해서는 신호를 명확하게 설정하고, 일관되게 반복하는 것이 핵심이다. 또한 아이가 반응하는 신호가 무엇인지 관찰하고, 이를 바탕으로 긍정적인 행동으로 연결되도록 환경을 조성해 주는 것이 부모의 중요한 역할이다.

행동(Routine): 습관의 실제 모습인 반복 행위

신호가 주어지면, 그에 따라 반복적으로 나타나는 것이 바로 행동이다. 습관 고리의 중심에 있는 이 행동은 신호와 보상을 연결하는 핵심 요소로, 매일의 반복을 통해 점점 자동화된다. 특히 영유아기는 의식적인 판단보다 환경적 자극과 본능적인 반응에 따라 행동이 이루어지는 시기이므로, 아이들이 반복하는 행동 하나하나가 곧 습관의 씨앗이 된다. 예를 들어, 아이가 저녁 식사 후 손을 씻는 습관을 기르는 경우를 생각해 보자. '식사가 끝났다'는 신호가 주어지면, 부모의 안내나 지시 없이도 '손을 씻는 행동'이 자연스럽게 뒤따르는 것이 바로 좋은 습관의 완성이다. 처음에는 부모의 반복적인 지도와 격려가 필요하지만, 점차 그 행동이 익숙해지면 아이 스스로 손 씻기를 행동으로 연결하게 된다. 반대로, 부정적인 행동도 반복되면 습관이 될 수 있다. 예를 들어, 아이가 잠자기 전에 스마트폰을 보는 행동을 수차례 반복하다 보면, 어느 순간부터는 '잠자리 준비'라는 신호가 주어졌을 때 자연스럽게 '스마트폰을 찾는 행동'이 나타나게 된다. 이는 건강한 수면 습관을 방해할 수 있으므로 초기 행동 단계에서 바람직한 대안을 제시하는 것이 중요하다.

영유아의 습관 형성에서 행동이 자동화되기 위해서는 반복성과 일관성이 반드시 필요하다. 같은 시간, 같은 상황, 같은 방식으로 행동이 이루어질 때, 뇌는 그 패턴을 기억하고 점차 노력 없이 행동을 시작하게 된다. 따라서 부모는 아이가 반복적으로 긍정적인 행동을 하도록 일관된 환경과 기회를 제공해야 한다.

보상(Reward): 습관을 유지시키는 힘

습관 형성의 마지막 요소는 보상이다. 보상은 특정 행동을 마친 후 아이가 느끼는 긍정적인 결과나 감정이며, 해당 행동을 반복하고 싶은 동기를 만들어준다. 행동 후의 보상은 습관을 강화하는 열쇠인 것이다. 영유아는 즉각적이고 명확한 보상에 민감하게 반응하므로, 좋은 습관을 형성하기 위해서는 적절한 보상을 통해 긍정적인 강화가 이루어져야 한다. 예를 들어, 아이가 양치질을 잘 마친 후 "와! 우리 ○○가 이 닦는 걸 너무 잘했네. 이가 반짝반짝해졌어!"라는 칭찬을 받는다면, 그 경험 자체가 기분 좋은 보상으로 작용하게 된다. 또는 양치 후 칫솔꽂이에 스티커를 붙이는 방식도 아이에게는 성취감이라는 보상을 제공하여 다음에도 같은 행동을 하도록 유도한다.

이처럼 보상은 반드시 물질적인 것일 필요는 없다. 영유아는 정서적 칭찬, 관심, 신체적 접촉(예: 포옹, 하이파이브), 놀이 기회 등 다양한 형태의 비물질적 보상에도 충분히 동기를 부여받을 수 있다. 중요한 것은 보상이 즉각적으로 주어지고, 아이가 그로 인해 긍정적인 감정을 경험하는 것이다. 예를 들어, 한 유아가 매일 아침 스스로 옷을 입고 부모가 "혼자 입었구나! 오늘도 멋지다!"라고 말해준다면, 그 칭찬은 스스로 옷을 입는 행동을 지속하게 하는 중요한 보상이 될 수 있다. 반면, 행동에 따른 긍정적 피드백이 전혀 없다면, 아이는 그 행동의 의미를 느끼지 못해 습관이 자리 잡기 어려워질 수 있다.

보상은 행동을 지속적으로 이어가게 만드는 연료와 같다. 좋은 습관이 계속되게 하려면 아이가 행동 뒤에 돌아오는 즐거움이나 성취감을 기대할 수 있어야 하며, 이는 부모의 민감한 반응과 피드백을 통해 실현된다. 단, 보상이 과도하거나 조건부가 되면 행동의 자율성이 떨어질 수 있으므로, 적절하고 자연스러운 방식으로 제공되는 것이 중요하다.

아이들은 습관을 어떻게 배울까

모방: 어른을 따라 하며 배우는 습관

아이들은 세상을 배울 때 말보다 행동을 먼저 관찰한다. 특히 영유아기는 '모방'을 통해 학습이 이루어지는 시기로, 주변 어른들의 말투, 표정, 행동, 생활 습관까지 그대로 따라 하며 익히게 된다. 모방은 단순한 흉내 내기를 넘어, 아이가 '어떻게 행동해야 하는지'를 배우는 가장 강력한 습관 학습 도구인 것이다. 예를 들어, 부모가 식사 후에 항상 손을 씻는 모습을 꾸준히 보여주면, 아이는 말로 가르치지 않아도 자연스럽게 따라 하게 된다. 아이가 이를 닦고 손을 씻는 등의 생활 습관을 익히는 대부분의 과정에는 부모나 교사의 모델링(모범적 행동)이 크게 작용한다. 백 번의 말보다 한 번의 행동이 훨씬 강력하다.

또한 아이들은 어른의 행동뿐 아니라 감정 상태나 태도까지 모방한다. 아침마다 웃으며 인사하는 부모를 본 아이는 인사를 긍정적인 경험으로 받아들이고 자연스럽게 인사하는 습관을 갖게 된다. 반면, 부모가 스마트폰을 식사 중에도 계속 사용하는 모습을 보게 되면, 아이도 무의식적으로 그 행동을 따라 하게 되며, 이는 좋지 않은 습관으로 자리 잡을 수 있다. 모방을 통한 습관 형성은 단기적인 학습이 아니라, 지속적인 노출과 반복 속에서 이루어진다. 따라서 부모나 교사, 그 밖의 어른이 어떤 행동을 지속적으로 보여주느냐에 따라 아이의 습관은 긍정적으로도, 부정적으로도 형성될 수 있다. 아이에게 바른 생활 습관을 길러주고 싶다면, 먼저 부모 스스로가 좋은 습관을 실천하고 있는지를 돌아보는 것이 중요하다. 아이는 '가르친 대로'가 아니라, '보여준 대로' 자란다.

반복: 자주 접할수록 익숙해진다

아이들의 습관 형성에서 반복은 핵심적인 역할을 한다. 처음에는 어색하고 낯설던 행동도, 반복적으로 접하고 수행하다 보면 자연스럽게 익숙해지며 결국에는 별다른 의식 없이도 수행할 수 있는 자동화된 습관으로 자리 잡는다. 특히 영유아기는 뇌가 빠르게 발달하고 다양한 자극을 받아들이는 시기이기 때문에, 반복을 통해 특정 행동이 신경 회로에 깊이 각인되기 쉬운 시기이다. 예를 들어, 처음에는 아이가 스스로 양치질을 하는 것이 서툴고 귀찮게 느껴질 수 있다. 그러나 매일 같은 시간에, 같은 순서로 양치를 반복하게 되면 아이의 뇌는 그 행동을 하나의 루틴으로 인식하게 된다. 일정 기간이 지나면, 누가 시키지 않아도 스스로 칫솔을 들고 욕실로 향하는 모습을 쉽게 볼 수 있다.

반복은 또한, 아이에게 안정감과 예측 가능성을 제공한다. 매일 같은 시간에 일어나고, 식사하고, 정리하고, 잠자리에 드는 일상이 반복되면 아이는 하루의 흐름을 예측할 수 있고, 이는 정서적 안정에도 큰 도움이 된다. 이처럼 일상의 반복은 단순히 행동의 습득을 넘어서 아이의 전반적인 성장과 발달에도 긍정적인 영향을 미친다. 좋은 습관을 형성하기 위해선 일관된 반복이 중요하다. 하루는 하다가, 다음 날은 생략하거나 대충 넘긴다면 아이는 행동의 중요성을 인식하지 못하고 혼란을 느끼게 된다. 예를 들어, 하루는 정리정돈을 하게 하고, 다음 날은 부모가 대신 해주거나 그냥 넘어가 버리면, 아이는 그것이 꼭 해야 할 행동인지 헷갈리게 된다.

아이들은 반복 속에서 배우고 자란다. 오늘의 작은 행동이라도 반복될 때 그것은 아이의 성격과 습관, 나아가 삶의 방식까지 만들어낼 수 있다는 기억하자.

환경: 습관을 부르는 배경 만들기

많은 부모들이 가르치기만 하면 아이의 습관은 저절로 형성된다고 생각하지만 아이들의 습관은 단지 가르침만으로 형성되지 않는다. 아이가 반복적으로 행동하게 되는 배경, 즉 환경이 습관 형성에 결정적인 영향을 준다는 것을 간과하기 쉽다. 특히 영유아는 스스로 환경을 선택하거나 조절하기 어렵기 때문에, 부모나 주변 어른이 어떤 환경을 제공하느냐에 따라 아이의 습관 방향이 정해진다고 해도 과언이 아니다. 예를 들어, 아침에 일어나 옷을 스스로 입는 습관을 기르기 위해서는 아이의 키에 맞는 옷장이 필요하다. 손이 닿지 않는 높은 곳에 옷이 있다면 아이는 스스로 입고 싶어도 시도조차 하기 어렵다. 반대로 아이 눈높이에 맞는 위치에 옷이 정돈되어 있다면, 스스로 꺼내 입는 습관이 훨씬 쉽게 자리 잡을 수 있다. 이처럼 환경은 아이가 행동을 실천할 수 있도록 돕는 기반이 된다.

또한 좋은 습관을 유도하는 환경은 자극이 명확하고 일관성 있게 제공되어야 한다. 예를 들어, 책 읽는 습관을 기르려면 조용하고 안정된 독서 공간을 마련하고, 책을 쉽게 꺼낼 수 있는 책장을 아이 가까이에 두는 것이 효과적이다. 반면, TV 소리나 장난감이 흩어져 있는 공간에서는 책 읽기에 집중하기 어렵고, 습관이 쉽게 흐트러질 수 있다.

감정적 환경도 중요하다. 부모나 교사의 반응, 가정의 분위기, 가정과 학급의 질서 등은 아이의 습관에 직접적인 영향을 준다. 칭찬과 격려가 오가는 환경에서는 아이가 시도하고 반복하는 데 더 큰 동기를 가질 수 있지만, 자주 야단을 맞거나 긴장되는 분위기에서는 아이가 위축될 수 있다. 나쁜 습관도 환경에서 비롯되는 경우가 많다. 식사 중 항상 TV를 틀어놓는 환경은 '식사 시간 = 화면 보는 시간'이라는 연결을 만들 수 있고, 이는 아이가 식사에 집중하지 못하고 과식하거나 편식하는 습관으로 이어질 수 있다. 무심코 조성된 환경이 습관 형성에 큰 영향을 끼친다는 점에서, 부모는 아이의 행동보다 환경부터 점검해 보아야 한다.

감정 연결: 기분 좋은 경험이 습관을 남긴다

아이들의 습관 형성에는 감정이 깊이 연결되어 있다. 단순히 행동을 반복한다고 해서 모두 습관으로 남는 것은 결코 아니다. 아이가 그 행동을 할 때 어떤 감정을 경험했는지가 습관의 지속 여부를 결정짓는 중요한 열쇠가 된다. 특히 기분 좋은 경험, 즉 즐거움, 만족감, 칭찬, 사랑받는 느낌과 연결된 행동은 더욱 강하게 기억되고 반복되며 습관으로 굳어질 수 있다. 예를 들어, 한 아이가 식사 후에 스스로 그릇을 치운 뒤 부모로부터 "정말 멋지다! 도와줘서 고마워"라는 칭찬을 들었을 때, 그 행동은 단순한 정리정돈을 넘어 긍정적인 감정과 연결된 경험으로 아이의 기억 속에 남게 된다. 이때 느낀 뿌듯함, 사랑받는 느낌은 아이로 하여금 다음에도 같은 행동을 반복하고 싶게 만든다. 이렇게 감정과 연결된 행동은 단순한 규칙이 아니라 내면화된 습관으로 자리 잡는다. 그러나 어떤 행동을 할 때마다 부정적인 감정을 느끼게 되면, 그 행동은 쉽게 거부감이나 저항으로 이어진다. 예를 들어, 정리정돈을 할 때마다 야단을 맞거나 무거운 책임처럼 느낀다면 아이는 그 행동을 피하려고 한다. 이는 좋은 습관을 형성하는 데 장애가 되며, 오히려 부정적인 태도를 강화할 수 있다.

감정은 습관을 강화하는 자연스러운 보상이다. 그래서 영유아 시기의 습관 교육에서는 즉각적이고 따뜻한 정서적 피드백이 무엇보다 중요하다는 것을 잊어서는 안 된다. "와, 잘했네!", "엄마가 너무 기쁘다", "혼자 했구나, 정말 대단해!" 같은 말 한마디, 환한 미소, 하이파이브 같은 작은 반응이 아이에게는 강력한 정서적 보상으로 작용하며, 행동을 즐겁게 기억하게 만든다. 또한 감정 연결은 아이의 자존감 형성과도 깊이 관련된다. 반복되는 긍정적인 경험은 아이가 '나는 할 수 있어', '나는 잘하고 있어'라는 자기 인식을 갖게 하며, 이는 좋은 습관을 지속적으로 유지하게 하는 힘이 된다. 결국 습관은 '해야 하니까'가 아니라, '하고 싶어서' 하게 될 때 가장 자연스럽고 오래갈 수 있다.

칭찬과 인정: 보상이 만드는 반복 동기

아이들이 어떤 행동을 반복하게 되는 데에는 동기가 필요하다. 그리고 그 동기의 핵심에는 '칭찬'과 '인정'이라는 정서적 보상이 자리 잡고 있다. 영유아는 외부의 피드백에 매우 민감하며, 부모의 말과 표정, 반응을 통해 자신의 행동을 평가받고 해석한다. 따라서 아이가 어떤 행동을 한 뒤 따뜻한 칭찬과 인정을 받는다면, 그것은 곧 '이 행동은 좋은 것이구나'라는 메시지로 받아들여지고, 그 행동을 반복하고 싶은 내적 동기가 형성될 수 있다. 예를 들어, 정리정돈을 마친 뒤 "우리 ○○가 장난감 정리를 스스로 다 했네! 정말 대단하다!"라는 부모의 말 한마디는, 아이에게 강력한 보상이 된다. 이처럼 칭찬은 단순한 격려를 넘어서, 습관을 유지하게 만드는 동기를 부여하는 요소로 작용하게 된다. 특히 구체적이고 진심이 담긴 칭찬은 아이의 자신감을 키우고, 자발적인 행동을 이끌어낼 수 있다.

칭찬은 '결과'뿐 아니라 '과정'에 대한 인정을 담을 때 더욱 효과적이다. 예컨대 "끝까지 혼자 해보려고 노력했구나", "어제보다 더 차분하게 했네"처럼 아이의 노력과 변화를 짚어주는 말은, 그 행동의 가치를 아이 스스로 깨닫게 한다. 이는 단순히 칭찬을 듣고 싶어서가 아니라, 자기 스스로의 성장을 느끼며 반복하려는 동기로 이어진다. 또한 인정은 칭찬 못지않게 중요하지만 많은 부모들이 아이를 인정하는 것이 아이를 우쭐하게 만드는 것이라는 잘못된 인식을 가지고 있어 인정에 꽤나 인색하다. 인정은 꼭 "잘했어!"라는 말이 아니어도 된다. 아이가 무언가를 했을 때 눈을 맞추며 고개를 끄덕이거나, 미소를 지어주는 것만으로도 '네가 한 행동을 나는 보고 있어, 소중히 여겨'라는 메시지를 전달할 수 있다. 이처럼 감정적으로 연결된 인정의 순간은 아이의 마음에 깊이 남아, 습관을 긍정적인 기억과 함께 저장되게 한다.

하지만 주의할 점도 있다. 지나치게 결과 중심의 칭찬이나 외적 보상(간식, 장난감 등)에만 의존하는 방식은 오히려 아이의 내적 동기를 약화시킬 수 있다. 아이가 '칭찬받기 위해', '특정 무언가를 얻기 위해' 행동하게 된다면, 보상이 사라질 경우 습관도 사라져버릴 수 있다는 것을 명심해야 한다. 따라서 내면의 성취감과 자긍심을 키워주는 칭찬과 인정이 필요하다.

시작은 작고 쉽게

작은 시작이 부담을 줄인다

습관을 새로 시작할 때 큰 장애물은 '심리적 부담'이다. 아이에게 좋은 습관을 길러주고자 할 때, 많은 부모들이 처음부터 완벽한 모습을 기대하거나 지나치게 높은 기준을 세우는 경우를 흔히 볼 수 있다. 그러나 습관 형성의 핵심은 '지속'에 있으며, 그 시작은 작고 쉬워야 아이가 부담 없이 행동에 나설 수 있다. 특히 영유아 시기의 아이들은 아직 자기조절 능력이 충분히 발달되지 않았기 때문에, 너무 많은 것을 한 번에 요구하면 오히려 습관에 대한 거부감이나 좌절감을 경험하게 된다.

네 살 지호는 아침마다 양치질을 싫어해 부모와 실랑이를 벌이곤 했다. 엄마는 이를 개선하고자 "양치 안 하면 큰일 난다"고 윽박지르거나 "이제부터 혼자 다 해야 해"라고 강요했지만, 지호는 그럴수록 양치를 피하게 되었다. 그러던 중 엄마는 접근 방식을 바꿔보기로 했다.

처음엔 칫솔에 치약을 묻혀 지호가 입에 넣기만 해도 "잘했어!"라고 칭찬하며 격려해 주었다. 다음 단계로는 10초 동안만 이를 닦게 했고, 이를 매일 반복하며 점차 시간을 늘려갔다. 결국 지호는 2주가 채 되지 않아 혼자 즐겁게 양치하는 습관을 들일 수 있었다.

이처럼 작은 성공을 반복하는 과정은 아이의 자신감을 높이고 습관에 대한 긍정적인 감정을 형성하게 한다. 부모 역시 '이걸 꼭 해야 해'라는 압박에서 벗어나, '오늘은 여기까지만 해보자'는 마음으로 아이의 속도에 맞추는 것이 중요하다.

습관은 갑자기 완성되는 것이 아니라, 작은 행동이 반복되며 서서히 몸에 익는다. '작은 시작'은 아이에게 '나도 할 수 있다'는 믿음을 주고, 부모에게는 아이의 변화를 기다리는 여유를 선물한다. 시작이 작을수록 실패의 부담은 줄고, 성공의 경험은 더욱 선명해진다. 그러니 오늘은 단 5분, 단 한 걸음으로 시작해 보자. 그것이 아이의 평생 습관을 여는 첫 단추가 될 수 있다.

작은 성공도 강력한 동기가 된다

습관 형성에서 가장 강력한 추진력은 '성공 경험'이다. 아이들은 어떤 행동을 했을 때 "내가 잘했어!", "엄마가 기뻐해!", "이걸 하니까 기분이 좋아!"라는 긍정적인 감정을 느끼면 그 행동을 반복하려는 동기를 자연스럽게 갖게 된다. 반대로 실패하거나 부정적인 피드백을 반복적으로 경험하게 되면 자신감을 잃고 시도 자체를 꺼리게 된다.

다섯 살 하양이는 스스로 옷 입는 것을 어려워했다. 아침마다 시간이 촉박하다는 이유로 엄마는 "시간 없어, 엄마가 입혀줄게"라며 대신 옷을 입혀주곤 했다. 어느 날, 엄마는 작지만 중요한 변화를 시도했다. 양말 하나만 스스로 신어보게 한 것이다. 하양이는 처음엔 서툴렀지만 신는 데 성공했고, 엄마는 크게 칭찬하며 "우와, 하양이가 혼자 신었네! 대단하다!"라고 말해주었다. 하양이는 뿌듯해하며 그날 저녁에도 다시 양말을 신어보려 했고, 이후 점차 셔츠 단추 끼우기, 바지 입기 등으로 이어질 수 있었다.

위의 사례에서 보듯 아이가 스스로 어떤 행동을 해냈다는 경험은 내적 동기를 자극한다. '나는 할 수 있다'는 믿음은 그 자체로 습관 형성의 원동력이 되는 것이다. 아이가 주체적으로 행동하고 그 결과를 긍정적으로 인식하는 과정을 반복하면, 점점 더 어려운 일에도 도전하려는 마음이 자라나게 된다.

부모의 역할은 아이가 작은 성공을 경험할 수 있는 상황을 마련해 주고, 그 성공을 충분히 인식하도록 도와주는 것이다. 결과보다는 노력과 과정을 인정해 주는 칭찬, 반복된 시도 자체에 대한 격려는 아이가 자신을 긍정적으로 바라보게 한다. 아이의 동기는 외부에서 강제로 심어주는 것이 아니라, 내면에서 피어나는 믿음과 기쁨에서 출발한다. 작은 성공 하나가 만든 '나는 할 수 있어'라는 마음은 또 다른 도전으로 이어지고, 결국 긍정적인 습관의 연쇄를 만들어내는 것이다. 시작이 작고 쉬웠다면, 그다음은 아이가 스스로 커가는 시간이다.

핵심은 반복 가능성! 쉽고 단순하게 설계하기

습관은 반복될수록 뇌에 쉽게 각인된다. 아이에게 좋은 습관을 형성해 주고자 할 때 가장 중요한 것은 '얼마나 잘하느냐'가 아니라 '얼마나 반복할 수 있느냐'이다. 습관은 한 번 잘했다고 형성되지 않는다. 오히려 작고 단순한 행동이라도 매일, 꾸준히 반복될 수 있을 때 비로소 습관이 된다. 즉, 좋은 습관을 만드는 열쇠는 '반복 가능성'에 있는 것이다.

네 살 은유는 끼니마다 밥 먹기 전 손 씻기를 자주 빼먹곤 했다. 엄마는 고민 끝에 식탁 옆에 손 씻는 순서를 그림으로 붙여두고 매일 식사 전 "이제 우리 손 씻고 올까?"라고 은유에게 말했다. 처음엔 엄마와 함께 씻었지만, 며칠 뒤부터는 식탁에 앉기 전 스스로 화장실로 가는 모습을 보였다. 이처럼 아이가 이해하고 따라할 수 있도록 간단하고 반복 가능한 행동으로 만들어주는 것이 핵심이라는 것을 은유 엄마는 알게 되었다.

부모는 아이가 한 번에 완벽하게 하길 기대하기보다, 작은 행동이라도 꾸준히 반복할 수 있는 환경을 만들어주는 것이 중요하다는 것을 잊어서는 안 된다. 지나치게 복잡하거나 시간이 오래 걸리는 행동은 반복되기 어렵고, 결국 습관으로 정착되기 어렵다. 따라서 습관을 설계할 때는 아이의 발달 수준에 맞춰, '쉽게 시작하고 쉽게 반복할 수 있는지'를 먼저 고려해야 한다. 또한 반복이 지루하지 않도록 간단한 칭찬이나 놀이 요소를 더하면 아이의 흥미와 참여도가 높아지게 된다. 예를 들어 정리 습관을 기르고자 할 때, "장난감들이 집에 돌아가고 싶어 하네"라고 말하며 정리를 놀이처럼 접근하면, 아이는 반복되는 행동에 재미를 느끼고 거부감 없이 습관을 익힐 수 있다. 결국 습관은 '잘하는 것'보다 '계속하는 것'이 중요하다.

처음부터 완벽하지 않아도 된다

아이의 습관 형성은 시행착오를 포함한다. 그러나 많은 부모들은 아이가 어떤 습관을 시작할 때부터 정확하고 완벽하게 해내길 기대한다. 아이는 어른이 아니다. 특히 영유아 시기의 아이들은 아직 몸의 조절 능력도, 사고의 유연성도 충분히 자라지 않았기 때문에 실수하고, 중간에 멈추고, 까먹는 것이 당연하다. 습관 형성은 단기간에 완성되는 과제가 아니라, 시행착오를 겪으며 천천히 자리 잡는 '과정'임을 이해해야 한다.

다섯 살 하윤이는 스스로 옷 입는 연습을 하고 있었다. 처음에는 단추를 삐뚤게 끼우거나, 양말을 뒤집어 신는 일이 많았다. 그럴 때마다 부모는 "그렇게 입는 거 아니야", "또 틀렸네!" 같은 말보다는, "하윤이가 혼자 해보려 애썼구나", "이 단추는 조금 어려웠지?" 하며 아이의 시도를 인정해 주었다. 덕분에 하윤이는 실수에도 위축되지 않고 계속 도전할 수 있었고 결국 몇 주가 지나자 혼자서 옷 입는 일을 자연스럽게 해내게 되었다.

완벽함을 강요하면 아이는 부담을 느끼고, 시도 자체를 포기할 가능성이 높아진다. 반면 실수도 자연스러운 배움의 일부라고 여기는 분위기 속에서는, 아이가 편안한 마음으로 반복할 수 있고 결국 자기만의 속도로 습관을 만들어가게 된다. 부모가 실수에 대해 유연하게 반응할 때, 아이는 "실수해도 괜찮아, 다시 하면 돼"라는 마음을 가질 수 있고 이는 곧 회복탄력성과 자기조절력으로 연결되는 것이다.

또한 아이의 습관 형성은 매일 일정한 궤도로 가지 않을 수도 있다. 어떤 날은 잘 해내고, 어떤 날은 전혀 해내지 못할 수도 있다. 이런 기복은 자연스러운 성장의 과정이며, 그 속에서 부모가 "오늘은 여기까지만 해도 괜찮아", "내일 다시 해보자"라고 말해주는 것이 아이에게는 큰 힘이 된다. 완벽하지 않아도 괜찮다고 말해주는 것은 아이를 있는 그대로 존중하는 태도이자, 아이가 자기

주도적으로 성장할 수 있도록 돕는 방식이다. 부모가 완벽한 결과보다 꾸준한 과정을 더 소중히 여길 때, 아이는 실수를 두려워하지 않고 자신만의 리듬으로 습관을 형성하며 자랄 수 있다.

사소해 보여도 실행이 먼저

완벽함보다 '실행'이 우선이다

아이뿐만 아니라 어른도 완벽한 계획을 세우려다 행동 실행을 미루곤 한다. 하지만 습관 형성에서 중요한 것은 '완벽함'이 아니라 '실행' 그 자체이다. 아이의 습관을 기를 때, 많은 부모들은 '제대로', '완벽하게' 하기를 바라는 마음이 앞서기 마련이다. 그러나 습관 형성의 출발점은 완성도가 아니라 '실행 여부'이다. 아무리 좋은 계획도 실천되지 않으면 아무런 변화도 만들지 못한다. 반대로 서툴고 부족해 보여도 일단 시작하고 반복하는 것이 진짜 습관의 씨앗이 된다.

네 살 보람이는 장난감 정리를 배우는 중이었다. 엄마는 처음에 "블록은 여기에, 자동차는 저기에, 곰 인형은 침대 위에"처럼 정리 기준을 정해주며 정확하게 시키려 했다. 하지만 보람이는 복잡한 분류가 어렵고 시간이 오래 걸리자 금세 흥미를 잃고 도중에 포기하곤 했다. 이후 엄마는 접근을 바꿔, 단지 "놀이가 끝났으면 장난감을 바구니 안에만 넣자"라며 한 가지 간단한 실행만 유도했다. 처음에는 정리가 엉성했지만, 반복하면서 보람이는 점점 바구니에 정리하는 속도와 정확도가 나아졌고, 나중에는 자발적으로 "이건 블록 바구니에 넣을래"라고 말하기까지 했다.

이처럼 습관은 '잘하는 것'이 아니라 '하는 것'에서 시작된다. 아이가 익숙해지기 전부터 높은 기준을 요구하면 자칫 시도 자체를 멈추게 만들 수 있다. 아이에게 중요한 것은 '지금 내가 할 수 있는 만큼' 해보는 것이며, 이를 통해 자신감과 주도성을 키우는 것이다. 부모 역시 '이걸 왜 이렇게밖에 못 하지?'보다는 '그래도 해봤구나'라는 시선으로 아이를 바라보아야 한다. 습관은 완벽하게 하려는 마음보다 반복할 수 있는 여지를 주는 태도 속에서 형성될 수 있다. 중요한 것은 하루에 얼마나 잘했느냐보다, 오늘도 어제처럼 다시 한번 시도했느냐인 것이다.

또한 실행은 단순할수록 좋다. 예컨대 책 읽는 습관을 들이고 싶다면 처음부터 30분을 목표로 하기보다는 '하루에 그림책 한 장만 보기'처럼 작고 쉬운 행동부터 시작하는 것이 효과적이다. 아이가 성공 경험을 쌓고 부담 없이 반복할 수 있을 때, 그 습관은 점차 확장될 수 있다. 부모가 아이에게 기대하는 바를 조금 내려놓고 실행 자체를 응원할 때, 아이는 부담 없이 자신의 속도로 성장할 수 있다. 오늘 아이가 책을 한 줄만 읽어도, 양말을 한 짝만 신어도, 장난감을 하나만 치워도 괜찮다. 그건 단순한 행동이 아니라, 좋은 습관을 향한 의미 있는 '첫 실행'이기 때문이다.

실행의 힘은 경험에서 나온다

아이의 습관 형성에서 가장 중요한 것은 '실행'이다. 머리로 아는 것과 실제로 해보는 것 사이에는 큰 차이가 있다. 실제로 행동에 옮기면서 아이는 자신의 능력을 체감할 수 있기 때문이다. 부모가 아무리 좋은 방법을 알려주고 반복해서 설명해도, 아이가 직접 행동으로 해보지 않으면 그 내용은 기억에 머물 뿐, 삶으로 연결되지 않는다. 실행은 행동을 통해 경험을 만들고, 그 경험이 다시 다음 실행을 이끄는 힘이 된다.

다섯 살 민재는 아침마다 일어나기 힘들어했지만, 엄마는 "일찍 자야 아침에 안 힘들지"라고 반복해서 말해줄 뿐 변화를 끌어내지 못했다. 어느 날 엄마는 민재에게 알람 시계를 선물하며, "이제부터 민재가 혼자 일어나보는 거야"라고 말했다. 민재는 초반엔 여전히 늦잠을 자기도 했지만, 스스로 알람을 끄고 일어나는 경험을 하면서 '나도 혼자 할 수 있어'라는 자신감을 갖기 시작했다. 이 작은 실행의 경험은 민재의 하루를 스스로 시작하게 만든 결정적 계기가 되었다.

실행은 아이가 단지 지시를 따르는 것이 아니라, 직접 시도하고 그 과정에서 느끼는 감정과 결과를 몸으로 배우는 시간이다. 이 과정에서 아이는 실패도 하고, 성공도 하며, 자기만의 속도와 방식으로 배워간다. 가령, 네 살 윤아는 매번 엄마가 양치 순서를 알려주며 돕다가 어느 날 스스로 치약을 짜고 칫솔질을 해보게 했다. 처음에는 거품을 흘리고 제대로 닦지 못했지만 엄마는 지적하지 않고 지켜봐 주었다. 며칠 뒤부터 윤아는 거울을 보며 스스로 양치를 끝낼 수 있게 되었다. 이 변화는 설명이나 지시가 아닌 '직접 해본 경험'에서 비롯된 것이다.

아이의 실행은 때로 어설프고 느릴 수 있지만, 그 안에는 배우고 성장하는 잠재력이 가득 담겨 있다. 부모가 이 실행의 과정을 지켜봐 주고 격려해 주면, 아이는 경험을 통해 배움의 즐거움을 알게 되고 한 번 실행해 본 경험은 다음 실행의 문턱을 낮춰준다. '내가 혼자서 해봤는데 어렵지 않았어', '실수했지만 다음엔 더 잘할 수 있어'라는 경험은 아이의 자기효능감과 자율성을 높이는 중요한 자산이 되는 것이다. 습관은 말이 아니라, 행동에서 길러진다. 실행이 경험을 만들고, 경험이 다시 실행의 힘을 길러주는 선순환 구조가 생길 때, 아이는 자기주도적으로 좋은 습관을 만들어갈 수 있다.

'행동 → 반복'으로 이어지는 선순환 만들기

습관은 단 한 번의 행동이 아닌, 그 행동이 반복될 때 비로소 형성된다. 특히 영유아기에 형성된 작은 습관들은 평생 삶의 태도와 자립심에 큰 영향을 미친다. 따라서 아이가 어떤 행동을 한 번 하고 끝나는 것이 아니라, 반복할 수 있도록 돕는 것이 부모의 중요한 역할이다. 아이의 행동이 자연스럽게 반복으로 이어지려면 첫째, 행동이 즐겁고 의미 있어야 한다. 네 살 주아는 양치질을 싫어해 매번 도망치기 일쑤였다. 엄마는 단순한 명령 대신, 주아가 좋아하는 캐릭터가 그려진 칫솔과 모래시계를 활용했다. "모래가 다 떨어질 때까지 치카치카 해볼까?"라는 말과 함께 놀이처럼 양치하는 경험을 제공하자, 주아는 스스로 칫솔을 집어 드는 일이 잦아졌다. 이렇게 아이가 행동에 긍정적인 감정을 느끼면, 다시 하고 싶어지는 '내적 동기'가 생긴다.

둘째, 반복할 수 있는 환경과 리듬을 만들어주는 것이 중요하다. 일정한 시간과 장소에서 같은 행동을 하게 되면, 아이의 뇌는 그 패턴을 기억하고 자동화한다. 예컨대, 식사 후 손 씻기, 놀이 후 장난감 정리, 자기 전 책 읽기처럼 '일상의 루틴 속에 습관을 배치'하면 반복이 자연스럽게 이어질 수 있다.

셋째, 행동 후 즉각적인 피드백이 필요하다. 아이가 어떤 행동을 했을 때 부모의 미소, 칭찬, 가벼운 하이파이브처럼 긍정적인 반응을 보여주면, 아이는 '이 행동이 옳았구나'라는 확신을 갖게 되지만, 반대로 무시되거나 부정적인 반응을 경험하면 행동이 중단될 수 있다. 작은 성공에도 "네가 스스로 해냈구나", "매일 조금씩 더 잘하는구나"와 같은 피드백은 반복의 동력이 된다.

넷째, 반복이 지속되면 행동은 점차 아이의 일부분이 된다. 처음엔 부모의 유도가 필요했던 정리나 인사 같은 행동이, 반복을 통해 자연스럽게 몸에 배고, 결국은 지금 내가 해야 할 일이 무엇인지를 스스로 판단하고 실천할 수 있게 된다. 이때 비로소 아이는 습관이라는 '자기조절의 틀'을 갖게 되는 것이다.

마지막으로, 반복은 유연해야 한다. 때로는 아이가 하기 싫어하거나 지칠 때도 있다. 그럴 때 "왜 안 해?"라고 다그치기보다는 "오늘은 좀 힘들었구나, 내일 다시 해보자"라는 따뜻한 유예가 반복의 흐름을 깨지 않고 이어가게 해준다.

아이의 습관 형성은 '행동→반복→내면화'로 이어지는 선순환의 구조를 만드는 데 달려 있다. 이 구조가 잘 작동하도록 부모가 즐거운 환경, 일정한 리듬, 긍정적 피드백으로 뒷받침해 준다면, 아이는 스스로 습관을 만들어가며 자라게 된다. 그리고 그 과정은 단지 행동 하나를 익히는 것이 아니라, 스스로의 삶을 조율해 가는 중요한 힘을 기르는 여정인 것이다.

지금 바로 시작하기

습관 형성에서 가장 결정적인 순간은 '지금 바로'이다. 습관 형성의 시작은 정해진 시간이 없다. 굳이 다음 주 월요일부터 또는 다음 달 1일부터 시작해야 할 필요가 있을까? 아이에게 필요한 습관을 기르려고 마음먹은 날부터 바로 실천에 옮기는 것이 습관으로 안전하게 자리 잡을 가능성이 높다. 아무리 좋은 계획이나 교육도 실행이 뒤따르지 않으면 아이의 행동에는 아무런 변화가 일어나지 않는다. 특히 영유아기는 사고보다 행동이 빠르게 반영되는 시기이다. 아이가 어떤 습관을 형성하기 위해서는 부모의 습관 형성에 관한 생각이 달라져야 하고 지금 이 자리에서 시작할 수 있도록 도와주는 것이 핵심이다.

시작은 거창할 필요도, 완벽할 필요도 없다. 오히려 너무 많은 것을 기대하며 준비하다 보면, 시작이 계속 미뤄지고 결국 실행으로 이어지지 않는 경우가 많다. 반면 '지금 당장 할 수 있는 작은 것'부터 시작하면 변화의 흐름이 만들어진다.

아이는 부모의 행동을 거울처럼 따라 한다. 부모가 아이에게 습관을 말로만 강조하기보다, 함께 몸으로 시작해 보는 것이 훨씬 더 강력한 메시지가 된다. "지금 엄마랑 해보자", "오늘 하루만 해보자"는 아이에게 부담을 주지 않으면서 시작의 동기를 부여하는 좋은 표현이다. 또한 '시작'은 아이에게 선택권과 주도성을 부여하는 기회이기도 한다. 이를테면, 정리 습관을 기르고 싶다면 "어떤 장난감부터 정리해 볼까?" 하고 아이가 고르게 하는 것만으로도 행동에 대한 책임감과 흥미가 생길 수 있다.

무엇보다 시작은 아이에게 '나는 할 수 있다'는 믿음을 만들어 준다. 처음 해본 경험은 성공 여부와 관계없이 시도한 자체만으로 의미가 있다. 이 경험이 쌓이면 자연스럽게 반복으로 이어지고, 반복은 습관이 되어 아이의 삶을 바꾸어줄 수 있다. 습관의 변화는 멀리 있는 것이 아니라, 지금 이 순간의 '시작'에서 비롯된다는 것을 기억하자. 부모는 이 작지만 결정적인 첫걸음을 진심으로 응원해 주어야 한다. 지금 시작하는 그 순간이, 아이에게는 평생을 이끄는 습관의 씨앗이 될 수 있기 때문이다.

작은 일을 매일 반복하는 힘

작은 행동의 지속성이 만드는 큰 변화

작은 행동은 한 번만으로는 그다지 특별해 보이지 않을 수 있다. 단 5분 책을 읽는 일, 오늘 하루 고마웠던 일을 말해보는 일, 장난감을 제자리에 두는 일이 크게 느껴지지 않을 수 있다. 하지만 이처럼 작고 사소한 행동이 매일같이 반복될 때, 아이의 뇌 안에서는 눈에 보이지 않는 변화가 일어난다. 반복된 행동은 뇌에 새로운 신경회로를 만들고, 그 회로가 굳건해질수록 아이는 그 행동을 점점 더 자연스럽게 해낼 수 있게 된다.

우리의 뇌는 에너지를 절약하려는 성질을 가지고 있다. 처음에는 집중과 의식적인 노력이 필요한 행동도 반복을 통해 '자동화'되면, 더는 많은 에너지를 들이지 않아도 자연스럽게 하게 되고 이를 '습관화'라고 한다. 아이가 처음에는 귀찮아하던 양치질도, 매일 부모와 함께 같은 시간에 하다 보면 어느 순간 스스로 칫솔을 들고 욕실로 가게 되는 것과 같다. 예를 들어, 하루 5분씩 책을 읽는 습관을 들였다고 가정해 보자. 처음에는 아이가 집중하지 못하고 책장을 넘기기만 할 수도 있다. 그러나 그 시간을 매일 빠지지 않고 반복하다 보면, 책을 보는 것이 아이의 일상으로 자리 잡게 된다. 그리고 그 일상이 쌓이면서 아이는 점점 더 풍부한 어휘를 익히고, 이야기를 이해하며, 생각을 확장해 나가게 된다. 이렇게 습관은 단순한 행동을 넘어서 아이의 사고력, 언어 능력, 집중력 같은 깊은 능력으로 이어지게 되는 것이다. 많은 부모들은 종종 '이걸 매일 꼭 해야 하나?', '이렇게 작은 행동이 무슨 도움이 될까?'라는 의문을 품게 된다. 하지만 아이에게 반복은 '배움' 그 자체이다. 그러니 '이 정도로 효과가 있을까?' 하고 의심하기보다는, 작지만 반복되는 행동이 아이의 미래를 천천히, 그러나 확실하게 바꾸고 있다는 사실을 기억해야 한다.

물방울이 바위를 뚫는 데는 오랜 시간이 걸린다. 하지만 그 물방울이 같은 자리에 계속 떨어질 때, 결국 단단한 바위도 뚫리게 마련이듯 하루하루 쌓이는 작은 반복이 모여 결국 아이를 성장시키는 힘이 된다. 매일 5분씩 책 읽기를 꾸준히 하면 어느새 독서가 자연스러운 일상이 되고, 이는 지식 축적과 사고력 향상으로 이어진다. 크기가 작다고 과소평가하지 말고, 오늘도 그 작은 행동 하나를 믿고 계속 이어가는 것, 그것이 부모로서 해줄 수 있는 가장 큰 선물일지도 모른다.

반복이 뇌의 연결고리를 강화한다

반복은 단순한 행동의 되풀이가 아니다. 반복은 뇌 안에서 실제로 변화를 만들어내는 강력한 훈련이다. 우리 뇌는 자주 사용하는 정보와 자주 쓰는 행동 패턴을 중심으로 신경 회로를 강화한다. 이것은 마치 자주 다니는 길이 점점 넓고 단단해지는 것과 같은 이치이다. 처음에는 낯설고 서툴렀던 행동도 반복될수록 자연스럽고 익숙하게 바뀌게 된다.

연우는 숫자만 보면 머릿속이 복잡해진다. 수학활동 시간마다 불안해하며 손을 만지작거리던 연우에게 부모는 매일 같은 시간, 딱 5분 동안 숫자 카드로 놀이하는 시간을 만들었다. 처음 며칠은 관심이 없었고, 금세 지루해하는 듯했지만 부모는 억지로 시키지 않고 짧고 긍정적인 분위기를 유지하며 반복했다. 시간이 지나면서 연우는 숫자 카드에 익숙해졌고, 점점 숫자 배열이나 간단한 더하기 놀이에 흥미를 보였다. 한 달이 지난 후에는 스스로 숫자 게임을 제안하기도 했고, 수학 수업에 대한 불안감도 눈에 띄게 줄었다.

이 변화는 단순한 흥미의 문제가 아니라 뇌의 연결이 바뀐 결과이다. 반복되는 놀이를 통해 숫자와 관련된 자극이 계속 들어오자, 아이의 뇌는 이 자극에 반응하는 회로를 점점 더 강하게 연결했다. 처음엔 무의식적으로 피하던 정보가 뇌 안에서 안전하고 익숙한 자극으로 인식되면서 거부감이 줄어든 것이다. 반복은 이렇게 아이의 뇌가 특정 자극에 대해 느끼는 감정까지도 바꿔놓을 수 있다.

정서 표현 훈련에서도 같은 원리가 작용한다. 감정을 잘 표현하지 못해 분노나 불안을 격하게 드러내던 아이에게 부모는 매일 밤 그림 카드와 간단한 감정 단어를 활용해 '오늘 기분은 어땠는지'를 말해보는 시간을 만들었다. 처음엔 "몰라요", "재미없었어요" 같은 단답형만 나오곤 했지만, 이 시간을 하루도 빠뜨리지 않고 반복하면서 아이는 조금씩 자신의 마음을 말로 표현하는 능력을 키울 수 있었다.

반복은 뇌에 신호를 준다. "이건 중요한 행동이야. 자주 할 거니까 준비하고 있어." 그러면 뇌는 그 행동에 필요한 신경세포들의 연결을 더 강하게 만들고, 관련 정보를 더 빠르게 처리할 수 있도록 회로를 정비한다. 뇌는 반복되는 경험을 학습의 핵심으로 받아들이고, 변화에 대한 저항을 줄이며 새로운 방식으로 사고하고 행동할 수 있게 한다.

학습, 자기조절, 정서 표현 등 아이의 다양한 능력은 일회성 경험으로는 바뀌지 않는다. 매일 조금씩, 익숙하고 안정적인 환경 속에서 반복할 때 비로소 아이의 뇌가 새롭게 연결되고 단단해질 수 있다. 아이가 무엇을 잘하느냐보다, 어떤 행동을 반복하고 있느냐가 훨씬 더 중요하다. 명심하자, 부모가 함께 반복하는 그 시간이 아이의 뇌를 훈련시키는 결정적인 순간이라는 것을.

꾸준함이 의지력과 자존감을 키운다

아이의 성장은 단순한 발달 단계를 따라가는 것이 아니라, 경험을 통해 내면의 힘을 키워가는 과정이다. 그중에서도 '꾸준함'은 아이에게 가장 강력한 자산이 된다. 매일 반복해서 어떤 행동을 해낸 경험은 아이의 뇌와 마음에 깊은 흔적을 남기며, 스스로를 믿는 힘인 자존감과 어려움 속에서도 포기하지 않는 의지력을 길러준다.

애라는 그림 그리기를 좋아하는 아이였지만 욕심대로 잘 그려지지 않거나 친구의 그림이 더 나아 보이면 유독 속상해하곤 했다. 어느 날 "난 그림을 잘 못 그려"라고 하더니 이후로 그림 도구를 쳐다보지도 않으려 했다. 의기소침해진 애라를 보던 엄마는, '잘 그리기'보다 '매일 그리는 경험'을 목표로 매일 정해진 시간에 한 장씩 그림 그리기 루틴을 만들었다. 그리고 결과에 대한 평가 대신 "오늘도 그렸구나", "여기를 빨갛게 칠한 이유가 있니?" 같은 과정 중심 피드백을 주었다. 초반엔 날마다 그리진 못했지만 2주쯤 지나자 애라는 그림 그리는 시간을 스스로 챙기고 한 장씩 그릴 때마다 성취감을 느끼는 듯했다. 그리고 한 달이 지난 어느 날, 애라는 엄마에게 조용히 말했다. "엄마, 나는 매일 그림 그리는 아이야." 이는 단순히 자신을 표현하는 말이 아닌, 스스로에 대한 믿음을 드러내는 말이었다.

이처럼 꾸준함은 아이에게 성취의 경험을 준다. 그 경험이 쌓이면 아이는 '노력하면 되는구나', '나는 해낼 수 있어'라는 내적 확신을 얻게 되고, 이 확신은 자존감의 핵심이 된다. 자존감은 단순히 '나는 특별해'라고 느끼는 감정보다, '내가 해낸 것을 스스로 알고 있다'는 실질적인 경험에서 비롯된다.

의지력도 마찬가지이다. 어떤 일을 포기하지 않고 계속하는 경험이 많을수록 아이는 자기조절 능력이 커지고, 참을성이나 계획 실행력 같은 자기통제 능력도 강화된다. 게임을 끊지 못하던 아이가 하루 30분만 하기로 약속하고, 부모와 함께 스스로 시간을 조절해 가는 연습을 한 사례도 있다. 아이는 처음엔 실패를 반복했지만, 그 과정을 매일 기록하고, 성공했을 때는 스스로 스티커를 붙이며 자신의 성장을 눈으로 확인했다. 시간이 지날수록 게임 시간 외에도 학습, 놀이, 정리 시간까지 스스로 계획하고 실천하려는 태도로 바뀌었다.

작고 단순한 행동이라도 꾸준히 이어갈 때, 아이는 스스로를 통제하고 해낼 수 있다는 믿음을 갖게 된다. 그 믿음이 바로 의지력이며, 반복된 성공의 경험이 쌓여 자존감을 키우는 밑거름이 된다.

부모가 꾸준한 칭찬과 격려로 아이의 반복 행동을 인정해 준다면, 아이는 점점 더 적극적으로 자기관리를 할 수 있게 된다.

습관 형성에도 단계가 필요하다

습관 형성의 첫걸음: 인식과 준비 단계

습관은 단순히 자주 한다고 생기는 행동이 아니다. 아이가 어떤 행동을 스스로 반복하도록 만들기 위해서는 먼저 그 행동이 왜 필요한지 알고, 이를 실천할 수 있도록 환경을 조성하고 준비하는 과정이 필요하다. 습관 형성은 시작부터 끝까지 자연스럽게 흘러가는 것이 아니라, 반드시 '인식'과 '준비'라는 첫 단계가 튼튼해야 다음으로 나아갈 수 있다. 먼저 '인식' 단계는 아이와 부모가 어떤 습관을 만들고 싶은지 구체적으로 알아보는 과정이다. 단순히 "책 좀 자주 읽자"보다는, "매일 저녁 10분씩 책을 읽는 시간을 가져보자"처럼 분명하고 실현 가능한 목표를 정하는 것이 중요하다. 이때 부모는 왜 이 습관이 필요한지를 아이의 눈높이에 맞춰 설명해 주는 역할을 해야 한다.

지혁이는 아침마다 꾸물대며 등원 준비를 미룬다. 아무리 다그치고 재촉해도 소용이 없자 부모는 "매일 늦지 않으려면 무엇이 필요할까?"라는 질문으로 아이와 함께 아침 행동을 되짚어보았다. 잠이 덜 깨서 멍한 상태로 준비하다 보니 시간이 오래 걸린다는 사실을 파악한 부모는 지혁이와 함께 전날 밤에 미리 등원 준비물을 정리하는 간단한 체크리스트를 만들었다. 또한, 잠자리에 드는 시간을 15분 앞당기고 알람 소리에 맞춰 일어나는 연습도 시작했다. 얼마 되지 않아 지혁이는 스스로 일어나 늦지 않게 등원 준비를 끝마치게 되었다.

이처럼 스스로 '무엇이 문제인지'를 인식하게 해주는 것이 습관 형성의 첫걸음이다. 문제 행동을 단순히 지적하기보다, 아이가 원인을 스스로 파악하고 '바꿔야 할 이유'를 이해하게 해야 변화의 동기가 쉽게 생긴다.

그다음은 '준비' 단계이다. 좋은 습관은 아이가 스스로 해낼 수 있어야 지속될 수 있다. 따라서 준비 단계에서는 아이의 발달 수준과 성향에 맞는 환경을 조성하고, 실천을 위한 도구를 마련해 주는 일이 필요하다. 위의 사례처럼 아이에게 등원 준비를 서두르라고 재촉하기 전에 아침마다 필요한 준비물을 확인하기 위한 작은 체크리스트를 만들고 잠자는 시간을 앞당기고, 아침에 일어나기 위한 알람 시계 준비가 우선되어야 한다. 이러한 준비는 물리적인 것뿐 아니라 심리적인 준비도 포함한다. "이번 주엔 월요일부터 금요일까지 아침 준비를 혼자 해보자"는 식의 구체적 계획을 세우고, 성공했을 때 어떤 칭찬이나 보상이 있을지를 함께 정해두는 것도 좋은 방법이다. 아이는 자신이 통제할 수 있는 작고 명확한 행동을 실천하면서, 준비된 구조 속에서 스스로 해낼 수 있다는 감각을 익히게 된다.

이처럼 습관은 어느 날 갑자기 형성되는 것이 아니다. 그 시작은 '왜 이것이 필요한가'를 함께 알아가는 인식에서 출발하고, '어떻게 하면 실천할 수 있을까'를 고민하는 준비로 이어져야 한다. 아이가 스스로 생각하고 선택한 습관은 부모가 시켜서 억지로 만든 것보다 훨씬 더 오래 지속될 수 있다.

실행과 반복의 단계: 행동을 생활에 녹여내기

습관은 '좋은 의도'만으로 만들어지지 않는다. 앞선 인식과 준비 단계를 지나, 실제로 행동을 해보고 생활 속에서 꾸준히 반복할 때 비로소 '내 삶의 일부'가 되는 것이다. 이것이 바로 '실행과 반복'의 단계이다. 이 단계에서는 처음의 계획이 현실 속에서 어떻게 작동하는지를 확인하고, 반복을 통해 익숙함과 안정감을 키워나가는 것이 핵심이다. 습관 형성 초기에 많은 아이들이 겪는 어려움 중 하나는 '작심삼일'이다. 처음에는 의욕적으로 시작하지만, 며칠이 지나면 흐지부지되기 쉽다. 이는 반복이 일상 속에 자연스럽게 녹아들지 못했기 때문이다. 습관은 강한 의지로 '억지로' 밀어붙이는 것이 아니라, 생활의 흐름 안에 '부드럽게' 들어와야 오래 지속될 수 있다.

지윤이는 엄마와 함께 '하루 15분씩 정리정돈하기'라는 목표를 세웠다. 준비 단계에서 방 정리를 돕는 그림 차트를 만들고, 아이 눈높이에 맞춘 수납공간을 구성했다. 실행 단계에서는 이 정리 시간을 매일 저녁 놀이가 끝난 후 자연스럽게 연결되도록 일과표를 조정했다. "놀았으니 이제 정리 시간"이라는 말보다 "우리 하루를 마무리하는 정리 시간이야"라는 말로 분위기를 만들고, 아이가 정리를 마친 후 "이렇게 하니까 내일 아침에도 기분 좋겠다" 식의 긍정적인 피드백도 잊지 않았다.

이처럼 반복을 위한 핵심은 행동의 흐름이 끊기지 않도록 돕는 환경과 언어이다. 특히 아이의 행동은 어른보다 감정과 상황의 영향을 더 많이 받기 때문에, 반복이 지루하거나 힘들게 느껴지지 않도록 일상에 '루틴'으로 녹여내는 것이 필요하다. 실행과 반복의 단계에서는 완벽함보다 지속성이 훨씬 중요하다. 어떤 날은 빠뜨릴 수도 있고, 어떤 날은 하기 싫을 수도 있다. 이때 부모가 "왜 안 했니?"라고 추궁하기보다는 "오늘은 좀 힘들었구나. 그래도 내일 다시 해보자"는 태도를 보이는 것이 아이의 지속적인 실천을 돕는 열쇠가 된다. 반복은 중단되더라도 다시 시작할 수 있다는 경험을 통해 아이는 실수에 대한 두려움 없이 자신만의 리듬을 찾아간다.

이 단계에서는 작은 성공을 눈에 보이게 기록하는 것도 효과적이다. 하루에 한 줄 감사일기 쓰기, 식사 후 물 마시기, 10분 독서

하기처럼 짧은 습관이라도 달력에 체크하거나 칭찬 노트를 만들면 아이는 자신이 해낸 일을 스스로 인식하게 된다. 이 성취감은 곧 자기효능감으로 이어지고, 다시 행동을 반복할 수 있는 내적 동기를 강화해 준다. 무엇보다 중요한 것은, 부모의 관심과 격려가 꾸준히 이어져야 한다는 점이다. 매일 부모와 함께하는 일상 속에서 아이의 행동에 의미를 부여하고, 이 습관이 너를 얼마나 멋지게 만들어주는지 이야기해 주는 부모의 말은 반복을 지속시키는 정서적 지지 역할을 한다. 습관은 하루아침에 만들어지지 않는다. 하지만 아이가 반복하는 과정을 통해 점차 익숙해지고, 어느 순간 '하지 않으면 허전한' 자연스러운 일상이 된다.

자동화 단계: 습관이 뇌에 자리 잡다

습관이 진정한 힘을 발휘하는 시점은 바로 '자동화' 단계이다. 처음에는 의식적으로 노력하고, 부모의 도움을 받아 실천하던 행동이 어느 순간 '의식하지 않아도 자연스럽게' 일어나는 수준에 이르면, 그것은 단순한 행동이 아니라 아이의 삶 속에 뿌리내린 습관이 된다. 뇌과학적으로도 반복된 행동은 특정 신경 회로를 강화시켜, 별다른 에너지 소모 없이도 자동으로 실행되는 과정을 가능하게 만든다. 이 단계에 이르면 아이는 별도의 다짐이나 외부의 지시 없이도 스스로 행동을 이어갈 수 있게 된다. 예를 들어, 매일 아침 침대를 정리하는 습관을 들인 한 아이는 처음에는 부모의 지시와 함께 겨우 이불을 개기 시작했을 것이다. 하지만 2~3주가 지나자, 특별히 누가 말하지 않아도 눈을 뜨면 먼저 이불을 정리하는 모습이 자연스럽게 나타났다. 이는 단순한 정리 습관을 넘어서, 하루를 스스로 시작하는 자기주도성의 기초가 되기도 한다.

자동화 단계의 핵심은 뇌의 절약 메커니즘에 있다. 우리 뇌는 반복적인 행동을 학습하면서, 이를 더 적은 에너지로 수행할 수 있도록 신경 회로를 최적화하게 된다. 즉, 처음에는 전전두엽을 비롯한 많은 뇌 영역을 써야 하던 일이, 점차 뇌의 깊은 부분인 기저핵을 중심으로 자동화되며 더 빠르고 쉽게 실행되는 구조로 바뀌는 것이다.

자동화 단계에 이르기까지는 보통 최소 3~4주 이상의 꾸준한 반복이 필요하다고 알려져 있다. 물론 개인차는 있지만, 중요한 것은 일관성과 지속성이다. 그리고 이 단계에는 부모의 개입이 점점 줄어들고, 아이 스스로 행동을 유지하도록 돕는 신뢰의 전환이 필요하다. 매일 칭찬하고 확인해 주던 행동을 점차 아이에게 맡기고, 자신이 해낸 것을 인식할 수 있는 내적인 동기로 전환해 주는 것이 이 단계에서의 부모 역할이다.

한편, 자동화는 단지 반복만으로 형성되기보다는 정서적인 긍정 경험과 연결될 때 더욱 빠르고 깊게 자리 잡을 수 있다. 아이가 어떤 습관을 실천했을 때 느낀 성취감, 그 행동을 통해 경험한 즐거움과 안정감은 뇌의 보상 회로와 연결되어 습관을 강화한다. 예를 들어, 매일 식사 후 가족과 함께 짧은 대화를 나누는 루틴이 있었던 아이는 이 시간을 통해 부모의 애정과 관심을 충분히 느꼈기 때문에 자연스럽게 이 시간을 기대한다. 감정적으로 긍정적인 습관은 단지 행동의 반복을 넘어 정서적 안정감과 연결되어 뇌에 더 단단히 자리 잡는다. 자동화 단계에 도달한 아이는 단지 한 가지 행동을 익힌 것이 아니라, 자기조절력과 자기주도성을 함께 키운 것이다.

작은 습관이 생활 속에서 자리를 잡으며, 아이는 '스스로 할 수 있다'는 자신감을 얻게 되고, 그 경험은 또 다른 좋은 습관으로의 확장 가능성을 열어준다. 습관은 하나로 끝나지 않는다. 이미 뇌가 하나의 긍정적인 루틴을 기억하고 있다면, 다음 습관도 더 수월하게 형성할 수 있기 때문이다. 자동화는 끝이 아니라 새로운 시작이다. 아이가 만든 한 가지 작은 습관이, 일상을 건강하게 유지하고, 미래를 더 탄탄하게 만들어가는 기반이 된다.

유지와 적응 단계: 습관을 삶의 일부로 만들기

습관 형성의 여정은 반복과 자동화에서 끝나지 않는다. 진짜 습관은 오랜 시간 유지되고, 다양한 상황 속에서도 유연하게 조절될 수 있을 때 비로소 아이의 삶에 뿌리내릴 수 있다. 이를 우리는 '유지와 적응 단계'라고 부른다. 이 단계는 그동안 형성한 습관이 무너지지 않고 지속되도록 도와주는 시기이자, 일상 변화에 맞춰 습관을 탄력 있게 조정해 나가는 단계이다.

아이의 성장 과정에서 환경과 생활 리듬은 자주 바뀐다. 방학이 되거나, 학년이 바뀌거나, 새로운 친구를 사귀는 등의 변화는 기존의 루틴을 흔들 수 있다. 이때, 그동안 잘 유지되던 습관이 흐트러질 수 있는데, 이를 자연스러운 일로 받아들이고 '다시 정비하고 조율하는 과정'으로 이해하는 것이 중요하다. 부모가 이 단계를 단순한 실패로 보지 않고, 아이와 함께 조율해 가는 기회로 삼는 것이 핵심이다. 예를 들어, 평소 잠들기 전 책 읽기 습관을 잘 유지하던 아이가 방학 중에는 잠자는 시간이 늦어지면서 자연스럽게 책 읽는 시간을 건너뛰기 시작했다. 이런 상황에서 "왜 요즘 책 안 읽니?"라고 질책하기보다, "요즘 잠드는 시간이 달라졌네. 우리 책 읽는 시간도 새롭게 정해볼까?" 하고 제안해 보는 것이 좋다. 이렇게 습관을 삶의 변화에 맞게 '유지하며 조절하는 능력'이 생기면, 아이는 더 이상 외부의 통제 없이도 자기 생활을 스스로 설계할 수 있게 된다.

또한 이 단계에서는 동기의 내면화가 중요한 역할을 한다. 초기에는 보상이나 칭찬에 의해 동기가 유지되지만, 유지 단계에서는 아이 스스로 왜 이 습관이 나에게 필요한지 이해하고 그 가치를 느껴야 한다. 예를 들어, 매일 물 마시는 습관을 들인 아이가 "물을 마시면 속이 편하고 기분이 좋아"라고 말하는 순간, 그 행동은 단지 반복된 루틴이 아니라 자기 몸과 마음을 돌보는 주체적 선택이 된다. 물론 이 단계에서도 일시적인 중단이나 후퇴는 있을 수 있다. 중요한 것은 그럴 때마다 다시 돌아오는 힘, 즉 '회복탄력성'을 기르는 것이다. "괜찮아, 다시 하면 돼", "우리가 이미 잘하고 있었던 걸 아니까 다시 시작할 수 있어"라는 부모의 따뜻한 태도는 아이가 습관을 스트레스가 아닌 성장의 도구로 느끼게 도와준다. 유지와 적응 단계는 결국 습관을 아이의 삶 안에서 살아 숨 쉬게 하는 시기이다. 형식적인 실천이 아닌, 의미 있는 일상으로의 통합이 이뤄지면, 그 습관은 단단해지고 확장 가능성을 갖게 된다.

무의식적 선택을 의식해 보자

무의식적 선택이란 무엇인가

우리 삶에서 많은 행동과 선택은 의식하지 못한 채 자동으로 이루어진다. 무의식적 선택이란, 우리가 의도적으로 깊이 생각하지 않고 자동적으로 내리는 결정이나 행동을 말한다. 이는 마치 숨 쉬는 것처럼 자연스럽고 반복적으로 나타나는 반응이며, 어린아이의 습관 형성과 밀접한 관련이 있다. 아이는 매일 수많은 선택을 하며 살아간다. 어떤 말을 할지, 어떻게 행동할지, 어떤 표정을 지을지조차도 선택의 연속이다. 그런데 이러한 선택이 모두 의식적인 생각을 거쳐 이루어지는 것은 아니다. 대부분은 반복된 경험, 주변 환경, 부모의 반응 등을 통해 자연스럽게 형성된 무의식적 반응이다. 예를 들어, 어떤 아이가 짜증을 내면 엄마가 바로 달래주고 원하는 것을 들어주는 상황이 반복된다면, 아이는 '짜증을 내면 원하는 것을 얻을 수 있다'를 무의식적으로 학습하게 된다. 이처럼 아이의 무의식적 선택은 주변 반응에 따라 강화되며 점차 습관으로 굳어진다. 반대로, 같은 상황에서 부모가 아이의 감정을 먼저 공감한 뒤 기다려주거나 대안을 제시하면, 아이는 보다 건강한 반응 방식으로 무의식적 선택을 전환하게 된다.

중요한 것은 아이가 어떤 행동을 반복할 때, 그 이면에 숨어 있는 무의식적 동기를 부모가 인식하고 다루어주는 것이다. 이는 습관을 단순히 "좋다, 나쁘다"로 판단하는 것이 아니라, "왜 이 행동을 반복할까?"라는 질문을 통해 아이의 내면을 이해하려는 태도에서 시작된다. 아이의 무의식적 선택을 존중하되, 그 선택이 아이의 성장과 사회적 관계에 긍정적인 영향을 줄 수 있도록 도와주는 것이 부모의 역할이다. 결국 아이의 습관은 무의식적 선택이 반복되어 형성되며, 이를 의식화하고 점검하는 경험이 바로 성숙한 자기조절력의 출발점이 된다.

무의식적 행동을 의식화하는 힘

우리가 반복적으로 하는 행동은 의도적인 사고 없이 자동적으로 이루어지는 경우가 많다. 이런 무의식적 행동은 아이들에게 많이 볼 수 있는데 중요한 점은 이들이 바로 습관의 뿌리가 된다는 것이다. 예를 들어, 손톱을 물어뜯거나, 화가 나면 문을 쾅 닫는 행동, 친구가 말을 가로채면 바로 소리를 지르는 반응 등은 모두 무의식적으로 형성된 행동이다. 그런데 이 무의식적 행동을 아이가 인식하고 조절할 수 있게 되는 순간, 그 행동은 변화의 가능성을 갖게 되는데 이것이 바로 '의식화의 힘'이다.

무의식적 행동을 의식화한다는 것은 아이가 자신의 행동을 스스로 알아차리고 그 원인과 결과를 생각해 볼 수 있게 된다는 의미이다. '내가 지금 왜 이렇게 행동했을까?', '이 행동이 나와 다른 사람에게 어떤 영향을 주었을까?'와 같은 질문을 스스로 던질 수 있게 되면, 아이는 자기 행동에 책임을 지는 연습을 하게 된다. 이는 단순한 훈육보다 더 깊은 자기 성장의 기회를 만들어준다. 이 과정은 부모의 섬세한 지원과 대화로 가능해진다. 예를 들어, 아이가 짜증을 내며 소리를 질렀을 때, "왜 소리를 질러?"라고 묻기보다 "무언가 마음이 불편했나 보구나. 어떤 기분이었어?"라고 감정을 짚어주는 방식이 효과적이다. 이처럼 아이의 감정과 행동 사이의 연결고리를 함께 탐색해 주는 대화는 아이가 자신의 행동을 인식하고 조절하는 능력을 길러준다.

무의식적 행동을 의식화하는 힘은 결국 아이의 자기조절력, 자아 인식, 사회적 기술 발달과 밀접하게 연결되어 있다. 아이가 자신의 행동을 되돌아보고 바르게 선택할 수 있도록 돕는 것은 단순히 습관을 고치는 것을 넘어, 아이가 주도적으로 성장할 수 있는 가장 강력한 발판이 된다.

아이와 함께 무의식적 선택 살펴보기

아이들은 하루에도 수많은 선택을 하며 살아간다. 하지만 그중 상당수는 의식적 사고보다는 익숙한 환경, 감정, 반복된 경험에 따라 자동적으로 이루어진다. 아침에 눈을 뜨자마자 툴툴대는 것, 반찬이 무엇인지 보지도 않고 밥 먹기를 거부하는 것, 친구가 다가오면 말없이 자리를 피하는 것, 칭찬을 들으면 고개를 돌리는 행동 등은 모두 아이의 무의식 속에서 이미 익숙하게 자리 잡은 선택일 수 있다. 이런 선택은 아이가 꼭 의도해서 하는 것이 아니라, 지금까지의 경험 속에서 반복되며 무의식적으로 형성된 행동 양식이다.

부모가 아이와 함께 이러한 무의식적 선택을 살펴보는 것은 매우 의미 있는 과정이다. 단순히 행동의 결과를 지적하는 것을 넘어, 왜 그런 반응을 보였는지, 어떤 감정이나 생각이 그 선택을 이끌었는지를 함께 탐색하는 시간을 갖는 것이 중요하다. 예를 들어, 아이가 친구에게 화를 내고 돌아왔을 때 "왜 화냈어?"라고 단도직입적으로 묻는 대신, "그때 어떤 마음이 들었어?", "혹시 서운했니? 속상했니?"처럼 감정을 언어로 풀어낼 수 있게 도와주면, 아이는 처음으로 자신의 선택을 되돌아볼 수 있다. 이러한 대화는 비난이나 판단이 아니라 이해와 공감의 태도에서 출발해야 한다. 아이가 스스로 느낀 감정과 생각을 안전하게 표현할 수 있어야, 무의식의 벽이 조금씩 낮아지고 의식의 빛이 들어올 수 있다. 그리고 아이 스스로 '그때 내가 왜 그랬지?'를 돌아보게 된다면, 이미 변화의 출발점에 선 것이다. 부모는 아이의 작은 관찰에도 의미를 부여해 주고, 아이가 자신의 감정과 행동을 연결해 볼 수 있도록 질문해 주는 '거울' 같은 역할을 해야 한다.

이와 함께 무의식적 선택을 살펴보는 과정은 아이에게 단순한 행동 교정을 넘어서 자기 인식, 자기조절의 능력을 키워준다. 이는 곧 자기주도적 삶의 기초가 되며, 나중에 감정과 행동을 분리해서 사고할 수 있는 능력으로 이어질 수 있다. 또한 이 과정은 부모-자녀 간 신뢰를 더욱 돈독하게 해주는 소통의 기회가 되기도 한다. 아이는 '내 감정을 부모가 이해해 주고, 내가 왜 그런 행동을 했는지 함께 생각해 준다'는 경험을 통해 정서적 안정감을 얻고, 점차 자신의 선택을 스스로 책임지고 조절할 수 있는 힘을 키워나간다. 결국, 무의식적 선택을 아이와 함께 살펴보는 시간은 단순한 훈육이나 가르침이 아닌, 아이의 내면을 들여다보며 성장의 길을 함께 걷는 여정이다. 오늘 하루 아이의 작고 반복적인 행동들 속에 숨어 있는 '이유'를 함께 찾아보는 것만으로도, 아이는 더 의식적인 존재로, 더 건강하게 성장하는 방향으로 나아갈 수 있다.

바쁜 부모를 위한 '루틴 자동화' 꿀팁

루틴은 부모가 잊지 않게 만드는 것이 아니라 '아이 스스로 기억하게' 만드는 것이 핵심이다. 아이의 습관은 '잊지 않도록 만드는 환경'에서 자란다. 바쁜 부모가 매번 말하지 않아도 돌아가는 시스템을 만드는 것이 루틴 자동화의 핵심이다.

- **시각 루틴 차트 만들기(글보다 그림!)**
  - 아침/저녁 루틴을 그림이나 사진으로 보여준다.
  - ex) '양치→세수→머리 빗기→가방 챙기기'를 아이 사진으로 구성하여 화장실 벽에 붙이기
  - 글보다 이미지 정보가 기억에 오래 남아 자기주도 루틴을 돕는다.

- **타이머 친구 만들기**
  - "10분 안에"(×) "타이머가 땡~ 할 때까지"(○)
  - 타이머는 감정 없는 제3의 존재
  - 엄마가 화내지 않아도 자연스럽게 경계선을 만들어준다.

- **루틴을 '행동+장소'로 기억시키기**
  - "손 씻어야지"(×) "집에 오면 현관 옆 화장실에서 손 씻는 거야"(○)
  - 장소와 행동을 연결하면 몸이 먼저 기억한다.

- **루틴에 음악 한 스푼**
  - 세수할 때 부르는 '아침송'. '장난감 정리할 때 나오는 '정리송'
  - 노래는 뇌를 자극하는 강력한 트리거
  - 놀이처럼 반복되며 습관을 즐겁게 만든다

- **'기억 대신 물건'을 활용하기**
  - 아이가 할 일을 자꾸 잊는다면? 말 대신 신호를 준다.
  - 식사 후 책 읽기 = 식탁 위에 책 올려두기
  - 외출 전 정리 = 현관에 장난감 바구니 비치하기
  - 눈에 보이면 행동도 빨라진다.

- **꾸준함보다 '다시 돌아오기'를 목표로**
  - 하루 빠져도 괜찮다. 중요한 건 다시 돌아오는 힘!
  - "엄마도 가끔 놓쳐. 내일부터 다시 해보자~"라고 말해주기
  - 이것이 바로 습관의 내구성을 길러주는 회복 루틴이다.

> 루틴은 '부모가 지켜주는 것'이 아니라 아이 스스로 익숙해지는 경험을 만드는 것이다. 하루 10분이면 충분하다.

3장

감정도 습관이다
감정 표현력·조절력 기르기

_아이의 감정은 그저 일시적인 기분이 아니다. 반복되는 감정의 표현 방식과 그것에 대한 부모의 반응은 아이의 뇌에 '감정 습관'이라는 이름으로 자리 잡는다. 기쁨을 건강하게 표현하는 아이가 있는 이유도 바로 이 감정 습관에서 찾을 수 있다. 감정은 타고나는 기질만으로 결정되지 않는다. 부모와의 관계 속에서 반복되는 일상 속에서 아이는 자신의 감정을 어떻게 느끼고 다루어야 하는지 하나하나 배우게 된다.

감정을 잘 표현하고 조절하는 능력은 평생을 살아가는 데 필요한 핵심 역량이다. 하지만 많은 부모는 감정을 훈련의 대상으로 인식하기보다는 문제 행동으로 보거나 억제해야 할 대상으로 여긴다. "울지 마", "그 정도 일로 화내면 안 돼" 같은 말들은 아이의 감정 표현을 차단하고 결국 감정을 제대로 느끼지도 표현하지도 못하는 아이로 자라게 만든다. 아이가 어떤 감정을 느끼든, 그 감정을 안전하게 표현하고 이해받은 경험이 반복되어야 건강한 감정 습관이 자리 잡을 수 있다.

감정 습관은 부모의 반응에서 시작된다. 아이가 짜증 낼 때, 울 때, 실망할 때 부모가 보이는 태도가 반복되면서 아이는 감정이란 이런 식으로 표현하도록 다루어야 한다는 '감정의 공식'을 익히게 된다. 감정을 억누르면 사라지는 것이 아니라 안으로 더 크게 자라난다. 특히 유아기에는 감정 조절 능력이 미숙하기 때문에 부모가 조율자가 되어 아이의 감정을 다루는 방법을 모델링하고 가르쳐야 한다.

또한 감정 습관은 사회성과도 깊은 관련이 있다. 자신의 감정을 잘 인식하고 표현할 줄 아는 아이는 타인의 감정에도 공감하며 건강한 대인관계를 맺을 수 있다. 반대로 감정을 조절하지 못하거나 억누르는 아이는 친구 관계에서도 갈등을 겪기 쉽다. 이 모든 과정의 시작은 바로 '감정을 말로 표현하는 힘'에서 출발한다. 언어로 감정을 표현하는 경험은 아이의 뇌를 발달시키고 감정의 흐름을 인식하며 조절할 수 있는 능력을 키운다.

이 장에서는 감정이 습관이 되는 과정을 살펴보고, 부모의 일상적인 반응과 태도가 아이의 감정 습관을 어떻게 형성하는지를 구체적으로 다룰 것이다. 나아가 아이가 감정을 단순히 억제하기보다 감정을 잘 조절하여 감정에 휘둘리지 않고 스스로 조절할 수 있는 실천 가능한 방법을 제안하려고 한다. 감정도 연습해야 좋아지고 연습은 곧 습관이 된다. 이 장을 통해 감정 습관의 중요성을 다시 바라보고 일상에서 실천할 수 있는 구체적인 방법을 하나씩 배워보자.

왜 감정도 길러야 할까

감정은 본능이지만, 표현은 학습이다

기쁨, 분노, 슬픔, 두려움 같은 기본 감정을 느끼는 것은 인간의 본능이다. 그러나 그 감정을 표현하고 조절하는 것은 경험을 통해 배우고 익혀야 하는 '기술'이다. 특히 어린 시절, 부모와의 관계에서 반복되는 일상적 경험은 감정 표현 습관의 기초를 이룬다는 것을 부모는 알아야 한다. 예를 들어, 아이가 장난감을 잃어버려 속상해 울음을 터뜨릴 때, 부모가 "그깟 장난감 하나 가지고 왜 울어?"라며 감정을 억누른다면, 아이는 점점 자신의 감정을 숨기고 표현하지 않는 습관을 갖게 된다. 반면에 "속상했겠다. 네가 그 장난감을 참 좋아했지"라고 감정을 인정해 주면, 아이는 자신의 감정을 자연스럽게 드러내고 조절하는 법을 배우게 된다. 아이가 유치원에서 친구와의 갈등으로 속상한 얼굴을 하고 돌아왔을 때, 부모가 "괜찮아, 그런 건 별거 아냐"라고 대수롭지 않게 넘긴다면, 아이는 자신의 감정이 존중받지 못했다고 느끼고 점차 감정을 숨기거나 외면하는 습관을 들이게 된다. 반면, "속상했겠다. 친구랑 그런 일이 있었구나. 네 마음이 어떤지 말해줄 수 있어?"라고 감정을 알아차리고 말로 표현하도록 도와준다면, 아이는 감정 표현이 안전하고 자연스러운 것임을 배운다.

부모의 감정 표현 방식도 아이에게 큰 영향을 준다. 직장에서 힘든 하루를 보내고 퇴근한 엄마가 음료를 쏟은 아이를 참지 못해 순간 격분하고 꾸짖은 경우, 아이는 이후 작은 실수에도 혼날 것을 두려워하며 울음을 터뜨릴 수 있다. 부모가 감정을 통제하지 못하고 폭발하거나 억제하는 모습을 보이면, 아이는 감정은 위험한 것이며, 솔직하게 드러내면 안 된다고 배울 수 있다. 반면 어떤 아빠는 화가 날 때 "아빠가 지금 좀 짜증이 났지만, 큰소리 내지 않고 말하려고 노력 중이야"라고 솔직히 말하는 습관을 들였다. 그 모습을 본 아이도 점차 자신의 감정을 차분히 말로 표현하는 태도를 익혀 갈 수 있었다.

감정은 단지 순간적인 기분이나 느낌이 아니라, 관계를 맺고 갈등을 조율하며 자신을 돌보는 데 꼭 필요한 '표현의 기술'이다. 감정을 말로 표현하는 습관, 상대의 감정을 공감하는 습관은 하루아침에 만들어지지 않는다. 감정 표현은 연습이 필요하며, 부모가 감정을 건강하게 다루는 모습을 보여줄 때, 아이도 자신만의 감정 사용법을 배울 수 있다. 그러므로 감정도 언어처럼 가르쳐야 하고,

매일 반복되는 일상 속에서 훈련되어야 한다. 감정은 본능이지만, 표현은 환경 속에서 길러지는 습관이며 가정은 그 학습이 시작되는 가장 중요한 첫 공간이라는 것을 잊지 말자.

정서적 습관이 아이의 관계를 결정한다

아이들은 태어나면서부터 감정을 느끼고 표현하지만, 그것을 어떻게 다루고 전달할지는 가정에서 익힌 정서적 습관에 따라 달라진다. 특히 타인과의 관계에서 감정을 적절히 표현하고 조절하는 능력은 사회성을 결정짓는 핵심 요소이며, 이 능력은 우연히 생기는 것이 아니라 일상 속의 반복과 관계 경험을 통해 만들어진다.

여섯 살 민우는 친구들과 놀다 자신의 의견이 받아들여지지 않으면 금세 울고 자리를 떠나곤 했다. 민우 엄마는 평소 아이가 감정적으로 불편해할 때마다 "그럴 땐 그냥 참는 거야"라며 감정을 말로 표현하기보다 조용히 통제하는 쪽으로 유도했다. 그 결과 민우는 자신의 감정을 표현하고 조절하는 데 서툴렀고, 또래들 사이에 자주 오해와 갈등을 빚었다.

반면, 같은 반 지우는 놀다가 의견이 충돌해도 "나는 지금 속상해. 그런데 너랑 계속 놀고 싶어"라며 감정을 솔직하게 표현할 줄 알았다. 지우의 부모는 평소에도 식사 시간이나 자기 전 아이에게 "오늘 기분은 어땠어?", "누구 때문에 기분이 좋았니?"와 같은 질문을 던지며 감정을 말로 풀어내는 시간을 자주 가졌다. 덕분에 지우는 자신의 감정을 잘 이해하고 표현하는 습관을 갖게 되었고, 또래와의 관계에서도 안정적인 모습을 보였다.

자주 짜증을 내는 아이, 쉽게 불안해하는 아이, 감정이 들쑥날쑥한 아이는 또래 친구나 가족과의 관계에서도 반복적인 갈등을 겪기 쉽다. 감정 습관은 결국 관계의 질을 좌우한다. 정서적 습관이 잘 형성된 아이는 자신의 감정을 억누르거나 폭발시키지 않고, 타인의 감정도 자연스럽게 이해하며 조율할 수 있다. 반대로 감정을 표현하는 데 서툴거나 부정적으로 반응하는 습관이 자리 잡으면, 친구 관계나 교우 관계에서 자주 어려움을 겪게 된다. 즉, 감정은 그 자체보다 그것을 다루는 방식이 관계 형성에 더 큰 영향을 미친다. 아이의 정서적 습관은 부모와의 관계에서 출발하고, 하루하루의 대화와 반응 속에서 조금씩 자라난다. 부모가 아이의 감정을 부정하거나 회피하기보다 공감하고 함께 다루는 태도를 보일 때, 아이는 타인과 건강한 관계를 맺는 정서적 기초를 단단히 쌓아갈 수 있다.

평생을 좌우하는 감정 습관

감정은 순간의 기분처럼 보이지만, 우리가 어떤 방식으로 느끼고 표현하느냐는 삶의 전반을 좌우할 만큼 큰 영향을 미친다. 특히 유아기와 아동기에 형성된 감정 습관은 쉽게 바뀌지 않아 성인이 되어서도 사고방식, 대인관계, 스트레스 대처 방식에 깊이 작용한다. 감정 습관은 우리가 의식하지 못한 채 반복하는 정서적 반응 패턴으로, 일종의 '정서적 자동 반사'라 할 수 있다. 스트레스를 받았을 때 회피하는지, 직면하는지, 혹은 공격하는지에 대한 태도는 어린 시절의 경험에서 비롯되는 경우가 많다. 예를 들어, 어린 시절 부모에게 "너는 왜 항상 예민하니?", "울면 아무것도 해결되지 않아" 같은 말을 자주 들으며 자란 아이는 감정을 느끼는 것을 부정적으로 인식하게 되고, 감정 표현을 회피하거나 억제하는 습관을 갖게 된다. 이런 감정 억제 습관은 성인이 되어서도 인간관계에서 솔직한 소통을 방해하거나, 내면에 쌓인 감정이 불안과 우울로 이어지기도 한다. 반대로 감정을 자유롭게 표현하고 존중받는 경험을 충분히 한 아이는 자기감정에 익숙하고 타인의 감정에도 민감하게 반응할 수 있다. 감정을 해석하고 조절하는 능력은 곧 자기조절력, 공감 능력, 회복탄력성으로 이어지고, 이는 직장생활이나 인간관계, 위기 상황에서 큰 힘이 된다. 실제로 감정을 건강하게 표현하고 조절할 줄 아는 아이는 갈등 상황에서도 대화를 통해 해결하려고 하며, 친구 관계에서도 거절이나 실수에 크게 흔들리지 않는 안정적인 모습을 보인다.

정서적 습관은 단순한 기질이나 성격이 아니라, 반복되는 경험을 통해 형성되는 학습된 태도라는 것을 부모는 기억해야 한다. 매일 반복되는 부모와의 상호작용 속에서, 아이는 감정을 다루는 나름의 '습관'을 체득하게 된다. "지금 속상하지? 괜찮아, 함께 이야기해 보자"와 같은 말은 감정을 해석하고 받아들이는 힘을 길러주는 좋은 시작이다. 아이가 어떤 감정 습관을 갖느냐는 단순히 그 시기의 문제가 아니라, 인생 전체에 영향을 미친다. 감정 습관은 학습될 수 있고, 변화될 수도 있다. 중요한 것은 부모가 먼저 감정의 언어를 배우고, 아이가 자신의 감정을 이해하고 표현할 수 있도록 매일의 일상 속에서 기회를 주는 것이다. 감정을 어떻게 다루느냐는, 평생을 어떻게 살아가느냐와 직결된다는 점에서, 감정 습관은 가장 중요한 삶의 기초라 할 수 있다.

아이의 감정 표현, 부모의 반응이 결정한다

감정은 '수용'되어야 다룰 수 있다

아이가 울거나 화를 낼 때, 많은 부모는 아이의 감정을 멈추게 하려 한다. "그만 울어", "화를 내면 안 돼" 같은 말은 감정을 억압하게 만든다. 하지만 감정은 억제할수록 더 커진다.

아이들이 감정을 표현할 때, 그 감정이 긍정적이든 부정적이든 부모의 첫 반응은 매우 중요하다. 부모는 기쁨이나 흥분과 같은 감정에는 쉽게 공감하고 반응하지만, 분노, 짜증, 슬픔, 두려움 같은 감정에는 "그렇게 화낼 일 아니야", "울지 마", "그건 나쁜 감정이야"와 같이 감정을 억누르거나 부정하는 반응을 보이기 쉽다. 하지만 감정은 좋고 나쁨으로 나뉘는 것이 아니라, 그 자체로 아이의 내면을 드러내는 중요한 신호이다. 아이의 감정은 먼저 '수용'되어야 한다. 감정을 다룬다는 것은 그 감정을 없애거나 억제하는 것이 아니라, 있는 그대로 느끼고 표현할 수 있도록 인정해 주는 데서 시작된다. "너 지금 속상하구나", "그렇게 화날 수 있겠다"와 같은 말은 아이에게 '내 감정을 이해해 주는 사람이 있다'는 안정감을 줄 수 있다. 이런 경험이 반복되면 아이는 자신의 감정을 외면하지 않고, 스스로 인식하고 조절하는 힘을 기르게 된다.

많은 부모가 감정 수용과 행동 허용을 착각하기 쉽다. 부모가 아이의 감정을 수용한다는 것은 아이의 행동을 무조건 허용한다는 뜻이 아니다. 감정은 이해하되, 행동은 통제할 수 있어야 한다. "화나는 건 이해하지만, 친구를 때리는 건 안 돼"처럼 감정과 행동을 분리해서 설명해 주는 것이 중요하다. 아이는 자신의 감정이 존중받는다는 느낌 속에서, 감정을 어떻게 표현해야 할지를 배워간다. 결국, 감정을 다룰 줄 아는 아이로 성장하기 위해서는, 부모가 아이의 감정을 '있는 그대로 받아들이는 것'에서 시작해야 한다. 감정이 안전하게 표현될 수 있는 환경이 마련될 때, 아이는 자신의 감정을 통제하고 조절할 수 있는 건강한 내면의 힘을 키우게 된다.

부모의 반응이 아이의 감정 언어를 만든다

아이는 태어날 때부터 감정을 느끼지만, 인지적, 정서적으로 미성숙하여 자신의 감정을 정확하게 표현할 언어를 다양하고 풍부하게 가지고 있지 않기 때문에 감정을 표현하는 언어는 경험을 통해 배워간다. 특히 부모의 반응은 아이가 자신의 감정을 어떻게 인식하고, 어떤 방식으로 표현할지를 결정짓는 중요한 역할을 한다. 예를 들어, 장난감을 동생에게 빼앗긴 아이가 울며 화를 낼 때, 어떤 부모는 "그깟 일로 왜 울어?"라고 반응할 수 있다. 반면, 다른 부모는 "네가 아끼던 장난감을 빼앗겨서 화가 났구나. 속상했겠다"라고 말해준다. 전자의 경우 아이는 자신의 감정을 부끄럽거나 숨겨야 할 것으로 여기게 되며, 감정 표현을 피하거나 억압하게 될 수 있다. 그러나 후자의 경우 아이는 '나는 지금 화가 났구나', '이게 속상함이라는 감정이구나' 하고 자신의 내면을 이해하는 힘을 키우게 된다.

부모가 감정에 이름을 붙여주는 방식, 감정을 다루는 태도, 감정에 대해 이야기 나누는 빈도는 모두 아이의 감정 언어 형성에 직접적인 영향을 준다. "그게 무서웠구나", "지금 기분이 들떴나 봐", "친구가 네 말을 안 들어서 속상했겠다"와 같은 말은 아이에게 감정 표현의 어휘와 문장을 제공한다. 이처럼 일상 속에서 감정을 자주 말로 표현하고, 부모가 감정을 읽어주는 경험이 쌓일수록 아이는 자신의 감정을 더 풍부하게 이해하고 표현할 수 있게 된다.

부모의 감정 반응이 본보기가 된다

아이들은 부모의 말보다 행동을 더 잘 배운다. 특히 감정을 어떻게 다루는지는 부모의 반응을 보며 익히는 경우가 많다. 부모가 감정적으로 격해질 때마다 화를 내거나 언성을 높인다면, 아이도 갈등 상황에서 동일한 방식으로 반응하게 된다. 반대로 부모가 화가 났을 때도 침착하게 말하고, 자신의 감정을 솔직하게 표현하면서도 타인을 배려하는 모습을 보인다면, 아이는 그 감정 조절 방식을 자연스럽게 따라 하게 된다. 예를 들어, 교통체증으로 인해 약속에 늦게 된 상황에서 부모가 "아 진짜 짜증 나! 왜 이렇게 막히는 거야!"라고 말하며 운전대에 화풀이를 한다면, 아이는 '짜증이 나면 소리를 질러야 한다'고 배울 수 있다. 하지만 같은 상황에서 "지금 마음이 조급하네. 늦을까 봐 걱정돼서 그런가 봐"라고 자신의 감정을 말로 표현하는 모습을 보여준다면, 아이는 '감정은 표현하되 조절할 수 있다'는 메시지를 받아들인다.

부모는 감정을 숨기거나 완벽하게 통제해야 하는 존재가 절대 아니다. 오히려 감정을 건강하게 드러내고, 스스로 조절하는 모습을 보여주는 것이 중요하다. 아이는 부모가 기쁠 때, 슬플 때, 실망할 때 어떤 말과 행동을 하는지를 관찰하고 그것을 따라 하며 자신의 정서적 반응 방식을 형성한다. 따라서 부모가 스스로 감정을 어떻게 다루는지에 대한 성찰은 매우 중요하다. 감정은 아이에게 설명할 수 있을 때 교육이 된다. "엄마가 오늘 좀 피곤해서 목소리가 커졌어. 미안해"라고 말하는 부모의 모습은 아이에게 감정도 조절할 수 있는 것임을 알려줄 수 있다. 또한 화가 난 뒤 조용히 숨을 고르고 다시 대화를 시도하는 부모의 스스로 회복하는 모습은 아이에게 감정의 흐름과 회복력을 배우게 하는 본보기가 된다. 아이는 부모의 감정 반응을 거울삼아 자신의 정서를 다루는 방식을 만들어갈 수 있다. 감정을 표현하는 방식, 조절하는 태도, 사과하는 용기까지 모두 부모의 일상 속에서 아이는 보고 배운다는 것을 부모는 알아야 한다.

반복되는 반응이 감정 습관을 만든다

감정은 반복을 통해 자동화된다

우리가 매일 경험하는 크고 작은 감정들은 단순히 순간적인 반응으로 끝나지 않는다. 감정은 단순한 느낌이 아니라, 반복되는 반응을 통해 우리의 뇌에 학습되고 자동화되는 특성을 가진다. 즉, 어떤 감정을 자주 느끼고 특정 방식으로 표현하는 경험이 반복되면, 그것이 하나의 반응 패턴이 되어 의식하지 않아도 자동으로 나타난다. 예를 들어, 아이가 어떤 일에 자주 짜증을 내고 그 감정을 그대로 표현하며 주위로부터 반응을 얻는 경험을 반복한다면, 그 아이는 스트레스 상황에서 '짜증 내기'라는 감정 반응을 자동적으로 택하게 된다. 이는 뇌의 신경회로가 반복된 감정 반응을 강화하기 때문이다. 이런 감정 습관은 무의식적으로 자동화되며, 상황 판단 없이 즉각 반응하게 만든다.

초등학교 2학년 동주는 과제를 틀릴 때마다 극도로 불안해하고 눈물을 흘린다. 알고 보니 유치원 시절부터 부모가 "틀리면 혼난다"라고 꾸짖으며 지도했다고 한다. 동주는 '실수=처벌'이라는 감정 패턴이 자동화된 것이다. 이후 교사와 부모가 "괜찮아, 누구나 틀릴 수 있어", "어떤 점이 어려웠을까?"처럼 실수를 수용하고 차분히 대화하는 방식으로 지지해 주자 아이는 점차 안정된 반응을 보이기 시작했다.

반복된 반응은 감정의 자동화를 낳고, 그것은 곧 아이의 정서적 회복력과 대인관계 방식에까지 영향을 미친다. 따라서 부모가 아이의 감정을 어떻게 받아주고 되돌려주는지가 장기적으로 그 아이의 감정 습관을 결정짓는 중요한 열쇠가 된다는 것을 잊지 말아야 한다.

감정을 기록하면 습관을 인식할 수 있다

아이들도 어른처럼 하루에도 수십 가지 감정을 느낀다. 기쁨, 슬픔, 짜증, 불안, 억울함, 신남 등 다양한 감정이 떠오르지만, 그 감정을 스스로 인식하고 표현하는 능력은 아직 발달 중이다. 그래서 아이가 반복적으로 짜증을 내거나 쉽게 화를 내는 경우, 그 감정의 뿌리를 잘 모른 채 행동만 문제로 여겨지는 경우가 많다. 이럴 때 '감정 일기'나 '기분 온도계'와 같은 '감정을 기록하는 활동'은 아이가 자신의 감정을 들여다보고, 반복되는 감정 습관을 인식하는 데 큰 도움이 된다.

감정 기록은 아이의 눈높이에 맞게 간단하고 즐겁게 접근해야 한다. 예를 들어, 하루 중 기억에 남는 기분을 떠올려 "오늘 나는 ○○해서 기뻤어요" 또는 "○○ 때문에 속상했어요"라고 적어보게 하거나, 감정을 나타내는 얼굴 그림 중에서 자신의 감정에 가까운 표정을 고르게 하는 것도 좋은 방법이 될 수 있다. 이렇게 하루 한 번 감정을 돌아보고 표현하는 습관은 아이가 자신의 감정을 말로 표현하고 이해하는 힘을 길러준다. 감정은 그냥 흘려보내면 금세 사라지지만, 기록을 통해 들여다보면 아이 마음의 흐름과 습관이 보인다.

감정은 찰나에 스쳐 지나가는 것 같지만, 그 이면에는 반복되는 패턴과 습관이 숨어 있다. 아이가 무심코 화를 내거나, 자주 불안해하거나, 쉽게 의기소침해지는 이유도 알고 보면 반복된 감정 반응의 결과일 수 있다. 그런데 이런 감정 습관은 의식하지 않으면 쉽게 지나치게 마련이다. 감정을 '기록'하는 행위는 이러한 무의식적 감정 반응을 '의식의 영역'으로 끌어올리는 중요한 도구가 된다. 단순히 "화를 자주 내요"라고 말하는 대신, '어떤 상황에서, 어떤 감정을 자주 느끼는지'를 알아가는 과정인 감정 기록은 감정 습관을 건강하게 조율하는 시작점이 된다. 예를 들어, 하루 동안 어떤 상황에서 어떤 감정을 느꼈는지 짧게라도 적어보는 것만으로도 자신이 반복적으로 어떤 감정에 머무르는지를 인식할 수 있다. "회의 중에 또 긴장했다", "아이에게 또 짜증을 냈다", "혼자 있을 때 외로움을 자주 느낀다"와 같은 기록은 특정 상황과 감정이 어떻게 연결되어 있는지를 파악하게 해준다. 이는 '왜 나는 늘 이런 반응을 할까?'라는 자기 성찰로 이어지고, 그 안에서 감정 습관의 실마리를 찾을 수 있다.

영은이 엄마는 2주간 자신의 감정을 기록해 보며 매일 저녁 아이가 숙제를 할 때 유독 짜증이 올라오는 자신을 발견했다. 처음엔 단순한 스트레스 때문이라고 생각했지만, 기록을 통해 자신이 '완벽하게 하려는' 성향이 강하고, 아이가 느릿하거나 틀릴 때 무기력함과 분노를 느낀다는 감정 패턴을 자각하게 된 것이다. 이후 영은이 엄마는 숙제 시간 전에 자신의 감정을 미리 점검하는 습관을 들이려 애썼고, 영은이를 더 유연한 태도로 대할 수 있게 되었다.

감정을 기록한다는 것은 단순히 기분을 메모하는 것을 넘어서, 반복되는 감정의 흐름을 추적하고 그것이 행동에 어떻게 연결되는지를 관찰하는 훈련이다. 감정 습관은 인식될 때에야 비로소 변화의 가능성이 열린다. 매일의 감정 기록은 나도 모르게 길들여진 감정의 흐름을 조명하고, 더 건강한 반응을 선택할 수 있는 기회를 만들어준다. 결국 감정을 기록하는 습관은 감정을 다스리는 첫걸음이며, 아이뿐만 아니라 부모 자신의 정서 성장에도 큰 힘이 된다.

새로운 반응을 연습해야 습관이 바뀐다

감정은 자동적으로 떠오르는 것이지만, 그 감정을 어떻게 '반응'하느냐는 학습되고 형성되는 습관이다. 아이가 어떤 감정을 느꼈을 때 울기, 소리 지르기, 몸을 숨기기, 공격적으로 말하기 등의 반복적으로 보이는 반응은 오랜 시간 익숙해진 방식일 수 있다. 이처럼 감정은 자연스럽게 느껴지는 것이지만, 그것에 대한 반응은 충분히 '연습'을 통해 바꿀 수 있다. 감정을 다룬다는 것은 결국, 익숙한 반응 대신 새로운 반응을 선택할 수 있도록 돕는 일이다. 예를 들어, 아이가 동생에게 장난감을 뺏겼을 때 화를 내며 때리는 행동을 반복한다면, 그 아이는 '화가 나면 밀치거나 소리를 지르는 반응'을 감정 습관으로 가지고 있는 것이다. 이럴 때 "때리면 안 돼!"라고 단순히 제지하는 것만으로는 그 습관이 바뀌지 않는다. 대신, "화가 났을 때 이렇게 말해볼까? '나도 가지고 놀고 싶어'라고 말할 수 있어"처럼 구체적인 대안 반응을 제시하고 반복적으로 연습시키는 것이 중요하다.

한 유치원에서는 감정 놀이 시간을 통해 아이들이 다양한 상황에서 사용할 수 있는 감정 문장을 익히는 활동을 진행했다. "지금 기분이 안 좋아요", "내가 먼저 쓰고 싶었어요", "속상해서 울고 싶어요"처럼 감정을 말로 표현하는 연습을 반복한 결과, 아이들은 점차 공격적인 반응보다 말로 감정을 표현하는 비율이 높아졌다. 이는 단순한 교육이 아니라 '새로운 감정 반응'을 반복적으로 체험하고 몸에 익힌 결과였다.

감정 반응은 단순한 교육만으로는 바뀌지 않는다. 반복적으로 안전하게 감정을 표현하고, 다르게 반응해 보는 기회를 경험할 때, 아이의 감정 습관은 서서히 변화한다. 처음에는 어색하고 잘되지 않더라도, 반복된 연습은 아이의 뇌에 새로운 반응 경로를 만들어 준다. 이는 마치 자전거 타기를 처음 배울 때 넘어지고 다시 일어나는 과정을 반복하며 익숙해지는 것과 같다. 감정에 대한 반응은 노력과 연습을 통해 충분히 조절하고 바꿔나갈 수 있다. 아이에게 감정 자체를 없애려 하지 말고, 그 감정을 어떻게 건강하게 표현하고 반응할 수 있을지 알려주고 연습시켜 주자. 그 과정이 쌓일수록 아이는 감정에 휘둘리지 않고, 감정을 스스로 다룰 줄 아는 건강한 정서 습관을 갖게 된다.

감정 습관은 부모와의 관계에서 시작된다

부모와의 애착이 감정 조절의 기초

아이가 감정을 어떻게 느끼고 표현하며 조절하는지는 단지 타고난 성격이나 기질에만 달려 있지 않다. 그보다 더 깊은 뿌리는 바로 부모와의 관계, 특히 애착에서 시작된다. 애착은 부모와 아이 사이의 정서적 유대이며, 아이가 세상과 자신을 어떻게 인식하느냐에 큰 영향을 미친다. 안정된 애착을 형성한 아이는 자신이 사랑받고 지지받는 존재라는 감정을 토대로 감정을 보다 안전하게 표현하고 조절할 수 있다. 반면에 불안정한 애착을 가진 아이는 감정을 숨기거나 극단적으로 표출한다.

아이가 울거나 떼를 쓰는 상황에서 아이와 불안정한 애착을 가진 부모는 "왜 또 그래?", "그만 좀 해"라며 감정을 억누르기 쉽고 아이는 자신의 감정이 인정받지 못한다는 불안감을 갖게 된다. 이런 경험이 반복되면 감정을 숨기거나 부적절하게 표현하는 습관이 형성될 수 있다. 반면, 아이와 안정된 애착을 형성한 부모는 "속상했구나", "그래서 울었구나"처럼 감정을 알아차리고 받아주고 아이를 존중해 주는 반응을 보이는 경향이 높다. 이때 아이는 '내 감정은 괜찮은 것'이라는 신뢰와 안전감을 갖게 되고, 차츰 스스로 감정을 조절하는 힘도 기르게 된다. 한 연구에 따르면, 유아기에 부모와 안정된 애착을 형성한 아이는 스트레스 상황에서 더 침착하게 반응하고 또래와의 갈등에서도 감정을 조율하며 문제를 해결하려는 경향이 높았다. 이는 감정이 '다뤄지는 방식'을 부모에게서 먼저 배웠기 때문이다. 부모가 감정을 존중하고 적절히 반응해 주면, 아이도 그런 감정 습관을 자연스럽게 익히게 된다. 결국 아이의 감정 습관은 단순한 훈육이나 교육이 아닌, 부모와 맺는 관계 안에서 자연스럽게 자라난다. 부모의 따뜻한 시선, 감정에 대한 민감한 반응, 공감 어린 말 한마디가 아이에게 감정 조절의 기초를 마련해 주는 힘이 된다.

부모가 아이의 감정 안전지대가 되어야 한다

아이들은 하루에도 수많은 감정을 경험한다. 기쁘고 신날 때도 있지만, 속상하고 억울하고 불안할 때도 있다. 이때 아이에게 가장 필요한 것은 그 감정을 마음껏 표현할 수 있는 '안전한 공간', 바로 부모이다. 아이가 세상에서 처음 감정을 배우는 장소는 '가정'이고 부모이기 때문이다. 부모가 감정의 안전지대가 되어줄 때, 아이는 자신의 감정을 있는 그대로 느끼고, 표현하고, 다스릴 수 있는 힘을 길러간다. 감정 안전지대란 아이가 어떤 감정을 느끼든 비난받지 않고, 있는 그대로 받아들여지는 공간이다. 예를 들어, 아이가 동생에게 질투를 느끼며 화를 냈을 때 "너는 왜 항상 욕심이 많아?"라고 반응한다면, 아이는 감정을 억누르거나 숨기게 될 것이다. 반면, "동생이 엄마랑 놀아서 속상했구나"라고 공감해 주면,

아이는 자신의 감정을 부끄러워하지 않고 솔직하게 표현할 수 있게 된다. 이것이 감정 조절의 첫걸음이다.

실제로 감정을 잘 표현하지 못하고 누적된 아이들은 사소한 일에도 폭발하거나, 감정 표현 대신 문제 행동으로 나타나기도 한다. 하지만 부모가 아이의 감정에 민감하게 반응하고, 편안하게 이야기할 수 있는 분위기를 만들어준다면, 아이는 자신이 안전하다고 느끼고 감정을 조절하는 힘도 자연스럽게 성장할 수 있다. 아이의 감정을 지지하는 것은 문제 행동을 허용하는 것이 아니라, 그 감정의 존재를 인정해 주는 일이다. 감정을 이해받은 아이는 점점 말로 감정을 표현하게 되고, 부모는 그 감정의 흐름을 함께 조절해 주는 동반자가 된다. 결국 부모가 감정의 안전지대가 되어줄 때, 아이는 마음의 회복탄력성과 정서적 안정감을 키워갈 수 있다.

감정은 통제보다 연결이 먼저다

아이의 감정이 거세게 폭발할 때, 많은 부모는 먼저 '진정시키고 통제해야 한다'는 생각에 사로잡힌다. "그만 울어", "진정해", "왜 그렇게 화를 내?"와 같은 말은 감정을 억누르고 조용하게 만들기 위한 반응일 수 있다. 하지만 감정은 억제한다고 사라지지 않는다. 아이가 감정을 조절하기 위해 필요한 것은 훈계나 통제가 아니라, 먼저 '감정을 이해받고 연결되는 경험'이다.

다섯 살 유리는 어느 날 유치원에서 집으로 돌아오자마자 소리를 지르며 장난감을 집어 던졌다. 깜짝 놀란 엄마는 처음엔 "왜 그래! 장난감 던지지 마!"라고 말하려다 멈추고, 아이의 눈을 바라보며 조용히 물었다. "오늘 무슨 일 있었어? 속상했어?" 아이는 조금 더 울다가 "친구가 나랑 안 놀아서 혼자 있었어"라고 말했다. 그 순간 아이는 감정을 혼자 감당하지 않아도 된다는 안정감을 얻었고, 더 이상 폭발적인 행동을 보이지 않았다. 이처럼 연결은 아이의 감정을 다루는 문을 여는 열쇠이다.

감정과 연결되지 않은 채 통제하려 하면 아이는 저항하거나 위축되기 쉽다. 반대로 "속상했겠구나", "그럴 땐 마음이 아프지"와 같은 공감의 말은 아이가 자신의 감정을 이해받는다는 안정감을 주고, 스스로 감정을 바라보는 힘을 길러준다. 연결은 아이가 감정을 받아들이고 조절할 수 있는 기반을 마련해 주는 것이다. 감정은 아이에게도 낯설고 무서울 수 있다. 부모가 먼저 다가가 감정과 연결해 줄 때, 아이는 감정 안에서 길을 잃지 않고 스스로의 마음을 이해하며 성장할 수 있다. 통제는 그다음이다. 감정은 통제보다 연결이 먼저라는 원칙은, 아이의 정서 발달을 돕는 가장 중요한 시작점이다.

감정을 억누르면 더 커진다

감정을 억제하면 몸이 먼저 반응한다

감정은 억누른다고 사라지는 것이 아니다. 오히려 표현되지 못한 감정은 몸 안에 쌓여, 다양한 신체 반응이나 행동 문제로 나타나곤 한다. 아이들도 마찬가지이다. 인지적, 정서적으로 미성숙하여 아직 말로 감정을 충분히 설명할 수 없는 아이들은 자신의 감정을 억제할수록 몸이 먼저 반응하기 시작한다. 감정은 단지 마음의 문제가 아니라 몸과 밀접하게 연결되어 있기 때문이다. 특히 어린 아이들에게 감정이 언어나 사고로 완전히 처리하기 어려워 억제하거나 외면하게 될 때, '신체화somatization'되어 나타나는 경우가 많다. 즉, 말로 표현되지 못한 감정은 몸이 대신 표현하게 된다는 것이다.

여섯 살 유진이는 평소 순하고 조용한 아이였다. 유치원에서 친구가 밀치거나 장난감을 빼앗아도 "괜찮아"라며 참고, 선생님에게 말하지 않았다. 집에서도 엄마는 "예쁜 딸은 화내지 않지?", "엄마는 너처럼 착한 아이가 좋아"라고 말하며 감정을 억제하도록 유도하곤 했다. 유진이는 자연스럽게 자신의 속상함이나 분노를 표현하지 않게 되었고, 그 감정을 '참는 것'이 좋은 행동이라 믿었다. 그러던 어느 날부터 유진이는 매일 아침 배가 아프다고 말하며 유치원에 가기를 거부했다.

병원에서는 별다른 이상이 없다는 진단이 반복되었고, 결국 소아정신과 상담을 받게 되었다. 상담 결과, 유진이는 유치원에서 친구들과 갈등 상황이 있을 때마다 그저 참고 견뎠고, 불안과 분노가 누적되어 복통이라는 형태로 드러난 것이었다.

이러한 사례는 드물지 않다. 특히 감정을 억제하는 환경에서 자란 아이들은 두통, 복통, 틱, 식욕 부진, 야뇨증 등 다양한 신체적 증상으로 감정을 표현하는 경우가 많다.

부모가 아이에게 "왜 그래?", "참아야지", "그 정도는 괜찮아"라고 말할 때, 아이는 자신의 감정이 부정적인 것으로 여겨 표현을 주저하게 된다. 이처럼 감정을 억누르게 되면 감정 조절이 아니라 감정 회피로 이어지며, 결과적으로 더 큰 정서적 부담을 안게 된다. 감정은 억제한다고 사라지지 않는다. 오히려 감정을 느끼고 표현할 수 있도록 도와주는 것이 정서 발달에 필수적이다. "속상했겠다", "화났구나", "그럴 땐 이런 기분이 드는 거야"라고 감정을 말로 명명해 주는 부모의 태도는 아이가 자신의 감정을 건강하게 인식하고 다룰 수 있게 만드는 중요한 출발점이다. 몸이 먼저 보내는 감정의 신호를 무시하지 말자. 아이의 감정에 귀를 기울이면, 몸도 마음도 함께 건강해질 수 있다.

억눌린 감정은 다른 방식으로 튀어나온다

아이들은 감정을 마음속에만 담아두기 어렵다. 억눌러진 감정은 반드시 '다른 방식'으로 분출되기 마련이다. 억울함, 분노, 슬픔, 두려움이 직접 표현되지 못하면, 전혀 관계없는 상황에서 갑작스럽게 튀어나오거나, 의도하지 않은 방식으로 왜곡되어 드러난다.

일곱 살 준호는 친구 사이에서도, 선생님 앞에서도 매우 예의 바르고 착한 아이다. 친구가 장난감을 빼앗아도 그저 웃으며 넘기고, 선생님이 자신을 혼내도 묵묵히 듣기만 한다. 집에서도 말대꾸 없이 엄마 말을 잘 따르는 아이였지만, 유독 동생에게만은 거칠고 공격적인 모습을 보인다. 장난감 하나를 사소하게 빼앗긴 것에도 격하게 소리를 지르며 울고, 때리기도 했다. 어느 날, 엄마가 "동생한테 왜 이렇게 화내?"라고 물었을 때, 준호는 참다못해 울며 소리쳤다. "왜 나만 혼내! 나는 맨날 참기만 했는데!" 이 말 속에는 어린이집에서 겪은 서운함, 속상함, 억울함이 모두 담겨 있었다. 그는 밖에서는 '좋은 아이', '참는 아이'의 역할을 하느라 자신의 감정을 억누르고 있었고, 그것이 가장 편한 존재인 엄마와 동생 앞에서 비틀린 방식으로 분출된 것이다.

이처럼 아이의 '엉뚱한' 행동은 사실 억눌린 감정의 흔적일 수 있다. 억눌린 감정은 갑작스러운 분노, 짜증, 비난, 혹은 무기력과 반항 등으로 나타난다. 부모는 종종 이런 행동을 '문제 행동'으로 간주하고 훈육하려 하지만, 실제로는 아이가 도움을 요청하고 있는 신호일 수 있다. 억눌린 감정은 감정이 안전하게 표현될 수 없었던 경험에서 비롯된다. 아이가 "속상했어", "무서웠어", "질투 났어"라고 말할 수 있는 공간이 없을 때, 감정은 삐뚤어진 방식으로 뚫고 나온다. 특히 부모가 "그 정도 가지고 왜 그래?", "남자애가 울긴 왜 울어?" 같은 말을 반복하면, 아이는 자신의 감정이 틀렸다고 느끼며 표현을 더 억제하게 된다.

아이의 갑작스러운 반항이나 과도한 짜증, 또는 반복적인 실수 뒤에는 다 표현되지 못한 감정이 숨어 있을 수 있다. "그때 속상했겠다", "네가 그렇게 말하는 걸 보니 많이 참았나 보다"라는 말은 아이의 내면에 귀 기울여 주는 강력한 신호이다. 감정은 숨긴다고 사라지지 않는다. 억눌릴수록 더 강하게, 더 뒤틀린 방식으로 드러난다. 아이의 감정을 들여다보고 말로 풀어낼 수 있도록 도와주는 것, 감정을 억누르기보다 안전하게 드러낼 수 있는 환경을 만들어 주는 그것이 아이의 마음을 건강하게 지키는 길이다.

표현할수록 감정은 다스릴 수 있다

감정은 억누를수록 더 강해지고, 표현할수록 다스릴 수 있다. 특히 아이에게는 감정을 표현하는 경험이 곧 감정 조절 능력을 키우는 첫걸음이다. 감정을 건강하게 표현하는 아이는 감정을 다스릴 수 있는 힘이 있다는 증거이다. "지금 너무 속상해요"라고 말할 수 있는 아이는 그 감정을 통제할 수 있는 아이로 성장한다. 아이들은 자신이 느낀 감정이 무엇인지 정확히 알지 못한 채 속상함이나 분노, 두려움을 행동으로 표현하곤 한다. 이때 감정을 다그치거나 억제하기보다, 아이가 감정을 말로 표현할 수 있도록 도와주는 것이 중요하다. 감정 표현은 조절의 도구이며, 억제는 감정 폭발의 원인이기 때문이다. 실제로 감정을 자주 표현하는 아이는 그렇지 않은 아이보다 좌절 상황에서 더 빨리 안정되고, 문제 해결을 위한 말과 행동을 선택할 가능성이 높다고 알려져 있다. 이는 감정을 말로 다룰 수 있을 때, 감정이 행동으로 폭발하는 것을 막을 수 있다는 뜻이기도 하다.

여섯 살 민서는 평소 조용하고 말을 잘 듣는 아이였다. 그런데 어느 날 유치원에서 친구가 자기 그림을 실수로 찢자, 갑자기 바닥에 드러눕고 소리를 지르며 통제하기 힘든 모습을 보였다. 교사와의 상담에서 엄마는 "더한 일에도 침착하던 아이가 이 정도 일에 그렇게까지 화를 낸 이유를 모르겠어요"라며 당황스러워했다. 그러나 상담이 진행될수록 민서가 평소에도 속상한 일이 있어도 표현하지 못하고 꾹 참고 있었음을 이해하게 되었다. 그동안 민서는 친구에게 장난감을 빼앗겨도 웃으며 넘겼고, 부모가 "그 정도는 이해해야지"라고 말하곤 해 감정을 억누르는 법만 배웠던 것이다. 이후 엄마는 매일 저녁 민서와 '감정 카드'를 함께 보며 오늘 하루 느낀 감정을 표현하는 시간을 만들었다.

"기분이 어땠는지 색깔로 표현해 볼까?", "오늘 속상한 일 있었어?"라고 물으며 감정을 안전하게 꺼내는 연습을 도왔다. 민서는 점차 "친구가 내 말을 안 들어서 슬펐어", "그림이 찢어졌을 때 정말 화났어"라고 자신의 감정을 말로 표현하기 시작했고, 감정이 폭발하기 전에 말로 풀 수 있는 능력을 점차 기를 수 있었다.

감정을 표현한다는 것은 단순히 '울거나 화를 내는 것'이 아니다. 그것은 자신의 마음을 이해받고자 하는 정서적 소통의 시작이다. 아이들은 아직 감정을 조절하는 뇌의 기능이 완전히 자라지 않았기 때문에, 감정을 말로 표현하는 연습을 통해 점차 조절 능력을 키워갈 수 있다.

부모의 역할은 아이가 감정을 느끼는 것을 부정하거나 억누르게 하기보다, "그랬구나, 많이 속상했겠다", "화가 날 수도 있지, 그럴 땐 어떻게 하면 좋을까?"처럼 감정을 인정하고 함께 다루는 방법을 알려주는 것이다. 또한 아이의 감정을 들여다보고 말로 풀어낼 수 있도록 도와주는 것, 감정을 억누르기보다 안전하게 드러낼 수 있는 환경을 만들어 주는 것이 아이의 마음을 건강하게 지키는 길이다.

감정 습관은 사회성을 발달시키는 기반이다

감정 조절은 사회적 기술의 핵심

아이들이 친구와 잘 어울리고, 갈등을 원만하게 해결하며, 새로운 사회적 환경에 적응하는 데 가장 중요한 밑바탕은 무엇일까? 그것은 바로 '감정을 어떻게 다루느냐'이다. 감정 조절 능력은 단순히 울음을 참거나 화를 누르는 기술이 아니라, 타인과의 관계 속에서 적절하게 감정을 인식하고 표현하며 조절하는 힘, 즉 사회성의 핵심이다. 예를 들어, 어떤 아이가 친구가 장난감을 빼앗자 즉시 소리를 지르며 때리려 한다면, 감정을 조절하지 못해 사회적 갈등이 심화될 수 있으나 속상한 마음을 표현하면서도 "나도 같이 가지고 놀고 싶어"라고 말할 수 있다면, 그 아이는 갈등 상황에서도 관계를 지키는 방법을 배워가고 있다는 뜻이다. 이 차이는 타고난 성격이 아니라, 평소에 길러진 감정 습관에서 비롯된다.

감정 조절 능력이 뛰어난 아이는 또래 관계에서 긍정적인 경험을 더 많이 하고, 자신감도 높다. 실망하거나 거절당하는 상황에서도 감정을 통제하고 상황을 이해하려는 태도를 보이며, 협동과 공감 능력도 함께 자란다. 반면, 감정을 억누르거나 폭발적으로 표현하는 아이는 친구 관계에서 갈등이 반복되고, 점차 사회적 관계에 불안을 느끼게 될 수 있다.

여섯 살 유찬이는 놀이 시간에 친구 민재가 선생님께 칭찬을 받자 갑자기 게임판을 뒤엎으며 "나도 잘했는데!"라고 소리쳤다. 분위기가 어색해졌고, 다른 친구들도 유찬이를 피하게 되었다. 이후 부모와의 상담을 통해 유찬이는 질투와 속상함을 말로 표현하는 법을 배우기 시작했고, "민재가 칭찬받아서 나도 좀 질투났어"라고 표현할 수 있게 되었다. 이후 유찬이는 감정을 폭발시키기보다 "선생님, 제가 만든 것도 한번 봐주세요", "나도 한번 해보고 싶어"라며 기회를 요청하는 방법을 사용했고, 친구들과의 관계도 자연스럽게 회복되었다.

이 사례는 감정을 조절하고 적절히 표현하는 것이 또래와의 놀이, 협력, 경쟁 상황에서 얼마나 중요한지를 보여준다. 감정 조절력은 사회적 기술의 기초로 작용하며, 아이의 집단생활 적응에도 큰 영향을 미친다.

공감 능력도 감정 습관에서 비롯된다

공감 능력은 다른 사람의 감정을 이해하고 그 감정에 마음을 함께하는 힘이다. 아이가 자라면서 다른 사람과 좋은 관계를 맺고 건강한 사회성을 발휘하는 데 꼭 필요한 능력이기도 하다. 그런데 이 공감 능력도 단순히 타고나는 것이 아니라, 어릴 때부터 형성되는 '감정 습관'에 크게 영향을 받는다. 감정 습관이란 아이가 자신의 감정을 어떻게 인식하고 표현하며 다루는지를 반복해서 경험하며 굳어지는 마음의 패턴이다. 이 습관은 결국 아이가 타인의 감정을 이해하고 공감하는 데 기초가 된다. 아이가 자신의 감정을 잘 알고, 건강하게 표현할 줄 알면 다른 사람의 감정에도 자연스럽게 눈을 돌리고 공감할 수 있기 때문이다.

예를 들어, 한 아이가 자신의 화난 감정을 무시당하거나 억압당하며 자랐다면, 그는 자신의 감정을 제대로 인식하지 못하고 감정을 부정하는 습관이 생긴다. 이런 아이는 타인의 감정에도 무관심하거나 둔감해지기 쉽다. 반면, 부모가 아이의 감정을 자주 읽어주고, "네가 지금 속상한 게 느껴져", "그럴 때 정말 힘들지?"라고 공감해 주면, 아이는 감정을 이해받는 경험을 통해 타인의 감정을 살피는 눈도 함께 자라게 된다. 많은 연구가 안정적이고 따뜻한 정서적 환경에서 자란 아이가 또래의 감정을 더 잘 읽고, 공감적 행동을 더 많이 보인다는 것을 보여준다.

결국 공감 능력은 멀리 있는 능력이 아니라, 아이가 매일 반복하는 감정 습관에서 시작된다. 자신의 감정을 인지하고, 표현하며, 수용하는 경험이 반복될 때 아이는 타인의 감정에도 민감해지고, 진심 어린 공감을 할 수 있는 건강한 사회적 존재로 성장할 수 있다. 아이가 주변 사람들과 진실한 마음으로 연결되길 원한다면, 먼저 그 아이의 감정을 존중하고 공감하는 습관을 길러주는 것이 중요하다.

감정을 나누는 아이가 친구를 만든다

아이들이 친구를 만드는 데 있어 가장 중요한 요소 중 하나는 '감정을 함께 나눌 수 있는 능력'이다. 기쁘고 즐거운 감정뿐만 아니라, 속상함, 부러움, 미안함과 같은 감정을 나누고 공감할 수 있는 아이일수록 친구 관계가 깊어지고 안정된다.

여섯 살 민재는 친구와 함께 블록 놀이를 하고 있었는데 친구가 실수로 구조물을 무너뜨렸다. 민재는 놀라고 당황했지만 울거나 소리를 지르지 않고 "속상하긴 한데 일부러 그런 건 아니지?"라고 말했고 친구는 안심한 얼굴로 "미안해, 다시 같이 만들자"라고 답했다. 둘은 금세 함께 웃으며 놀이를 이어갔다. 민재와 윤후는 더 가까워졌고, 다른 친구들도 "민재는 화내지 않고 말로 해줘서 좋아"라며 곁에 모였다.
반대로 다섯 살 시윤이는 친구가 자신의 색연필을 실수로 떨어뜨렸을 때, 아무 말 없이 자리를 박차고 나가버리곤 했다. 속상했지만 말로 표현하지 않고 행동으로만 반응하자 친구들은 당황했고, 이후 시윤이와 거리를 두려는 모습도 보였다. 시윤이는 종종 "친구들이 나랑 안 놀아"라고 속상해했지만, 자신의 감정을 나누는 데 어려움을 겪고 있었던 것이다.

이처럼 감정을 어떻게 표현하고 나누느냐에 따라 아이의 또래 관계가 달라질 수 있다. 감정을 나눈다는 것은 단순히 감정을 '표현'하는 것을 넘어, 내 감정을 솔직하게 꺼내고 상대의 감정도 존중하고 받아들이는 과정이다. 이는 친밀감의 핵심이며, 친구 관계를 더 튼튼하게 만들어준다.

아이에게 "그때 어떤 기분이 들었어?", "그럴 땐 친구는 어떻게 느꼈을까?" 같은 질문을 통해 감정을 인식하고 나누는 연습을 함께 해보자. 결국, 친구를 잘 사귀는 아이는 말재주가 좋은 아이도, 장난감을 많이 가진 아이도 아니다. 감정을 나누고 공감할 수 있는 아이, 바로 그런 아이가 진짜 친구를 만들 수 있다.

부모의 감정 습관이 아이에게 전염된다

감정은 눈에 보이지 않는 가정의 공기다

가정은 아이에게 첫 번째 감정 학교이다. 이곳에서 아이는 말로 배우지 않아도 자연스럽게 감정을 다루는 법을 익힌다. 부모가 짜증을 참지 못하고 불쑥불쑥 화를 내는 집에서는 아이도 사소한 일에 버럭 소리를 지르기 쉽고, 부모가 늘 걱정과 불안 속에 말과 행동을 한다면 아이도 작은 일에도 쉽게 긴장하고 두려움을 느낀다. 이것은 가르친 것이 아니라, 집안에 떠도는 감정이라는 '공기'를 함께 마신 결과이다.

일곱 살 도윤이는 자주 불안해하며, 실수할까 봐 시작조차 망설이는 모습이 많았다. 알고 보니 도윤이 엄마는 항상 "그렇게 하면 안 다칠까?", "실수하지 마"라는 말을 입에 달고 살았고, 사소한 상황에서도 걱정을 먼저 표현하곤 했다. 엄마는 아이를 걱정해서 하는 말이었지만, 도윤에게 세상은 위험하고 실수가 용납되지 않는 곳처럼 느껴졌던 것이다.

반면에 여섯 살 나연이 엄마는 종종 "괜찮아, 다시 하면 되지", "엄마도 오늘 좀 힘들었어"라고 감정을 솔직하게 표현하면서도 스스로를 다독이는 모습을 자주 보여주었다. 엄마의 그런 모습을 본 나연이도 친구들과 놀다가 다퉜을 때 "속상했지만 다음에 다시 말해볼래"라며 감정을 조절하고 표현하는 모습을 보였다.

부모의 감정은 말보다 강한 메시지를 전달한다. 말로는 "괜찮아"라고 하면서 얼굴은 굳어 있고 한숨을 쉬면, 아이는 말보다 표정과 분위기를 더 빠르게 감지한다. 결국 아이는 부모가 주는 '감정의 기후' 속에서 차갑거나 따뜻한 공기를 온몸으로 느낀다. 건강한 감정 표현은 특별한 교육이 아니라, 매일의 부모 감정 습관에서 시작되는 것이다.

부모의 감정 표현을 점검하자

부모는 아이에게 감정의 첫 번째 모델이다. 아이는 부모가 감정을 어떻게 표현하고 다루는지를 자연스럽게 보고 배우며, 그 방식은 아이의 정서적 습관으로 자리 잡는다. 따라서 부모 자신의 감정 표현 방식을 돌아보고 점검하는 일은 아이의 건강한 정서 발달을 위해 매우 중요하다. 예를 들어, 퇴근 후 지친 상태에서 아이가 실수로 물을 쏟았을 때 "아, 진짜 왜 이렇게 말을 안 들어!"라는 말이 튀어나온다면, 아이는 실수보다 부모의 감정 반응에 먼저 움츠러들게 된다. 이때 부모가 잠시 멈추고 "엄마가 오늘 좀 피곤해서 짜증이 났던 것 같아. 너한테 화낸 건 미안해"라고 자신의 감정을 설명하면, 아이는 감정은 표현해도 괜찮고, 나중에 다시 정리할 수도 있다는 것을 배울 수 있다.

반대로, 부모가 늘 감정을 참거나 숨기는 것도 문제이다. 겉으로는 평온해 보여도 부모가 억눌린 분노나 불안을 자주 품고 있다면, 아이는 설명되지 않은 불편한 분위기를 감지하고 오히려 더 불안해질 수 있다. 말 없는 감정도 아이에겐 영향을 주는 강력한 메시지이다. 감정을 점검하는 방법은 어렵지 않다. 하루 중 아이와의 상황을 떠올리며 스스로 다음과 같은 질문을 던져보자. 오늘 내가 화를 낸 순간은 왜 그랬을까? 아이에게 감정을 설명해 줬던가? 내 감정 표현이 아이에게 어떤 영향을 줬을까?

감정을 솔직하게 표현하되, 아이에게 상처를 주지 않도록 조절하는 연습은 부모에게도 필요하다. 감정 표현은 숨기거나 무조건 참는 것이 아니라, 적절한 때에 솔직하고 따뜻하게 나누는 것이다.

부모가 먼저 감정을 인식하고 돌볼 줄 아는 태도는, 아이에게도 자신을 이해하고 표현할 수 있는 감정적 여유를 선물한다. 건강한 감정 표현은 아이의 안정감과 사회성의 뿌리가 된다. 그래서 오늘 하루, 아이를 바라보기 전에 내 감정부터 들여다보는 것, 그게 좋은 부모됨의 시작일 수 있다.

부모가 감정을 조절하는 모습을 보여주자.

아이들에게 부모의 행동은 '작은 거울'과 같다. 특히 감정 표현과 조절 방식은 말보다 훨씬 강한 영향을 주므로 부모가 감정을 조절하는 모습을 꾸준히 보여줄 때, 아이는 자연스럽게 건강한 감정 다루기 방식을 익히게 된다. 예를 들어, 아이가 장난감을 뺏기고 울음을 터뜨렸을 때, 부모가 "지금 속상하지? 엄마도 그럴 때 기분이 안 좋거든. 그런데 우리 같이 어떻게 하면 좋을지 생각해 볼까?"라고 차분히 이야기하는 모습은 아이에게 매우 강한 학습 신호가 된다. 부모가 자신의 감정을 인정하면서도 그 감정에 휘둘리지 않고 상황을 잘 다스리는 모습을 보여주면, 아이는 혼란스러운 감정을 만났을 때 어떻게 스스로를 진정시킬지 배울 수 있다. 반면 부모가 작은 일에도 감정을 폭발시키거나 충동적으로 반응하면, 아이도 비슷한 방식으로 감정을 처리할 가능성이 높아진다. "엄마가 화났으니까 나도 화내야 해"라는 무의식적 학습이 쌓이면서, 감정을 조절하기보다 표현에만 치중하거나, 반대로 억누르는 불균형

한 정서 패턴이 생길 수 있다.

부모가 감정을 조절하는 모습을 보이기 위해 가장 중요한 첫걸음은 '내 감정을 알아차리기'이다. 화가 나거나 답답할 때, 한숨을 쉬거나 깊게 숨을 쉬면서 감정을 인지하고, 이를 아이에게 솔직히 말해주는 것이 도움이 된다. 예를 들어, "엄마가 조금 힘들고 짜증이 났어. 그래서 잠깐 숨 좀 돌릴게"라는 말 한마디가 아이에게는 감정 조절의 좋은 본보기가 된다. 또한, 감정을 조절하는 구체적인 방법도 함께 보여주면 좋다. 스트레칭을 하거나, 잠시 다른 공간에 가서 마음을 가라앉히는 모습, 아니면 좋아하는 음악을 들으며 기분 전환하는 장면 등은 아이가 감정 조절을 배우는 데 실질적인 도움이 된다. 부모가 감정을 조절하는 모습은 아이에게 '감정을 다루는 힘'과 '자기 자신을 돌보는 방법'을 가르쳐주는 가장 효과적인 교육이다. 아이는 부모가 꾸준히 보여주는 이 태도를 내면화하여 자신의 감정을 건강하게 다루는 토대를 마련하게 된다.

감정을 언어로 표현하는 힘

감정 어휘가 감정 조절 능력을 키운다

아이가 자신의 감정을 정확히 표현할 수 있는 능력은 정서적 건강과 사회적 관계 형성에 매우 중요하다. 특히 감정을 언어로 표현하는 데 필요한 '감정 어휘'는 아이가 내면의 상태를 이해하고 조절하는 데 큰 역할을 한다. '짜증', '화남', '답답함', '억울함' 같은 감정 어휘가 풍부해질수록 아이는 자신의 기분을 구체적으로 인지하고, 그에 맞게 행동을 조절하는 능력이 높아진다. 말로 표현하는 힘이 부족하면 아이는 감정을 몸으로 표현하기 쉽다. 예를 들어, 화가 나서 물건을 던지거나 친구를 밀치는 행동이 나타날 수 있다. 이런 행동은 감정을 조절하는 데 어려움을 겪고 있다는 신호인 것이다. 따라서 감정 표현 언어를 충분히 익히도록 돕는 것이 폭력적인 행동을 예방하고 건강한 정서 발달을 돕는 길이 된다.

예를 들어, 아이가 화가 났을 때 "짜증 나", "화가 나서 숨이 막혀요"라고 자신의 감정을 말로 표현하면 그저 울거나 소리만 지를 때보다 엄마와의 대화가 훨씬 부드러워진다. 아이가 "속상해요"라고 말할 때, "왜 속상한지 얘기해 볼래?"라며 감정을 더 깊이 들여다보는 시간을 가질 수 있고, 이는 아이가 자신의 감정을 객관적으로 바라보게 도와줄 수 있다.

부모가 아이가 느끼는 감정을 행동으로 표현하기 전 감정에 이름을 붙여주고 다양한 감정 표현을 알려주는 과정은 감정 조절에 중요하다. 예를 들어, 아이가 친구와 싸웠을 때 "네가 지금 슬프고 속상한 거구나"라고 말해주면, 아이는 자신의 감정을 알아차리고 인정받는 느낌을 받고 부모에게 신뢰감을 갖게 된다. 이는 감정을 억누르거나 폭발하는 대신, 차분히 생각하고 조절하는 힘을 기르는 첫걸음이 되는 것이다.

말로 감정을 표현하는 능력은 아이가 자신의 마음을 이해하고 감정을 통제하는 데 필수적이다. 부모는 아이가 자신의 감정을 올바르게 인지하고 언어로 표현하도록 지속적으로 지원하며, 감정 표현과 조절이 자연스럽게 연결되도록 도와주어야 한다.

감정 단어를 가르치는 일상 속 방법

아이들이 자신의 감정을 잘 표현하기 위해서는 다양한 감정 단어를 배우는 것이 필요하다. 하지만 단순히 단어를 나열하거나 외우게 하는 것보다, 일상생활 속 자연스럽게 감정 단어를 접하고 이해하는 과정이 훨씬 효과적이다. 매일의 생활 속에서 감정 단어를 가르치는 방법은 여러 가지가 있다.

첫째, 아이가 경험하는 감정을 말로 표현할 때 부모가 적극적으로 반응해 주자. 예를 들어, 아이가 "무서워요"라고 말하면 "우리 ○○가 뭐가 그렇게 무서웠을까?"라고 물으며 그 감정을 구체화하도록 도와준다. 때로는 "그렇구나, 무서울 때는 가슴이 두근두근하지?"와 같이 신체 반응까지 연결해 설명하면 아이가 감정을 더 깊이 이해할 수 있다.

둘째, 감정 그림책이나 동화를 활용하는 것도 좋은 방법이다. 이야기 속 등장인물의 표정과 행동을 보면서 "이 친구는 지금 어떤 기분일까?" 하고 질문하고, 아이가 자신의 단어로 답하도록 해보

자. 예를 들어, "슬퍼 보여요", "기뻐하는 것 같아요", "속상한가 봐요"와 같이 감정 단어를 말할 기회를 늘려주는 것이 중요하다.

셋째, 일상 대화 속에서 감정 단어를 자주 사용해 보자. 예를 들어, "엄마도 오늘 조금 피곤하고 짜증이 났어", "아빠는 기분이 좋아서 웃었단다" 같은 말을 들으며 아이는 감정의 이름과 감정의 모습을 연결 지을 수 있을 뿐만 아니라 감정을 억누르지 않고 솔직하게 말하는 것을 배운다.

넷째, 상황별 감정 단어 카드를 만들어 놀이처럼 활용할 수도 있다. 아이와 함께 '행복해요', '화나요', '놀랐어요' 등 감정 단어 카드를 보고 얼굴 표정을 따라 하거나, 특정 상황을 상상해서 어떤 감정인지 맞혀보는 게임을 하면 감정 인식 능력과 단어력이 동시에 길러질 수 있다.

마지막으로, 아이가 부정적인 감정을 느낄 때 그 감정을 무시하거나 "왜 그래!"라고 혼내기보다는 "어떤 마음인지 알겠어. 그럴 땐 이렇게 말해볼까?" 하며 감정 단어로 표현할 수 있도록 도와주자. 감정을 인정받고 표현하는 경험이 쌓이면 아이는 점점 감정을 잘 조절하고 타인과 소통하는 힘도 커진다.

이처럼 아이는 일상 속 작은 순간들을 통해 감정 단어를 자연스럽게 배울 수 있다. 감정을 표현하는 언어를 충분히 배우고 익힌 아이는 자신의 마음을 잘 알고, 건강하게 감정을 조절할 수 있는 능력을 갖추게 된다.

감정도 연습해야 좋아진다

감정 조절은 선천이 아니라 훈련이다

사람들은 감정 조절 능력이 타고나는 것이라고 생각하기 쉽다. 하지만 감정 조절은 태어날 때부터 완성된 능력이 아니라 꾸준한 연습과 경험을 통해 길러지는 기술이다. 아이도 마찬가지로, 감정을 조절하는 힘은 시간이 지나면서 점차 배워가고 훈련해야 발전하는 능력이다. 인지적, 정서적으로 미숙한 아이들은 처음부터 자신의 감정을 잘 다스리지 못한다. 울고 떼쓰고 화를 내는 모습은 성장 과정에서 자연스러운 현상이다. 중요한 것은 아이가 감정을 어떻게 다루는지 '배우고' '연습하는' 과정에 부모와 주변 어른들이 함께 참여하는 것이다. 감정 조절은 무의식적으로 저절로 되는 것이 아니라, 의식적인 노력과 경험을 통해 조금씩 개선될 수 있다.

네 살 소연이는 화가 나면 종종 소리를 지르거나 장난감을 던졌다. 하지만 부모님은 소연이가 화를 느꼈을 때 "잠깐 숨을 깊게 쉬어볼까?", "우리 기분 나쁜 걸 말로 해볼까?"라고 차근차근 감정을 다스리는 방법을 함께 연습했다. 처음에는 쉽지 않았지만, 반복해서 연습하다 보니 소연이는 차츰 화가 나도 스스로 진정할 수 있는 능력이 생겼다.

감정 조절 훈련은 단순히 화를 참으라는 뜻이 아니다. 아이가 자신의 감정을 정확히 인식하고, 그 감정을 건강하게 표현하는 법을 배우는 과정이다. 예를 들어, "지금 나는 속상해", "나는 지금 좀 혼란스러워"처럼 자신의 상태를 말로 표현하는 연습이 포함된다. 그리고 나서 어떻게 하면 그 감정을 더 좋게 만들 수 있을지, 어떤 행동이 도움이 될지 스스로 생각해 보는 훈련이 필요하다. 이때 부모가 아이와 함께 감정 조절 방법을 꾸준히 연습해 주는 것이 가장 중요하다. 감정 조절은 일회성이 아닌 반복적인 과정이기 때문에, 평소 작은 상황에서도 "네가 지금 어떤 기분인지 말해볼래?", "숨을 크게 쉬면서 마음을 가라앉혀 보자"와 같은 간단한 훈련을 자주 해보는 것이 좋다. 이런 과정이 쌓이면 아이는 점점 더 스스로 감정을 다스리는 능력을 키워나갈 수 있다.

또한, 감정 조절은 인지능력과도 연결되어 있다. 감정을 이해하고 표현하는 언어 능력, 그리고 상황을 판단하는 사고력이 발달할수록 감정을 조절하는 힘도 커진다. 따라서 아이의 감정 표현을 도와주고, 상황에 맞게 행동하는 연습을 반복시키는 것이 필수적이다. 감정 조절은 선천적인 재능이 아니라 꾸준한 '훈련'이라는 사실을 기억해야 한다. 아이가 화를 내거나 울 때마다 좌절하거나 꾸짖기보다는, 그 순간을 감정 조절을 배우는 훈련의 기회로 삼아야 한다.

작은 성공 경험이 감정 근육을 키운다

감정을 조절하는 능력은 마치 근육과 같다. 꾸준히 사용하고 훈련할수록 점점 강해지고 단단해진다. 이때 가장 중요한 것은 아이가 스스로 감정을 잘 다스렸다는 '작은 성공 경험'을 자주 느끼는 것이다. 이런 경험이 쌓일 때 아이는 자신감을 얻고, 감정을 조절하는 힘이 자연스럽게 성장하게 된다. 예를 들어, 아이가 놀이터에서 친구와 싸웠을 때 화가 나서 울고 싶었지만 우는 대신, 자신의 화난 감정을 엄마에게 솔직하게 말했을 때, 엄마는 "네가 화가 난 걸 말해줘서 고마워. 그럼 이제 어떻게 할지 같이 생각해 보자"라고 말하며 아이가 차분해질 수 있도록 도와주었다면, 아이는 자신이 감정을 표현하고 엄마가 이해해 준 경험을 통해 '내 감정을 잘 다룰 수 있다'는 작은 성공감을 느낄 수 있다. 이러한 작은 성공 경험은 아이가 감정 조절을 시도할 때마다 긍정적인 강화 역할을 한다. 그러나 감정을 숨기거나 억누르려고만 하다가 좌절하거나 실패하면 오히려 감정 조절에 대한 두려움과 불안이 생길 수 있다. 그래서 부모는 아이가 감정을 잘 표현하거나 조절했을 때 즉시 칭찬하고 격려해 주는 것이 중요하다.

감정 조절 근육을 키우기 위해서는 아이가 자신의 감정을 스스로 인식하고, 그것을 표현하며, 상황에 맞게 행동하는 과정을 반복해서 경험해야 한다. 예를 들어, 아이가 화가 나면 깊게 숨을 쉬거나 잠시 자리를 벗어나 마음을 가라앉히는 연습을 시도하게 해보

자. 그리고 아이가 성공적으로 그 방법을 사용했다면 "네가 정말 잘 참았구나!"라고 칭찬해 주자. 이런 긍정적인 피드백은 아이가 자신을 믿고 감정을 다스리는 데 큰 힘이 된다. 또한, 아이가 실패했을 때도 너무 엄격하게 대하지 않는 것이 중요하다. 감정 조절은 하루아침에 완성되는 것이 아니므로, 실수나 감정 폭발을 겪는 것은 자연스러운 성장 과정이다. 부모가 실패를 함께 인정하고 "다음에는 더 잘해보자"라며 다시 도전할 기회를 주는 것도 아이의 감정 근육을 튼튼하게 만드는 방법이다.

결국, 감정 조절 능력은 연습과 작은 성공 경험을 통해 차곡차곡 쌓아가는 것이다. 아이가 자신의 감정을 이해하고 조절하는 과정을 반복하며 작은 성취를 경험할 때마다, 그 힘은 더욱 단단해지고 성장한다.

감정 연습도 일상이 되어야 한다

감정 조절은 특별한 순간에만 하는 일이 아니라, 일상 속에서 꾸준히 연습해야 하는 능력이다. 아이가 자신의 감정을 잘 이해하고 표현하며 조절하는 힘을 키우려면, 매일매일 작은 상황 속에서 감정 연습이 자연스럽게 이루어져야 한다. 아이가 친구와 장난감을 놓고 다툴 때마다 부모가 "네 마음이 어떤지 말해볼래?"라고 물으며 아이가 느끼는 감정을 언어로 표현하도록 도와주는 것이 중요하다. 처음에는 "화가 나요"처럼 간단한 단어부터 시작하지만,

점차 "속상하고 답답해요", "조금 무서워요" 등 다양한 감정 단어를 배우고 사용할 수 있도록 격려해 주자. 이런 대화가 반복되면서 감정 표현과 조절이 자연스럽게 훈련된다.

또한, 일상 속에서 감정을 다루는 작은 루틴을 만들어보는 것도 효과적이다. 예를 들어, 저녁 식사 후 가족이 한자리에 모여 하루 동안 느꼈던 감정을 이야기하는 시간을 가져보자. "오늘 어떤 기분이었니?", "어떤 순간이 즐거웠어?" 같이 질문하며 감정을 나누는 습관은 아이가 자신의 감정을 인식하고 표현하는 연습이 된다. 가족이 함께 감정을 존중하는 분위기를 만들면, 아이는 감정을 숨기지 않고 솔직하게 표현하는 법을 배운다.

감정을 조절하는 구체적인 방법도 일상에서 함께 연습할 수 있다. 아이가 화가 나거나 불안할 때 '깊게 숨 쉬기', '잠깐 눈 감고 쉬기' 같은 간단한 방법을 반복해서 시도해 보자. 이런 감정 조절 기술도 꾸준히 연습할 때 점점 자연스러운 습관으로 자리잡게 된다. 부모가 자신의 감정을 솔직하게 말하며 감정 표현과 조절의 모델이 되어주는 것도 매우 중요하다. 예를 들어, "엄마는 지금 조금 피곤해서 기분이 안 좋아. 그래서 잠깐 쉬고 싶어"라고 말하는 모습을 보면, 아이는 감정을 숨기지 않고 표현하는 것이 자연스럽다는 것을 배운다.

감정 연습이 일상이 되려면 꾸준한 관심과 반복이 필요하다. 아이가 감정을 말로 표현하고 조절하려고 노력할 때마다 따뜻하게 격려하고, 작은 성공도 함께 축하해 주자. 이러한 일상 속의 반복이 쌓여 아이의 감정 근육을 튼튼하게 만들어준다.

감정을 다루는 습관, 이렇게 기를 수 있다

감정 이름 붙이기 놀이

아이들이 자신의 감정을 잘 다루기 위해 가장 먼저 해야 할 일은 '내 감정을 정확히 아는 것'이다. 감정 이름 붙이기 놀이는 아이가 다양한 감정을 쉽고 재미있게 배우고 익힐 수 있는 좋은 방법이다. 이 놀이는 아이가 자신의 감정을 인지하고 표현하는 능력을 키우는 데 큰 도움이 된다. 놀이 방법은 간단하다. 먼저 여러 가지 감정이 표현된 그림 카드나 표정을 활용한다. 예를 들어, 행복, 슬픔, 화남, 놀람, 두려움 등 다양한 감정이 담긴 카드를 보여주며 "이 친구는 지금 어떤 기분일까?" 하고 질문해 보자. 아이가 직접 감정 이름을 말하거나 맞히도록 유도한다. 처음에는 간단한 '기쁨', '화남' 같은 기본 감정부터 시작하고, 점차 '속상함', '짜증 남', '설렘' 등 세분화된 감정으로 확장해 나간다.

또 다른 방법은 아이와 함께 감정 단어를 이용해 짧은 이야기를 만드는 것이다. 예를 들어, "오늘 소연이가 친구에게 장난감을 빌려줬을 때 기뻤대요. 그런데 갑자기 친구가 장난감을 돌려주지 않아서 속상했대요"처럼 감정을 구체적으로 말하며 아이가 자연스럽게 감정 단어를 익히도록 한다. 감정 이름 붙이기 놀이는 단순히 단어를 외우는 것을 넘어서, 아이가 자신의 마음 상태를 이해하고 표현하는 데 큰 도움을 준다. 또한, 이 놀이를 반복하면서 아이는 감정 표현에 자신감을 갖게 되고, 자신의 감정을 조절하는 첫걸음을 내딛을 수 있다.

부모가 놀이에 적극 참여해 "네가 지금 어떤 기분인지 말해줄래?", "그럴 때는 어떤 기분이 드니?" 같은 질문을 자주 던져주면 아이는 감정을 더 깊이 생각하고 표현하는 연습을 할 수 있다. 이렇게 감정에 이름 붙이는 놀이가 일상이 되면, 아이는 감정을 숨기지 않고 솔직하게 말하는 건강한 정서 습관을 길러나갈 수 있다.

감정 온도계로 자기 감정 알아차리기

아이들이 자신의 감정을 잘 다루려면 먼저 '내 감정이 지금 어느 정도인지' 알아차리는 능력이 필요하다. 감정 온도계는 아이들이 자신의 감정 상태를 쉽게 시각화하고 표현할 수 있도록 돕는 도구이다. 이 방법은 감정의 강도나 변화를 숫자나 색깔로 표시하면서 아이가 감정을 객관적으로 바라보는 연습을 하게 한다. 감정 온도계는 보통 0부터 10까지 숫자가 적혀 있고, 0은 아주 차분한 상태, 10은 매우 화가 나거나 불안한 상태를 나타낸다. 아이에게 "지금 네 마음이 0부터 10 중 어디쯤 있어?"라고 물어보며 자신의 감정을 스스로 평가하게 한다. 처음에는 아이가 자신의 감정을 말로 표현하기 어렵더라도 숫자나 색으로 표현하는 것부터 시작하면 부담이 적다. 예를 들어, 7이라는 숫자를 말하면 "네가 지금 많이 화가 났구나. 그럴 때는 어떻게 하면 조금 마음이 가라앉을까?"라고 대화를 이어가면서 감정을 조절하는 방법을 함께 생각해 볼 수 있다. 이렇게 감정 온도계를 활용하면 아이가 자신의 감정 변화를 인지하고 조절할 기회를 자연스럽게 가질 수 있다.

부모나 교사가 감정 온도계 사용을 꾸준히 권장하면, 아이는 점차 자신의 감정을 세밀하게 관찰하고, 감정이 어느 정도인지 스스로 체크하는 습관을 들이게 된다. 이는 감정 조절의 첫걸음이며, 어려운 감정을 만나도 당황하지 않고 차분하게 대응할 수 있는 힘을 길러준다. 감정 온도계는 놀이처럼 즐겁게 활용할 수 있어 아이들이 거부감 없이 참여할 수 있다. 색깔이 변하는 그림이나 표정 스티커를 붙이며 감정 상태를 표시하는 활동도 효과적이다. 감정 온도계를 통해 아이는 자신의 마음을 더 잘 이해하고, 감정을 건강하게 다루는 능력을 키워나갈 수 있다.

감정 회복 루틴 만들기

아이들이 감정을 건강하게 다루기 위해서는 '감정 회복 루틴'을 만드는 것이 중요하다. 감정 회복 루틴이란, 아이가 화가 나거나 속상할 때 스스로 마음을 진정시키고 다시 평온한 상태로 돌아올 수 있도록 도와주는 일상의 작은 습관이다. 이 루틴은 반복해서 연습할수록 아이의 감정 조절 능력을 키워준다. 예를 들어, 화가 났을 때 '깊게 숨쉬기→잠시 조용한 공간에서 쉬기→좋아하는 그림책 읽기/종이에 감정 그리기' 같은 단계를 정해두고 함께 실천해 보는 것이다. 부모와 아이가 미리 정한 이 과정을 차근차근 따라가다 보면, 아이는 자연스럽게 감정을 회복하는 방법을 익힐 수 있다. 중요한 것은 감정 회복 루틴이 아이에게 맞고 쉽게 할 수 있어야 한다는 점이다. 아이와 함께 어떤 활동이 마음을 편안하게 만드는지 이야기하고, 그 방법을 꾸준히 반복해 보자. 감정을 잘 다스린 작은 성공 경험이 쌓이면 아이는 자신감 있게 감정을 조절할 수 있게 된다.

아이의 올바른 감정 습관을 방해하는 부모의 말투

감정은 순간적으로 느끼는 반응이지만, 겉으로 표출될 때는 반복 학습을 통해 익숙해진 행동과 태도로 드러난다. 부모가 자주 쓰는 말, 감정을 다루는 태도, 실망했을 때의 반응이 아이에게 그대로 감정 습관으로 전달된다. 아이의 올바른 감정 습관 형성을 방해할 수 있는 부모의 표현을 점검해 보자.

- **"그 정도 가지고 울어?"**
  - 아이 감정을 하잘것없다고 평가하면, 아이는 감정을 숨기게 된다.
  - 감정을 억누르는 습관이 생기면 나중에는 자기 감정을 인식하지 못하는 아이로 자란다.

- **"기분 좋게 말해봐", "예쁘게 말해"** (화가 난 아이에게)
  - 아이의 감정을 부정하며 통제해선 안 된다.
  - 기분이 좋지 않은데 억지로 웃으라는 말은 감정 왜곡 습관을 형성할 수 있다.

- **"그럴 땐 그냥 참는 거야"**
  - 인내심을 가르친다는 명목으로 감정을 눌러버리면 아이는 분노나 실망을 건강하게 해소하지 못하는 습관이 생긴다.

그렇다면 어떻게 해야 할까?

- "화가 났구나. 무슨 일이 있었는지 말해줄래?"
- "지금 속상한 거 엄마가 같이 느껴줄게"
- 부모가 감정을 수용하고 이름 붙여주고 다루는 방법을 함께 연습할 때 아이도 건강한 감정 습관을 익힐 수 있다.
- 다음 페이지의 〈우리 아이 감정 습관 자가 진단표〉를 작성해 보자. 진단표는 아이에 대한 평가가 아니라 이해를 위한 도구임을 명심한다.

우리 아이 감정 습관 자가 진단표

0: 거의 없다   1: 가끔 그렇다   2: 자주 그렇다

항목		반응	
		0	1	2
1	기분이 좋을 때 감정을 말로 표현한다. (신난다, 좋아, 행복해 등)			
2	속상할 때 짜증 내거나 울기보다 말로 표현하려 한다.			
3	화가 날 때 소리를 지르거나 물건을 던지기보다 멈추려 노력한다.			
4	감정을 말로 표현할 수 있는 어휘를 사용한다. (서운해, 놀랐어, 부끄러워 등)			
5	부모가 감정을 물어보면 비교적 솔직하게 말한다.			
6	실망하거나 실패했을 때 다시 해보려는 의지를 보인다.			
7	친구나 가족이 속상해 보이면 관심을 보이거나 걱정한다.			
8	감정이 격해졌을 때 스스로 진정하려 시도한다. (숨 고르기, 방으로 들어가기 등)			
합계				

결과 해석

▶ 13~16점
우리 아이는 감정을 표현하고 조절하는 능력이 잘 형성되어 있음. 계속해서 따뜻한 공감과 대화를 이어가면 됨.

▶ 8~12점
우리 아이는 감정 표현이 어느 정도 가능하지만 몇 가지 상황에서는 어려움을 느낄 수 있음. '감정 이름 붙이기' 놀이를 해보거나, 부모의 모델링에 더 신경 쓸 필요가 있음.

▶ 0~7점
우리 아이는 감정을 말로 표현하거나 다루는 데 전반적으로 어려움이 있을 수 있음. 억눌린 감정이 잘못된 행동으로 표출될 수 있으니 부모의 수용적 반응이 특히 중요함.

4장

지속 가능해야 습관이 된다
실패해도 다시 시작하는 리셋 전략

_아이에게 습관을 길러주려는 부모들의 가장 큰 고민은 "처음에는 잘하다가 결국 포기해 버려요"이다. '매일 책 읽기', '정리정돈 하기', '감사 일기 쓰기'처럼 좋은 습관을 시도하더라도 며칠 만에 흐지부지되고 마는 경우가 많다. 그런데 여기서 중요한 질문을 건네고 싶다. "과연 아이가 실패한 것일까? 아니면 습관 설계가 잘못된 것일까?"

아이에게 지속 가능한 습관을 길러주기 위해서는 실패하지 않게 만드는 방법이 아니라 실패해도 다시 시작할 수 있는 방법을 알려줘야 한다. 습관은 꾸준히 지키는 힘이 아니라 무너졌을 때 다시 세우는 회복의 힘에서 만들어진다. 즉, 습관 형성은 단순한 반복의 문제가 아니라 실패를 포함한 유연한 전략이어야 한다.

이 장에서는 아이가 어떤 습관이든 끝까지 실천할 수 있도록 도와주는 전략을 소개한다. 먼저, 명확한 목표 설정은 아이에게 왜 이 습관을 들이는지를 이해시켜 동기를 부여한다. 크고 모호한 목표보다 작고 쉬운 목표부터 시작해야 '나도 할 수 있다'는 감각을 지니게 된다. 무엇보다 중요한 것은 실패했을 때 다시 시작할 수 있는 '리셋 루틴'을 만들어주는 일이다. "괜찮아, 다시 여기서부터 시작하자"라는 말 한마디가 아이를 일으켜 세운다. 단순한 칭찬보다는 구체적인 격려와 피드백이 아이의 지속력을 더 강하게 만든다. 지속 가능한 습관 만들기, 이제부터 더 구체적인 도구와 전략을 알아보자.

목표 설정: 구체적으로 무엇을, 도대체 왜

구체적 목표: 정리 잘하기(×), 블록은 바구니에(○)

아이의 습관 형성은 단순히 반복한다고 되는 것이 아니라 반복을 가능하게 하는 '의도'와 '방향'이 담겨야 한다. 그래서 습관을 형성하려면 먼저 무엇을, 왜, 어떻게 반복할지를 아는 것이 우선이다. 바로 그 시작이 '명확한 목표 설정'이다.

"스스로 잘했으면 좋겠어", "엄마 말 좀 잘 들었으면" 같은 말은 의도는 좋지만, 아이에게는 너무 추상적이다. 아이가 매일 반복해야 할 행동이 무엇인지 분명하지 않으면 습관은 만들어지기 어렵다. 습관 형성의 핵심은 행동을 구체화하는 것이다. "스스로 정리 정돈해야지"보다는 "놀이가 끝나면 블록은 바구니에, 인형은 인형 집에 넣자"처럼 행동의 대상과 방법을 명확히 말해줘야 한다. 이렇게 구체적인 목표는 아이가 무엇을 하면 되는지 분명하게 알게 해주고, 실천할 수 있도록 도와준다. 그리고 실천을 통해 작은 성취를 경험하면, 아이는 그 경험을 반복하고 싶어지고 그것이 습관의 틀이 되는 것이다.

명확한 목표는 아이에게 '예측 가능성'을 준다. 무엇을 해야 할지 알고 있을 때 아이는 불안을 줄이고 자신감이 생긴다. 반대로 막연하고 기준이 없는 상황에서는 시도조차 하기 어렵고, 실패했을 때 무엇을 잘못했는지 알 수 없어 좌절하게 된다. 습관이 자리를 잡으려면, 실패를 딛고 다시 시도할 수 있는 기준이 필요하고, 그 기준은 명확한 목표로부터 시작된다. 부모 역시 아이에게 기대하는 행동이 있다면 막연한 표현보다는 구체적인 행동으로 말해야 한다. "친구에게 잘해"라는 말은 너무 포괄적이어서 아이는 어떻게 행동해야 할지 모를 수 있다. "친구가 장난감을 주면 '고마워'라고 말해봐", "친구가 다가오면 먼저 웃어주자"처럼 구체적이고 실행 가능한 표현은 아이가 실천 가능한 행동으로 인식하게 해준다. 부모가 바라는 것을 아이 눈높이에 맞춰 구체적으로 설명해 주는 순간, 그것이 아이의 행동 습관의 초석이 된다.

아이의 습관 형성은 결국 반복 속에서 다져지는 자율성과 자기조절력이다. 하지만 그 반복의 출발선에는 언제나 '명확한 목표'가 있다. 아이가 무엇을 해야 할지 알게 하고, 그 안에서 작고도 확실한 성공을 경험하게 해주는 것, 그것이 실패해도 다시 일어설 수 있는 습관 형성의 힘이 된다.

일곱 살 민호는 매일 아침 침대에서 뒹굴며 엄마의 재촉을 듣기 일쑤였다. "빨리빨리 준비해야지!"라는 말은 민호를 움직이지 못했다. 이에 엄마는 아침 루틴을 시각적으로 보여주기로 했다. '7:00 기상 → 7:10 세수 → 7:20 옷 입기 → 7:30 아침 먹기 → 7:45 가방 매고 나가기'. 이렇게 시간대별로 정리된 그림표를 냉장고에 붙이고, 완료할 때마다 스티커를 붙이게 했다. 민호는 시각적 안내에 따라 하나씩 행동했고, 점점 준비 시간이 단축되며 자신감도 생겼다. 이전엔 혼날까 봐 눈치 보던 아침이, 이제는 스스로 해내는 시간이 되었다.

초등 2학년 수아는 친구와 다툼이 생길 때마다 울거나 소리를 질렀다. 엄마는 "참을 줄도 알아야지"라고 조언했지만, 수아는 어떻게 참아야 할지 몰랐다. 이후 수아와 함께 '화가 날 땐 먼저 한 발짝 뒤로 물러나기', '숨을 두 번 쉬기', '종이에 화난 감정을 그리기'라는 세 가지 선택지를 만들고, 그중 하나를 선택해 보도록 했다. 감정 대처 카드를 만들어 가방에 넣어두었고, 수아는 실제 상황에서 숨쉬기를 실천하면서 갈등을 차분히 넘길 수 있었다. 명확한 대처법이 감정 조절 습관의 시작이 되었다.

도대체 왜요?: "정리해 놔야 내일도 금방 찾아 놀 수 있지"

아무리 좋은 목표라도 아이가 '왜 그걸 해야 하는지' 이해하지 못하면 실천은 어렵다. 아이는 행동의 의미를 알 때 비로소 자발적으로 움직인다. 그래서 목표를 세웠다면, 그 이유와 목적을 아이의 눈높이에 맞게 설명해 주는 과정이 꼭 필요하다. 이 과정은 단순한 지시가 아닌, 아이와의 대화이며, 습관 형성의 동기를 심어주는 핵심 단계이다. 또한 아이가 목표에 대한 주인의식과 책임감을 자연스럽게 갖게 되어 꾸준한 실천이 가능해진다. 예를 들어 '매일 책 읽기'라는 목표를 세웠다면, "그냥 해야 하니까 해"라는 말보다 "책을 읽으면 새로운 이야기를 알 수 있고, 마음도 차분해져"라고 설명해 주면 아이는 목표에 더 쉽게 공감할 수 있다. 특히 어린아이일수록 "왜 해야 해요?"라는 질문을 자주 하기 때문에, 행동에 앞서 목적과 기대되는 효과를 이야기해 주는 것이 중요하다.

　설명은 짧고 단순할수록 좋다. 길게 훈계하거나 추상적인 가치만 강조하면 오히려 아이는 지루해하거나 혼란스러워진다. "정리정돈을 하면 물건을 쉽게 찾을 수 있어", "양치하면 충치가 안 생겨서 아프지 않아" 같은 짧고 구체적인 설명이 효과적이다. 또, 단순히 말로 설명하는 것에서 나아가 그림, 이야기, 역할놀이 등을 활용하면 아이가 더 쉽게 이해하고 기억할 수 있다. 설명은 일회성으로 그치지 않고 반복적으로 이어질 때 습관화에 힘을 실어준다. 반복해서 같은 맥락으로 설명해 주면, 아이는 '이 행동을 해야 하는 데에는 분명한 이유가 있다'는 인식을 갖게 되고, 점차 내면화할 수 있다.

다섯 살 유나는 장난감 정리를 늘 미루곤 했다. 엄마는 매번 정리하라고 말했지만 유나는 이유를 몰라 반발했다. 이후 엄마는 "네가 정리를 잘하면 내일도 금방 찾아서 놀 수 있지. 빨리 놀고 싶은데 장난감이 없으면 속상하잖아?"라고 설명해 주었다. 유나는 '정리'가 '다시 놀기 위해 필요한 행동'이라는 것을 이해하고 점점 스스로 정리를 시작했다. '왜 해야 하는지'를 알게 하는 말 한마디가 아이에게 습관의 동기를 만들어준 사례이다.

초등 1학년 준호는 친구와 다툴 때 쉽게 소리를 질렀다. 엄마는 "화가 나도 소리를 지르면 안 되지"라고 훈계했지만 소용없었다. 이후 엄마는 "화날 때마다 소리를 지르면 친구가 놀라서 다음부턴 너랑 안 놀고 싶어질 수도 있어. 숨을 쉬면 마음이 조금씩 가라앉아. 그다음에 네 마음을 말하면 친구도 잘 들어줄 거야"라고 조곤조곤 설명했다. 그날 이후 준호는 화가 날 때 '숨을 쉬고 말하기'를 연습했고, 점차 친구들과의 관계도 좋아졌다. 구체적인 설명은 아이가 감정을 조절하는 이유를 이해하도록 돕고, 실천의 동기를 만들어준 열쇠였다.

작고 쉬운 목표로 '할 수 있다'는 감각을 선물하기

'겨우 이거야?' 싶은 목표가 자신감을 만든다

아이에게 습관을 길러주고 싶을 때, 부모는 종종 지나치게 거창한 목표부터 제시한다. 하지만 실제로 아이의 습관을 형성하고 자율성을 키우는 데 가장 효과적인 것은 아주 작고 쉬운 목표이다. '겨우 이거야?' 싶은 작은 목표가 오히려 아이에게 '나도 할 수 있어!'라는 자신감의 불씨를 만들어준다. 처음부터 완벽하게 해내길 기대하기보다, 실패 없이 성공할 수 있는 아주 낮은 문턱의 목표를 제시해 보자. 예를 들어, '매일 책 30분 읽기'보다 '자기 전에 책 한 장만 읽기', '화나도 참기'보다는 '화를 느끼면 입 다물고 손을 1초만 꼭 쥐기' 같은 행동이 더 현실적이고, 아이가 바로 실천할 수 있다. 이렇게 작게 시작된 목표는 아이에게 '해냈다'는 감각을 안겨준다. 그리고 그 감각은 반복될수록 '나는 해낼 수 있는 사람이야'라는 자기효능감으로 자라난다.

이 작은 성공은 아이의 뇌에도 긍정적인 신호를 준다. '이건 내가 할 수 있어'라는 경험은 습관의 회로를 강화시키고, 스스로를 믿게 한다. 반대로 목표가 크고 어렵게 느껴질수록 아이는 시도조차 하지 않게 되거나, 시도 후 실패하면서 자신감이 떨어질 수 있다. 작은 목표는 실패를 줄이고, 매일의 성공 경험을 통해 아이 스스로 행동을 선택하도록 이끌 수 있다. 무엇보다 '작은 걸 해냈다'

는 경험은 점점 더 도전적인 과제에도 도전해 보고 싶은 마음으로 이어진다. 작은 성공이 큰 자신감을 만들고, 그 자신감이 습관을 지속하게 해준다. 그래서 '작은 목표'는 그 자체로 하나의 훈련이며, 습관 형성의 가장 현실적이고 강력한 전략이다.

초등 2학년 예진이는 일기 쓰기를 싫어했다. "글을 잘 못 쓰겠어", "뭐라고 써야 할지 모르겠어"라는 말을 자주 했다. 엄마는 "한 줄만 써보자. 제목이랑 오늘 먹은 음식 한 가지만 써봐"라고 제안했다. 예진이는 부담 없이 한 줄을 썼고, 다음 날에는 두 줄, 그다음엔 네 줄로 늘어나더니 한 달 후엔 스스로 "오늘은 다섯 줄도 쓸 수 있어!"라며 일기 쓰기를 즐기게 되었다. '겨우 이거야?' 싶은 목표가 일기 쓰기라는 좋은 습관으로 이어진 사례이다.

여섯 살 혜리는 방 정리를 싫어했다. "정리해!"라는 말에 주눅이 들던 혜리에게 엄마는 "오늘은 인형만 정리해 볼까?"라고 제안했다. 단 하나의 정리 목표는 혜리가 스스로 움직이게 했고, 이후 블록 정리, 책 정리로 영역이 확장될 수 있었다. 지금은 "엄마, 내 책꽂이는 내가 정리할게!"라고 말할 정도로 스스로 정리정돈을 실천하는 아이로 바뀌었다. 아주 작은 시작이 행동을 바꾸고, 습관이 된 대표적인 예이다.

반복 가능한 목표가 습관의 첫걸음이 된다

습관은 '한 번 잘하는 것'이 아니라 '여러 번 무리 없이 반복할 수 있는 것'에서 시작된다. 아무리 좋은 목표라도 반복이 불가능하면 습관이 되기 어렵다. 그래서 습관 형성의 핵심은 '반복 가능한 수준의 목표'이다. 이 말은 곧, 매일매일 실천 가능한 크기와 방식으로 목표를 설계해야 한다는 뜻이다. 아이들은 처음엔 의욕이 넘쳐 큰 목표를 세우지만, 실행의 어려움을 느끼면 쉽게 포기하게 된다. '오늘부터 매일 책 30쪽 읽기', '매일 영어 단어 10개 외우기' 같은 과도한 목표는 의욕만 꺾고 작심삼일로 끝나기 쉽다. 하지만 '매일 잠자기 전에 책 2쪽 읽기', '하루에 영어 단어 1개만 말해보기'처럼 작지만 꾸준히 반복할 수 있는 목표는 아이의 행동에 자리를 잡고, 점차 습관으로 이어지게 된다.

중요한 것은, 작고 단순하더라도 반복되면 그것이 아이 안에 '내가 할 수 있다'는 믿음과 행동의 틀을 형성한다는 점이다. 반복은 아이의 뇌에 해당 행동을 자동화하는 회로를 만들어주고, 하루가 자연스럽게 그 행동으로 시작되거나 마무리되는 루틴이 된다. 습관은 일정한 리듬을 통해 완성되고, 이 리듬은 반복 가능한 목표를 기반으로 할 때 비로소 작동한다. 또한 반복은 아이에게 안정감을 준다. 예측 가능한 행동은 아이를 불안하게 하지 않고, 자기주도적 실행을 가능하게 만든다. 부모 입장에서는 조급한 마음에 빨리 좋은 습관을 갖게 하려는 욕심이 들 수 있지만, 그럴수록 더 단순하고 반복 가능한 과제를 제시하는 것이 오히려 지름길이다.

초등 1학년 세진이는 물을 유독 안 마시는 아이였다. 엄마는 세진이가 하루에 물을 다섯 번은 마시길 바랐지만 일단 '잠자기 전 물 마시기'라는 단순한 목표를 세웠다. 매일 밤 물컵을 준비해 두고, 잠자기 전 함께 마시는 루틴을 반복한 결과, 세진이는 자연스럽게 하루의 마무리를 물 마시는 시간으로 인식하게 되었다. 반복 가능한 행동 하나가 건강 습관의 시작이 된 것이다.

처음엔 부모가 함께, 점점 스스로 하도록

습관 형성은 아이 혼자만의 힘으로 이루어지지 않는다. 어린아이에게는 작고 쉬운 목표라도 처음에는 부모의 동반이 필요하다. 특히 초기에는 부모의 함께함이 아이의 실천 동기이자 안정감을 만들어준다. 새로운 습관은 낯설고 불편할 수밖에 없는데, 이때 부모가 곁에서 함께 행동해 주고 지지해 줄 때 아이는 그 과정을 부담 없이 받아들이게 된다. 그리고 점차 부모의 도움이 줄어들수록, 아이는 혼자 해내는 경험을 통해 자율성과 책임감을 키워간다.

처음부터 아이에게 모든 것을 스스로 하라고 요구하기보다, 부모가 모델이 되어 함께 시작하는 것이 좋다. "혼자 해봐!"보다 "같이 해보자!"는 말이 아이의 긴장을 풀고, 행동에 대한 거부감을 낮춰준다. 예를 들어 매일 정리정돈 습관을 들이고 싶다면, 처음엔 부모가 함께 장난감을 정리하면서 "블록은 여기, 인형은 이쪽 바구니"라고 말하며 시범을 보이고 아이와 손을 맞잡고 정리해 보는 것이 좋다. 아이는 이런 과정을 통해 정리의 규칙과 방법을 자연스럽게 배우게 된다. 이때 주의할 점은 부모와 함께하는 시간은 단순히 '감시'가 아니라 '관계'의 시간이어야 한다는 것이다. 아이가 어떤 행동을 할 때, 그 행동이 잘못되었거나 부족하더라도 바로 지적하기보다는 "이렇게 해보면 어때?", "잘하고 있어. 조금만 더 도와줄게" 같은 말로 지지와 격려의 언어를 함께 전해주는 것이 중요하다. 그렇게 신뢰와 즐거움이 쌓이면, 아이는 "이건 혼자서도 할 수 있어"라는 믿음을 갖고 점차 스스로 하게 되므로 부모는 이 시점을 놓치지 않고 서서히 개입을 줄여야 한다. 도움을 줄이면서도 관심은 유지하는 것, 이것이 자율성을 키우는 핵심이다.

여섯 살 민재는 아침마다 이불에서 나오기를 싫어했다. 엄마는 처음엔 "빨리 일어나!"라고 재촉했지만 효과가 없었다. 이후 엄마는 "우리 같이 하루를 기분 좋게 시작해 볼까?"라며 기상송을 함께 듣고, 이불 정리부터 세수, 옷 입기까지 차근차근 함께해 주었다. 처음엔 엄마의 손을 꼭 붙잡던 민재에게 며칠 후 "이제는 혼자 할 수 있지? 힘들면 엄마가 도와줄게"라고 책임을 민재에게 넘겨주었다. 일주일쯤 지나면서 민재는 "엄마, 나 오늘은 혼자서 해볼래"라고 말했고, 이제는 혼자 준비한 후 엄마에게 "다 했어!"라고 자랑하는 습관이 생겼다.

초등 1학년 예나는 친구와 다툰 후 울음이 터지는 일이 잦았다. 엄마는 예나가 감정을 표현할 수 있도록 "속상할 땐 손으로 하트를 그려보자"고 제안했고, 매일 밤 잠들기 전 "오늘 속상했던 일 있어?"라고 묻고 함께 하트를 그려보는 시간을 가졌다. 예나는 점차 친구와 다툴 때도 울음보다 말로 표현하려 애썼고, 이후에는 엄마가 묻지 않아도 먼저 "오늘 ○○ 때문에 속상했어"라고 말하는 변화가 나타났다.

실천 계획은 '언제' '어디서'를 분명하게

'언제'와 '어디서'가 빠지면 실천은 흐릿해진다

좋은 계획도 실행되지 않으면 아무 의미가 없다. 많은 부모들이 아이에게 좋은 습관을 길러주고 싶어 하면서도 "자꾸 미뤄져요", "계속하기가 어렵네요"라고 말한다. 그 이유는 대부분 실천 계획이 추상적이기 때문이다. '매일 독서하기'나 '감정 표현 연습하기'처럼 좋은 목표도, 구체적인 시간과 장소가 정해지지 않으면 일상 속에 자연스럽게 녹아들지 못한다. 부모가 아이와의 관계를 개선하고자 결심하지만, 바쁜 일상 속에서 그 결심은 금세 잊히고 막상 실천 단계에선 흐지부지 끝나버리곤 한다. 그 이유 중 하나는 바로 '언제'와 '어디서'라는 구체적인 조건이 빠졌기 때문이다. 시간과 장소가 정해지지 않은 실천 계획은 방향 없이 흘러가는 강물과 같다.

의지는 있지만 흐름은 어디로 갈지 모르는 상태인 것이다.

습관 형성은 의지를 뛰어넘는 구조를 필요로 한다. '언제'와 '어디서'는 행동을 자동화하는 핵심 단서이다. 심리학자 B.J. 포그는 '앵커링anchoring'이라는 개념을 소개하며, 새로운 습관은 이미 존재하는 루틴이나 명확한 시간·장소에 붙일 때 가장 쉽게 자리 잡는다고 설명한다. 예를 들어, "양치질 후에 플랭크 자세 10초 하기"처럼 구체적이고 반복 가능한 조건에 연결하는 방식이 습관 형성에 매우 효과적이라는 것이다. '아침에 어린이집 가기 전, 현관 앞에서 가방을 열어 준비물 확인하기'처럼 맥락이 분명한 행동은 뇌에 '신호'로 작용해 습관 형성을 돕는다.

추상적인 목표는 뇌가 중요하게 인식하지 않기 때문에 행동으로 이어지기 어렵다. 반면, 구체적인 시간과 장소가 정해지면 뇌는 그 행동을 일정으로 받아들이고, 습관으로 자리 잡을 가능성이 커진다. 저녁 식사 후 거실에서 10분간 책 읽기는 명확한 실천 계획이다. 시간과 장소가 구체화되면 아이는 스스로 행동할 준비를 갖추고, 그 행동을 떠올린다. 부모가 '주말마다 공원에서 아이와 함께 자전거 타기'처럼 명확한 계획을 세운다면, 아이와의 긍정적인 경험은 자연스럽게 쌓이고, 부모와 아이 모두의 만족감도 높아질 수 있다.

실천이 흐릿하지 않도록 만드는 가장 간단하고 효과적인 방법은 '언제', '어디서'를 분명히 정하는 것이다. 이는 실천에 필요한 물리적, 심리적 공간을 미리 확보해 두는 것이며, 부모 스스로도 의지를 재확인하는 행위가 되어 부모의 다짐을 '행동'으로 전환시키는 첫걸음이 된다.

루틴 속에 습관을 끼워 넣는 '스택 전략' 활용하기

아이에게 새로운 습관을 길러주고 싶다면, 기존의 루틴에 새 습관을 '끼워 넣는' 방식이 효과적이다. 이를 '습관 쌓기 전략habit stacking'이라고 한다. 이 전략은 기존에 자리 잡은 행동에 새로운 행동을 붙이는 방식으로, 뇌가 익숙한 흐름 안에서 새로운 행동을 자연스럽게 받아들이게 도와준다. 예를 들어 아이가 아침마다 양치질을 한 뒤 물을 마시는 루틴이 있다면, 그 루틴에 '양치 후 책 한 쪽 읽기'를 연결하는 것이 스택 전략이다. 기존 행동은 아이의 뇌에 이미 자동화되어 있기 때문에, 그 뒤에 이어지는 새로운 행동은 큰 저항 없이 습관화될 가능성이 높다.

일곱 살 지은이는 부모가 "매일 아침 글자 공부를 5분만 해보자"고 했지만, 매번 실패했다. 이후 부모는 아이가 매일 아침 우유를 마시는 루틴에 주목하고 '우유 마신 후, 자기 이름 써보기'라는 새로운 습관을 붙여주었다. 몇 주 후 지은이는 자연스럽게 우유잔을 내려놓자마자 연필을 들고 종이에 이름을 쓰기 시작했고, 글자 쓰는 습관이 저항 없이 자리를 잡았다.

이 사례는 새 습관이 기존 루틴과 연결되면 훨씬 자연스럽게 자리를 잡을 수 있고 이미 존재하는 생활 리듬을 활용하면 아이의 부담은 줄고, 습관의 안정성은 높아진다는 것을 보여준다.

습관 쌓기 전략의 핵심은 '기존 루틴＋새 행동'의 공식이다. 예를 들어 양치 후→감사한 일 한 가지 말하기, 식사 후→책 읽기 10분, 잠자리 들기 전→감정 그림일기 그리기 등이다. 이런 방식으로 기존 루틴에 새 습관을 자연스럽게 '얹어주면', 아이는 큰 스트레스 없이 반복 속에서 익히게 된다.

아이의 습관 형성은 갑작스러운 변화보다, 익숙함 속에 섞이는 작은 반복에서 시작된다. 루틴은 습관의 길을 열어주는 안내자이다. 부모가 이 흐름을 잘 활용하면 아이는 일상 속에서 자연스럽고 긍정적인 습관을 만들어갈 수 있다.

시간보다 '상황'을 중심으로 계획하라

어린아이의 시간 개념은 인지적으로 미성숙하기 때문에 어른만큼 정교하지 않다. 그래서 '오전 9시', '저녁 7시'보다는 '밥 먹은 직후', '유치원 갔다 온 다음'처럼 상황 중심의 시간 정하기가 훨씬 효과적이다. 아이의 일상은 늘 일정하지 않고, 예기치 않은 변수들이 많다. 그런 이유로 "몇 시에 하자"처럼 시간 중심의 계획은 종종 무너지기 쉽다.

상황 중심 계획은 특히 유아나 초등 저학년 아이에게 더 효과적이다. 이는 하루의 흐름 속에서 특정 행동이나 환경, 맥락에 습관을 연결하는 방법이다. 예를 들어, '오전 9시에 책 읽기'보다는 '아침밥 먹고 이를 닦은 후 책 읽기'처럼 특정한 상황이나 행동 흐름 속에 습관을 넣는 방식을 말한다. 이는 뇌가 일련의 행동을 하나의 덩어리처럼 받아들이도록 도와주기 때문에, 습관 형성이 더욱 자연스럽고 안정적으로 이루어질 수 있다.

여섯 살 유진이는 감정 표현을 어려워해 부모는 '매일 저녁 7시에 감정 말하기 연습'을 하기로 했다. 하지만 저녁 시간은 숙제, 외출, 피곤함 등으로 자주 변동돼 계획은 제대로 지켜지지 않았다. 이후 부모는 접근을 바꿨다. '잠자기 전에 이불 덮고 누웠을 때, 오늘 가장 기뻤던 일 한 가지 말하기'로 상황 중심으로 전환한 것이다. 그 결과 아이는 누운 순간 "아! 기뻤던 일 말해야지!" 하며 자연스럽게 감정 표현 습관을 이어가게 되었다.

이처럼 '상황'은 행동을 유도하는 강력한 신호가 된다. 아침에 옷을 입을 때, 식사를 끝냈을 때, 학교 다녀온 후 가방을 내려놓을 때, 잠자리에 누웠을 때 등 아이의 일상 안에는 수많은 '습관의 기회'가 숨어 있다. 부모는 이 상황들을 잘 포착해 '그때마다 하는 일'로 습관을 심어주는 것이 중요하다.

아이의 행동을 바꾸고 싶다면, 시계보다 상황에 주목해 보자.

습관은 시간표가 아니라 일상의 순간과 흐름 속에서 자연스럽게 자리 잡을 때, 비로소 오래 지속될 수 있다.

실패해도 다시 시작할 수 있는 리셋 루틴 만들기

실패를 '끝'이 아니라 '잠깐 멈춤'으로 받아들이게 하라

습관 형성 과정에서 실패는 너무나 자연스러운 일이다. 그런데 많은 아이들이 한두 번 빠지거나 놓치면 "나는 못 해", "이제 끝났어"라고 느끼며 아예 포기해 버리곤 한다. 이는 습관을 '완벽하게 해야 하는 일'로 받아들이기 때문이다. 아이에게 필요한 것은 '실패는 끝이 아니라, 잠시 멈춘 것일 뿐'이라는 인식을 심어주는 것이다. 부모가 이 관점을 알려주고 '다시 시작할 수 있는 루틴'을 함께 마련해 주는 것이 매우 중요하다.

여섯 살 유리는 '매일 아침 일어나서 이불 개기'를 새 습관으로 시도했다. 처음 며칠은 잘하다가 주말에 늦잠을 자고 이불을 개지 못하자 아이는 속상해하며 "이제 망했어, 나 안 해"라고 말했다. 이때 부모는 아이에게 "한 번 빠졌다고 끝난 게 아니야. 이건 연습이니까 다시 시작하면 돼"라고 말해주고, '다시 시작하는 방법'을 함께 정했다. 그 결과 아이는 '이불 못 갤 땐, 다음날 더 열심히 정리정돈하기'라는 리셋 규칙을 만들어 습관을 이어갈 수 있었다.

이처럼 '실패 후 다시 시작할 수 있는 루틴', 즉 리셋 루틴이 아이에게 준비되어 있으면, 중단은 끝이 아니라 회복의 과정이 된다. 중요한 것은 완벽한 연속이 아니라 '다시 돌아올 수 있는 마음'이다. 부모가 "괜찮아, 그럴 수 있어"라고 말해주는 것, 그리고 다시 시작할 수 있는 구체적인 행동을 제시해 주는 것, 이 두 가지가 아이의 습관 지속을 가능하게 한다.

실패를 무너짐이 아니라 '숨 고르기'로 받아들이는 태도는 아이의 자기조절력과 회복탄력성을 키우는 데도 큰 도움이 된다. 매일 똑같이 해내는 것이 아니라, 때로는 멈췄다가 다시 돌아오는 경험을 통해 아이는 성장한다. 실패를 두려워하지 않고 다시 도전할 수 있기 위해서는 감정적인 회복이 먼저이기 때문에 부모의 따뜻한 수용과 격려가 있어야 한다. 습관은 멈췄음에도 다시 시작할 수 있을 때 진짜 힘을 갖는다.

'리셋 버튼'을 눌러주는 작은 의식 만들기

습관 형성의 과정에서 중요한 것은 실패했을 때 다시 돌아오는 힘, 즉 리셋$_{reset}$이다. 그런데 "다시 시작하자"는 말만으로 아이가 마음을 전환하기는 쉽지 않다. 이럴 때 도움이 되는 것이 바로 상징적인 리셋 행동, 즉 '리셋 버튼'을 눌러주는 작은 의식이다. 이 행동은 아이가 스스로 실패의 감정을 털어내고 다시 시작할 수 있도록 돕는 심리적 전환점이 된다.

율이는 '매일 일기 쓰기'를 습관으로 잡았지만 며칠 빠지자 "이젠 끝났어"라고 느끼며 일기장 펼치기를 꺼려했다. 이때 율이 엄마는 "다시 시작하고 싶을 때는 노란 스티커를 일기장에 붙이고 시작하자"고 제안했다. 이 노란 스티커는 아이에게 '괜찮아, 다시 해도 돼'라는 신호가 되었고, 아이는 이전의 실패에 머무르지 않고 쉽게 다시 일기 쓰기를 이어갈 수 있었다. 단순한 스티커였지만, 아이에게는 심리적 '재출발'의 의식이 되었던 것이다.

상징적 행동은 아이가 감정적으로 얽힌 실패 경험을 끊어내고, 새 마음으로 돌아올 수 있게 한다. 중요한 건 이 행동이 반복 가능하고, 아이에게 의미가 있으며, 가볍고 재미있어야 한다는 점이다. 예를 들면, 손으로 가볍게 이마를 톡 치며 "다시 시작!" 외치기, '리셋 종이'에 날짜를 적고 붙이기, 실패한 날의 그림을 그리고 찢어 버리기, 리셋 주머니에서 카드를 뽑아 새로운 출발 의식하기 등과 같은 리셋 버튼 행동들을 활용할 수 있다. 리셋을 시각화하거나 몸으로 표현하는 방식은 특히 어린아이들에게 효과적이다. 실수는 괜찮고, 우리는 언제든 새롭게 시작할 수 있다는 메시지를 주는 것이 핵심이다.

이러한 행동은 단순하지만 아이의 마음에 '나는 다시 시작할 수 있어'라는 믿음을 심어준다. 리셋 행동은 습관 형성에서 반드시 필요한 '회복의 다리' 역할을 하며, 아이가 실수나 중단을 무너짐이 아니라 새로운 시도로 전환할 수 있게 도와준다.

실패한 날을 복습하는 '리플레이 타임' 갖기

습관 형성의 과정에서 실패는 불가피하게 찾아온다. 그러나 그 실패를 그냥 지나쳐버리면, 아이는 '나는 안 돼', '이건 나랑 안 맞아'라는 생각에 머물게 된다. 반대로 그날의 실패를 돌아보며 어떤 부분에서 막혔는지를 스스로 살펴보는 시간을 갖는다면, 실패는 더 나은 습관을 위한 경험 자산이 되는 것이다. 이를 위해 도입할 수 있는 것이 바로 '리플레이 타임replay time', 즉 실패한 날을 함께 복습하는 시간이다. 리플레이 타임은 단순히 "왜 못했어?"를 묻는 것이 아니다. 아이가 스스로 실패의 원인을 돌아보고, 감정을 정리하고, 다음 행동을 상상할 수 있도록 돕는 시간이다. 이 시간을 통해 아이는 실패에 대한 두려움을 줄이고, 문제 해결력을 키워나갈 수 있다.

초등학교 1학년 홍근이는 '하루 10분 책 읽기'를 습관으로 시도했지만, 며칠 지나지 않아 자주 빼먹게 되었다. 부모는 매번 실천 여부를 체크하는 대신, 일요일 저녁마다 '리플레이 타임'을 갖기로 했다. 이 시간에 아이는 "놀다가 까먹었어", "책이 재미없었어" 같은 이야기를 꺼냈고, 부모는 그 감정을 판단하지 않고 경청했다. 그 후 아이는 "앞으로는 저녁 먹고 TV 보기 전에 읽을래"라는 새로운 전략을 스스로 세우며 습관을 이어갔다.

리플레이 타임은 "오늘은 왜 잘 안 됐을까?", "왜 그런 기분이 들었을까?", "다음에는 어떻게 해보면 좋을까?", "비슷한 상황이 오면 뭐라고 말해볼까?" 등과 같은 질문을 활용해 볼 수 있다 이 질문들은 아이가 자신을 비난하기보다 자기 이해와 대안 찾기에 초점을 맞추도록 이끌어준다. 습관 형성은 단순한 반복이 아니라, 그 반복을 돌아보는 과정에서 깊어진다. 리플레이 타임은 실패를 '부끄러운 기록'이 아닌 '더 나은 시도를 위한 발판'으로 바꾸는 힘이 있다. 부모가 이 시간을 함께해 준다면, 아이는 실수 앞에서 주눅 들지 않고 다시 도전하는 태도를 배울 수 있다.

눈에 보이는 체크리스트와 시각화 전략

눈에 띄는 자리에 붙여두는 체크리스트의 힘

아이의 습관은 말로만 강조해서는 쉽게 만들어지지 않는다. '눈에 잘 띄는 시각적 자극'은 아이의 실천력을 높이는 가장 강력한 도구 중 하나이다. 아이의 긍정적인 습관 형성을 위해 활용하는 '눈에 보이는 체크리스트'는 단순히 해야 할 일을 나열하는 것을 넘어서, 아이가 스스로 목표를 인지하고, 그 과정에서 성취감을 경험하게 해준다. 특히, 눈에 띄는 곳에 붙여두면 일상에서 반복적으로 확인하며 자연스럽게 행동에 연결되는 '시각적 자극' 역할을 한다.

아침마다 바쁘게 움직이는 아이에게 '세수하기, 양치질하기, 책가방 챙기기' 같은 기본 준비를 습관으로 만들고 싶다고 상상해 보자. 그냥 입으로 잔소리하는 대신, 아이 방 문이나 책상 앞, 혹은 욕실 거울 옆에 이 세 가지를 적은 체크리스트를 붙여 둔다. 그리고 아이가 직접 체크하거나 스티커를 붙일 수 있는 공간도 마련해 주자. 이 시각적 체크리스트를 매일 확인하며 행동을 점검하는 과정에서 아이는 무엇을 해야 하는지 명확하게 이해하고, 하나씩 완료할 때마다 성취감을 느끼게 된다.

숙제하는 습관이 들지 않아 힘들어하던 하린이의 부모는 책상 위에 '오늘의 숙제 체크리스트'를 붙였다. 처음엔 부모가 일일이 챙겨야 했지만, 하린이가 스스로 체크리스트를 확인하고 숙제를 끝낼 때마다 동그라미를 하는 모습을 보면서 점점 책임감이 생기기 시작했다는 것을 알 수 있었다. 어느새 아이는 '숙제해야지'라는 생각이 떠오르면 자연스럽게 책상에 앉았고, 부모의 잔소리도 한결 줄어들었다. 부모는 아이가 스스로 해내는 모습에 큰 기쁨과 뿌듯함을 느끼게 되었다.

이처럼 눈에 잘 띄는 장소에 체크리스트를 붙이는 전략은 간단하지만 아이가 무의식적으로 반복하는 행동을 '의식적 선택'으로 전환시키는 데 매우 유용하다. 매일 체크리스트를 반복해서 보면서 '오늘 할 일'을 확인하는 과정이 습관을 단단하게 만드는 셈이다. 거기에 체크리스트의 항목이 완료될 때마다 부모의 칭찬이나 작은 보상을 더한다면 아이는 더욱 즐겁고 적극적으로 자신의 행동에 책임감을 갖게 된다.

좋은 습관은 아이 혼자 힘으로 갑자기 만들기 어렵다. 하지만 부모가 환경을 조금만 다르게 만들면, 아이는 스스로 변화를 이끌어낼 수 있다.

하루를 흐름으로 보여주는 '루틴 다이어그램'

아이의 습관 형성에 가장 중요한 요소 중 하나는 '일관된 하루의 흐름'을 이해하고 실천하는 것이다. 이런 하루 일과를 눈에 보이게 '루틴 다이어그램'으로 시각화하면, 아이가 스스로 하루를 계획하고 실행하는 데 큰 도움이 된다. 루틴 다이어그램은 단순한 시간표가 아니라, 아이가 하루 동안 해야 할 일들을 흐름에 따라 한눈에 파악할 수 있도록 도와주는 시각적 지도이다.

여섯 살 민준이가 아침부터 저녁까지 어떤 일들을 해야 하는지 막막해할 때, 부모는 민준이와 함께 '하루 루틴 다이어그램'을 만들어보았다. 먼저, 아침에 일어나서 세수하고, 아침 식사하기, 유치원 준비하기, 유치원 다녀오기, 숙제하기, 자유 놀이, 저녁 식사, 잠자기 전 책 읽기 등의 일과를 시간 순서대로 그림과 간단한 문구로 표현했다. 그리고 이 다이어그램을 민준이 방 벽에 붙여두어 언제든지 확인할 수 있게 했다. 처음에는 부모의 도움과 설명이 필요했지만, 시간이 지날수록 민준이는 다이어그램을 보면서 스스로 '다음에 무엇을 해야 할까?'를 생각하게 되었고, 하루 일과를 주도적으로 따라가게 되었다. 특히, 다이어그램 속 그림과 색깔 덕분에 복잡한 시간표보다 훨씬 쉽게 이해할 수 있었고, 자신이 하루를 잘 해냈다는 성취감도 얻을 수 있었다.

루틴 다이어그램의 가장 큰 장점은 아이가 시간과 활동을 시각적으로 연결할 수 있어 '무엇을, 언제, 어떻게 해야 하는지'에 대한 혼란을 줄여준다는 점이다. 하루가 흐름으로 정리되니 아이는 자신이 해야 할 일을 예측하며 준비할 수 있고, 반복되는 일과가 습관으로 자리 잡게 된다. 또한, 부모도 아이와의 대화에서 "지금은 어느 단계니?", "다음엔 뭐 할까?"라는 질문을 쉽게 할 수 있어 자연스럽게 아이의 자립심을 지원할 수 있다.

루틴 다이어그램은 아이에게 단순한 시간표 이상의 의미를 가진다. 하루를 흐름으로 보고, 자신의 행동을 체계적으로 계획하고 실행할 수 있도록 돕는 '시각적 길잡이'인 셈이다. 루틴이 시각적으로 표현되면 스스로 실천하는 힘이 생기고, 부모의 잔소리가 줄어들어 아이와 부모의 갈등도 줄어든다. 시각적 도구는 습관의 반복성과 독립성을 동시에 키워준다.

성취감을 쌓는 '시각적 보상' 구조 만들기

아이의 좋은 습관 형성에서 가장 중요한 요소 중 하나는 '성취감'이다. 아이는 자신이 한 행동이 긍정적인 결과로 이어진다는 경험을 통해 동기부여를 받고, 더 꾸준히 노력하게 된다. 이때 '시각적 보상'은 아이가 성취감을 눈으로 확인하며 기쁨을 느끼고, 행동을 지속하는 데 큰 힘이 된다. 따라서 아이의 성장 과정에서 성취감을 쌓을 수 있는 시각적 보상 구조를 만드는 것은 매우 효과적인 방법이다. 시각적 보상이란, 아이가 목표를 이루거나 과제를 완수할 때마다 눈에 보이는 형태로 '작은 성공'을 기록하고, 이를 통해 동기와 자존감을 높이는 시스템을 말한다. 대표적인 예로 '스티커 차트', '성취 그래프', '미션 클리어 보드' 등이 있다. 이들은 아이가 자신의 행동을 구체적으로 인지하고, 꾸준히 달성할 때마다 보상을 눈으로 확인할 수 있도록 도와준다.

일곱 살 지민이는 매일 숙제를 제시간에 끝내는 습관을 들이고자 했지만, 자주 미루고 잊어버리는 경우가 많았다. 부모는 지민이와 함께 '숙제 완료 스티커 차트'를 만들고, 숙제를 끝낼 때마다 스티커를 붙이기로 했다. 스티커 차트는 아이 방 벽에 붙여 눈에 잘 띄는 곳에 두었고, 스티커가 일정 개수 모이면 작은 선물을 주는 보상 시스템도 마련했다. 지민이는 스티커를 붙일 때마다 '내가 잘하고 있구나' 하는 자부심을 느꼈고, 점차 숙제를 미루지 않고 제때 하려는 노력이 이어질 수 있었다.

이처럼 시각적 보상 구조는 단순한 칭찬이나 말로 하는 격려보다 아이에게 구체적이고 명확한 동기를 부여한다. 아이는 눈에 보이는 보상을 통해 자신의 행동 변화를 직접 확인할 수 있기 때문에, 목표를 이루는 과정이 즐겁고 흥미로워진다. 또한, 이 과정에서 부모와 아이가 함께 목표를 설정하고 보상을 계획하면서, 대화와 소통이 자연스럽게 이루어지는 장점도 있다. 시각적 보상은 보상의 크기나 종류보다 '일관성'과 '즉각성'이 무엇보다 중요하다. 보상이 너무 크거나 거창하면 아이가 부담을 느낄 수 있고, 반대로 너무 미미하면 동기 부여가 약해질 수 있다. 적절한 수준의 작은 보상을 자주 제공하는 것이 아이의 꾸준한 행동 변화를 이끌어내는 핵심이다. 예를 들어, 매일 한 가지 좋은 습관을 실천할 때마다 스티커를 붙이고, 일주일이 지나면 특별한 칭찬이나 함께하는 작은 놀이 시간을 보상으로 주는 식이다. 단, 보상이 물질적이기보다 심리적 만족을 줄 수 있도록 구성하는 것이 좋다. '이만큼 해낸 나 자신이 멋지다'는 감정이 진짜 보상이다.

성취감을 쌓는 시각적 보상 구조는 아이가 스스로 자신의 노력을 인지하고 긍정적인 변화를 지속하는 데 결정적인 역할을 한다. 부모가 아이와 함께 목표를 정하고, 이를 시각적으로 표현하며, 작은 성공을 눈에 띄게 기록하는 이 과정은 아이의 자존감과 자기주도성을 높이는 밑거름이 된다.

칭찬보다 격려와 피드백이 지속력을 만든다

결과보다 과정을 주목하는 말이 아이를 성장시킨다

아이를 키우다 보면 흔히 "잘했다", "대단해!" 같은 결과 중심의 칭찬을 많이 하게 된다. 물론 아이에게 긍정적인 영향을 주지만, 오히려 결과에만 집중된 칭찬은 아이가 실패를 두려워하게 만들고, 시도 자체를 꺼리게 하는 부작용이 생길 수 있다. 반면에 과정에 초점을 맞춘 격려는 다른 의미를 준다. 예를 들어, 아이가 그림을 그렸을 때 "와, 정말 멋진 그림이야!"라고 말하는 대신 "그림 그리느라 정말 열심히 집중했구나", "색깔을 고르는 데 신중했던 게 느껴져서 좋아"라고 말하는 것이다. 이렇게 말해주면 아이는 결과물이 아닌 자신의 노력과 시도, 집중했던 과정 자체가 인정받았다고 느끼며, '나는 도전하는 사람이구나', '노력하면 성장할 수 있구나'라는 생각을 갖게 된다.

여덟 살 수아는 수학을 어려워한다. 학원에서 내주는 수학 문제도 자주 틀리곤 했는데 수아의 부모는 "틀려서 좀 아쉽네" 대신 "어려운 문제도 포기하지 않고 끝까지 풀려고 애썼구나. 정말 멋지다"라고 말해 주었다. 답이 틀리면 속상해했던 수아도 점차 부모의 과정 중심 피드백 덕분에 틀리는 것을 두려워하지 않고, 다시금 문제에 도전하곤 했다. 문제 풀이 자체에 흥미를 느끼며 스스로 공부하는 시간이 늘어났고, 결과도 자연스럽게 따라왔다.

과정 중심 피드백이 중요한 또 다른 이유는 아이가 실패와 어려움을 성장의 기회로 받아들이도록 돕기 때문이다. 아이는 어려운 상황에서 '내가 부족해서 안 되는구나' 혹은 '실패하면 안 된다'는 생각을 하며 쉽게 포기하게 된다. 하지만 부모가 노력과 시도, 그리고 그 과정에서 배운 점을 인정해 주면 아이는 실패를 두려워하지 않고, 오히려 '다음에는 더 잘할 수 있을 거야'라는 긍정적인 마음가짐을 가질 수 있다. 아이와 대화할 때는 결과에 대한 평가를 잠시 내려놓고, 아이가 얼마나 노력했는지, 어떤 어려움을 어떻게 극복했는지, 그 과정에서 어떤 생각을 했는지를 물어보고 인정해 주자. 이는 아이가 자신의 성장 이야기를 스스로 만들어가도록 돕는 중요한 역할을 한다.

"이건 왜 잘 됐을까?"라는 피드백 질문이 실천력을 높인다

아이의 성장 과정에서 가장 중요한 부분 중 하나는 '스스로 생각하고 행동하는 힘'을 길러주는 것이다. 그런데 부모나 교사가 일방적으로 "잘했어!"라고 칭찬하는 것만으로는 아이가 자신이 무엇을 잘했는지 깊이 이해하기 어렵고, 다음 행동으로 연결하는 동기부여에도 한계가 있다. 이때 효과적인 방법 중 하나가 바로 '이건 왜 잘됐을까?'라는 피드백 질문을 던져 아이가 자신의 행동을 돌아보고 원인을 스스로 찾아내도록 돕는 것이다. 피드백은 단순히 칭찬하거나 지적하는 것이 아니라, 아이 스스로 깨달음을 갖게 하는 대화이다.

'이건 왜 잘 됐을까?'라는 질문은 단순히 결과만을 보는 것이 아니라, 결과에 이르기까지 아이가 어떤 노력과 선택을 했는지, 어떤 과정을 거쳤는지 생각하도록 유도한다. 아이가 스스로 긍정적인 요소를 찾아내면, 그 경험은 자기효능감으로 쌓이고, 비슷한 상황에서 다시 실천하려는 동기와 자신감으로 이어진다. 즉, 이 질문은 아이가 자신의 성공 경험을 내면화하고, 행동의 원인을 인지해 다음 행동에 적용할 수 있도록 돕는 강력한 도구인 셈이다.

여섯 살 민서는 피아노를 연습한 뒤 부모에게 "오늘 연주가 잘 됐어"라는 칭찬을 받았다. 그때 부모가 "민서야, 이번에 왜 연주가 잘 됐을까?"라고 질문하자 민서는 "연습할 때 천천히 집중해서 했어"라고 답했다. 이 과정에서 민서는 자신이 무엇을 잘했는지 명확히 인지했고, 그다음부터는 연습할 때 집중하는 것에 더 신경 쓰게 되었다. 결과적으로 민서는 더욱 꾸준히 연습하고 실력이 향상되는 긍정적인 변화를 경험할 수 있었다.

학교 숙제를 제때 완성한 은아에게 "잘했어!"라고만 말하는 대신 "왜 이번에는 숙제를 제때 끝낼 수 있었을까?"라고 물어보면, 은아는 시간을 잘 관리했거나 부모와 약속을 지켰다는 점을 스스로 발견할 수 있다. 이런 자기 인식은 다음에도 같은 방법으로 문제를 해결하는 데 중요한 밑거름이 된다.

이 질문법이 주는 힘은 아이가 단순히 칭찬을 받기 위해 행동하는 것을 넘어, 자신의 행동을 객관적으로 성찰하고 의미를 부여하는 데 있다. 이는 '메타인지' 능력과도 연결되는데, 자신이 잘한 이유를 알게 되면 학습 태도와 실천력이 눈에 띄게 향상된다. 그러므로 부모가 이 질문을 자주 활용하면 아이는 자연스럽게 자신의 행동과 결과를 분석하는 습관을 갖게 되고, 자기주도적인 성장 경로를 밟게 된다.

마지막으로, '이건 왜 잘 됐을까?'라는 질문은 긍정적인 행동뿐 아니라 어려움을 겪을 때도 적용할 수 있다. "왜 이번에는 잘 안 됐을까?"를 함께 고민하며 해결책을 찾아가는 과정은 아이에게 실패를 두려워하지 않고 성장의 기회로 삼는 태도를 길러준다.

질문을 통한 피드백은 아이의 실천력을 높이고, 지속 가능한 성장의 밑거름이 된다. 부모가 이를 꾸준히 활용하면, 아이는 자신의 행동을 깊이 이해하고, 실천 의지를 스스로 만들어나갈 수 있다.

비교 없는 응원이 아이의 자존감을 지킨다

아이의 자존감은 건강한 성장과 행복한 삶의 밑바탕이다. 그런데 아이를 키우면서 가장 흔히 저지르기 쉬운 실수 중 하나가 '비교'를 통한 동기 부여이다. "친구는 잘하는데 너는 왜 이래?" 혹은 "형이나 누나는 이렇게 하는데 너는 왜 못하니?" 같은 말들은 아이의 의욕을 떨어뜨리고, 자존감에 상처를 남길 수 있다. 반면 '비교 없는 응원'은 아이가 자신의 가치와 가능성을 스스로 인정하도록 돕는다. '비교 없는 응원'이란, 다른 사람과의 성과나 행동을 기준 삼지 않고, 아이 각자의 노력과 개성을 존중하며 응원하는 것이다. 아이는 비교를 받으면 자신이 부족한 존재로 느껴지고, 실패에 대한 두려움이 커져 새로운 도전을 회피할 수 있다. 반면, 비교 없이 아이의 장점과 노력에 집중하는 말과 행동은 아이가 스스로를 긍정적으로 바라보게 하여 건강한 자존감을 쌓도록 돕는다.

아홉 살 수빈이는 피아노 연주에서 또래 친구들보다 속도가 느려서 종종 부모로부터 "친구들은 벌써 저렇게 잘 치는데…"라는 말을 듣곤 했다. 수빈이는 점점 피아노를 치는 것이 부담스럽고 자신감도 떨어졌다. 그러던 어느 날 부모가 "수빈아, 네가 매일 꾸준히 연습하는 모습을 보니까 정말 대단해. 네 속도로 차근차근 나아가면 분명 멋진 연주자가 될 거야"라고 말해주었다. 수빈이는 비교가 아닌 자신의 노력과 발전에 집중하며 점차 자신감을 되찾았고, 피아노를 즐기며 계속 배우는 즐거움을 느끼게 되었다.

비교 없는 응원은 아이의 자존감을 지키는 동시에, 아이가 스스로 목표를 세우고 성장하도록 이끄는 원동력이 된다. 아이가 가진 고유한 능력과 성장 속도를 인정해 줄 때, 아이는 자신을 있는 그대로 받아들이고, 실패를 두려워하지 않으며 새로운 도전에 적극적으로 나설 수 있다. 부모가 아이의 작은 성취도 세심하게 칭찬하고, 아이가 노력한 과정을 인정할 때 아이는 '나는 충분히 사랑받고 존중받는 존재'라는 확신을 갖게 된다.

또한, 비교 없는 응원은 가족 관계에도 긍정적인 영향을 미친다. 비교가 적은 가정에서는 아이와 부모 간의 신뢰와 유대감이 깊어지고, 아이는 자신의 감정을 솔직하게 표현할 수 있는 안정된 환경에서 성장하게 된다. 이는 정서적 안정과 자기조절능력 향상에도 큰 도움이 된다.

마지막으로, 아이를 향한 응원은 단지 말뿐 아니라 행동으로도 표현되어야 한다. 아이가 잘한 점을 자주 이야기해 주고, 아이의 눈높이에 맞는 칭찬과 격려를 꾸준히 전하는 것이 중요하다. 부모가 진심 어린 마음과 행동으로 아이를 응원할 때, 아이는 자존감이라는 내면의 힘을 키우며 평생을 건강하고 행복하게 살아갈 힘을 얻을 수 있다.

부모도 함께해야 포기하지 않는다

부모도 함께 실천하는 '공동 루틴' 만들기

아이의 습관 형성에서 가장 큰 힘이 되는 것은 바로 함께하는 누군가의 존재이다. 특히 부모와 아이가 함께 정하고 함께 실천하는 '공동 루틴'은 아이의 지속력을 높이고, 중간에 포기하지 않도록 돕는 든든한 장치가 된다. 공동 루틴은 단지 일과를 같이 하는 것을 넘어서, 부모가 아이와 한 팀이 되어 같은 목표를 향해 나아가는 '심리적 동반자'가 되는 과정이다. 예를 들어, 아이에게 자기 전에 책을 읽는 습관을 들이고 싶을 때, "자, 책 읽는 시간이다. 어서 읽으렴"이라고 말하는 것보다 "우리 같이 잠들기 전 10분 동안 책 한 권씩 읽어보자"라고 제안해 보자. 이처럼 부모도 함께 참여하는 루틴이 되면, 아이는 더 이상 혼자 힘으로 해야 하는 과제가 아니라, 누군가와 함께 나누는 즐거운 일상으로 받아들이게 된다. 그리고 부모가 그 과정을 꾸준히 지켜주는 것만으로도 아이는 심리적 안정감과 책임감을 느낀다.

공동 루틴의 핵심은 아이에게 단순히 '지시'하는 것이 아니라, 부모가 먼저 '실천'으로 보여주는 것이다. 아이는 부모의 행동을 가장 가까이에서 관찰하고 따라하기 때문에, 부모가 루틴을 성실히 지키는 모습은 그 자체로 가장 강력한 메시지가 된다. 그리고 부모가 지켜보는 눈앞에서 실천한 행동은 아이의 기억에 더 오래 남고, '함께 해낸 성취감'이 아이의 마음에 자긍심으로 쌓이게 된다.

또한 공동 루틴은 아이와 부모 사이의 관계를 더욱 깊고 친밀하게 만들어준다. 매일 반복되는 소소한 일과 안에서 대화가 생기고, 아이의 감정을 살필 수 있는 시간도 자연스럽게 마련된다. "오늘 아침 준비하면서 어땠어?", "우리 책 읽기 시간에 재미있었던 장면 기억나?"와 같은 간단한 질문들이 아이의 마음을 열고, 부모와의 정서적 유대감을 높여준다.

무엇보다 중요한 점은 이 공동 루틴이 반드시 거창하거나 복잡할 필요는 없다는 것이다. 하루 10분 산책하기, 잠들기 전 간단한 스트레칭 하기, 함께 아침 식사 준비하기 등 일상 속에서 충분히 실천 가능한 루틴이면 된다. 핵심은 '함께한다'는 감각, 그리고 그 루틴을 지속하는 데 있다.

결국, 부모와 아이가 함께 만드는 루틴은 아이에게는 책임감을, 부모에게는 아이의 삶에 더 깊이 참여하는 기회를 준다. 그리고 두 사람 모두에게는 '함께 해냈다'는 따뜻한 기억과 유대감을 선물한다. 포기하지 않는 힘은 혼자 버티는 의지에서 나오는 것이 아니라, 함께 가는 누군가의 존재에서 비롯되는 것이다.

형제나 친구와 함께하는 습관 놀이화

아이에게 새로운 습관을 들이게 하려면, 억지로 시키는 것보다 즐겁게 하도록 만드는 것이 훨씬 효과적이다. 그중에서도 형제나 친구와 함께 습관을 놀이처럼 실천하는 방식은 아이의 흥미와 지속력을 높이는 데 큰 도움이 된다. 아이는 관계 속에서 배우고, 함께하는 활동에서 동기를 얻기 때문에 '함께하는 습관 놀이'는 자연스럽게 반복을 유도하며 행동을 습관화하는 데 이상적인 방식이다. 예를 들어, 매일 양치질을 거부하던 아이가 동생과 함께 '누가 더 오래 닦을까?', '거품 몬스터 없애기 놀이'처럼 게임 형식으로 양치 시간을 보내자, 양치가 재미있는 놀이가 되었고 스스로 먼저 하게 되었다. 아이는 경쟁보다는 함께 즐기는 분위기 속에서 자발성을 키우고, 자연스럽게 좋은 행동을 반복하게 된다.

또한 형제나 친구와 함께 정한 '미션형 루틴'도 효과적이다. '자기 전에 책 한 권 읽기 미션!', '정리왕 선발대회!', '아침 준비 시간 안에 완료하기 게임!' 등 목표를 재미있게 설정하면, 아이는 습관을 하나의 놀이처럼 받아들이고 즐겁게 참여하게 된다. 특히 또래 친구와의 놀이 경쟁은 동기 부여를 자극하면서도, 협력과 배려를 동시에 배울 수 있는 기회를 준다. 이때 중요한 것은 결과보다 참여하는 과정에 초점을 맞추는 것이다. 승패나 완벽한 수행보다 같이 했다는 것 자체를 칭찬하고, 서로의 노력을 격려해 주는 분위기를 조성해야 한다. 그래야 놀이가 스트레스가 되지 않고, 긍정적인 감정과 함께 습관으로 자리 잡을 수 있다.

형제나 친구와 함께하는 습관 놀이화는 아이의 내적 동기를 자극하고, 반복을 즐거움으로 연결시켜 준다. 습관은 재미있을 때 오래가고, 관계 안에서 더 단단해진다. 놀이가 곧 습관이 되는 경험, 아이에게 줄 수 있는 최고의 선물이다.

함께하는 시간에 '감정을 나누는 대화' 더하기

아이와의 일상 속 루틴이 단순한 생활 습관으로만 머무르지 않도록 하려면, 그 시간에 감정을 나누는 대화가 더해져야 한다. 하루를 정리하거나 함께 책을 읽는 시간, 잠들기 전 루틴처럼 반복되는 순간에 아이의 감정을 자연스럽게 묻고 들어주는 대화 습관은 아이의 정서적 안정과 부모와의 신뢰 형성을 돕는다. 예를 들어, 아이와 자기 전 루틴으로 "오늘 가장 기분 좋았던 순간이 뭐였어?" 또는 "오늘 속상했던 일은 있었어?"라고 조용히 묻는 시간을 만들어보자. 처음에는 간단한 대답만 하더라도, 이런 대화가 매일 반복되면 아이는 점점 자신의 감정을 말로 표현하는 데 익숙해지고, 부모에게 자신의 속마음을 열게 된다.

이런 '감정 대화 습관'은 아이의 감정 조절력과 공감 능력을 기르는 데 중요한 역할을 한다. 아이는 자신의 감정을 존중받는 경험을 통해, 타인의 감정도 이해하고 배려하는 법을 배운다. 또한 감정을 말로 표현하는 습관은 스트레스를 해소하는 안전한 출구가 되어주기도 한다.

이때 무엇보다 중요한 건 부모의 반응이다. 아이가 감정을 꺼냈을 때 "그 정도 가지고 뭘 그래?", "그건 별 일 아니야" 같은 반응은 아이의 마음을 닫게 만들 수 있다. 대신 "그랬구나, 속상했겠다", "기뻤겠다, 그런 일이 있었구나"처럼 아이의 감정을 인정해주는 태도가 필요하다. 감정을 있는 그대로 받아주는 부모의 태도가 아이의 정서 안정에 결정적인 역할을 한다. 이렇게 쌓인 정서적 안정감은 습관 실패에도 쉽게 좌절하지 않고 다시 도전하는 힘이 되어준다.

아이의 자율성 존중하기

"어떻게 할까?"라고 묻는 순간, 주도성이 시작된다

아이에게 스스로 선택하고 결정할 기회를 주는 일은 자율성과 자기주도성을 키우는 데 핵심적인 출발점이다. 그 시작은 아주 간단한 질문, 바로 "어떻게 할까?"라는 말에서 시작된다. 이 질문은 부모가 주도권을 내려놓고 아이에게 생각의 기회를 주겠다는 신호이며, 아이는 그 순간부터 수동적인 존재가 아닌 자신의 삶을 스스로 설계해 보는 사람으로 변화하게 된다. 예를 들어, 아침에 늦잠을 자고 준비가 늦어진 아이에게 "왜 이렇게 늦게 일어났니?", "빨리 움직여!"라고 말하는 대신, "지금 시간이 좀 늦었는데, 어떻게 하면 좋을까?"라고 물어보자. 이 질문 하나로 아이는 상황을 인식하고 스스로 해결 방법을 떠올리게 된다. 물론 처음에는 엉뚱하거나 미숙한 답이 나올 수도 있지만, 바로 그 과정에서 '생각하는 힘'과 '선택의 책임'을 배우게 된다.

여섯 살 하영이는 장난감을 정리하지 않아 엄마에게 자주 혼이 난다. 하지만 어느 날 엄마가 "장난감을 다 치워야 하는데, 하영이는 어떻게 정리하면 좋을까?"라고 묻자, 하영이는 고민 끝에 "먼저 자동차부터 박스에 넣고, 다음에 인형 정리할래"라고 스스로 정리 방법을 말했고, 직접 실천했다. 엄마는 그 결정을 존중하며 "좋은 생각이네. 한번 그렇게 해보자!"라고 반응했고, 하영이는 자신의 선택이 존중받았다는 느낌에 큰 만족과 책임감을 느끼게 되었다.

"어떻게 할까?"라는 질문은 단순히 선택지를 주는 것을 넘어, 아이가 자신의 행동에 대해 고민하고 계획하며, 해결 방법을 모색하게 만든다. 이는 곧 문제 해결력, 자기조절력, 그리고 결정에 대한 책임감을 키우는 것으로 연결된다. 부모가 대신 결정해 주는 방식보다 시간이 더 걸릴 수도 있지만, 아이의 내면에 쌓이는 자율성과 주도성은 훨씬 깊고 오래 간다.

또한, 이 질문은 아이와의 관계에도 긍정적인 영향을 준다. 아이는 '엄마는 내가 스스로 방법을 찾을 수 있다고 믿어주는구나'라는 신뢰를 느끼고, 부모와 대화할 때 더 개방적이고 능동적인 태도를 보이게 된다. 반복적으로 이런 질문을 경험한 아이는 '나는 내 문제를 해결할 수 있어'라는 자기효능감을 갖게 되고, 이는 학습과 사회성, 정서 발달 전반에 긍정적인 영향을 준다.

물론 모든 상황에서 아이가 완벽한 답을 내놓지는 못한다. 하지만 중요한 건 질문을 통해 아이의 생각을 끌어내고, 그 답을 존중해 주며 함께 조율해 가는 과정이다. 이 과정이 쌓일수록 아이는 부모가 정해준 길이 아니라, 스스로 선택한 방향으로 한 걸음씩 나아갈 수 있게 된다. 결국, "어떻게 할까?"라는 질문은 아이에게 주도권을 넘기는 작은 열쇠이자, 자율적인 인간으로 성장할 수 있는 문을 여는 시작점이다.

스스로 정한 목표가 지속 가능한 이유

아이의 습관 형성이나 태도 변화에서 가장 중요한 열쇠는 '지속성'이다. 그런데 지속적인 행동을 이끌어내는 가장 강력한 동기는, 누군가의 지시나 보상이 아닌 스스로 세운 목표에서 나온다. 아이가 자발적으로 정한 목표는 단순한 과제가 아닌 '자기 안의 약속'이 되기 때문에, 더 오래 기억되고, 쉽게 포기하지 않으며, 성취했을 때 더 큰 만족과 자긍심을 느끼게 된다. 예를 들어, 아이에게 '하루에 책 세 권 읽기'라는 목표를 부모가 정해주면, 처음에는 잘 따라오지만 시간이 지나면 흥미를 잃고 의무감에 지칠 수 있다. 반면 아이가 "나는 자기 전에 책 한 권만 읽을래"라고 스스로 정했다면, 비록 양은 적더라도 꾸준히 지킬 가능성이 높다. 자기 안에서 우러난 결정은 책임감과 주도성을 동반하기 때문이다.

여덟 살 윤후는 매일 아침 엄마가 시키는 스트레칭을 귀찮아했다. 어느 날 선생님의 권유로 "내가 직접 아침 루틴을 정해볼래요"라고 하더니 '창문 열기 → 스트레칭 2분 하기 → 물 한 잔 마시기'라는 간단한 루틴을 만들었고, 그 후 매일 자기가 만든 루틴을 체크하면서 실천해 나갔다. 부모는 아무 말 없이 아이가 만든 루틴을 지켜보며 응원만 해주었고, 윤후는 자신이 정한 것을 지킨다는 성취감에 더 열심히 하게 되었다.

스스로 세운 목표가 지속 가능한 이유는 크게 세 가지이다. 첫째, 자율성이 보장되기 때문이다. 아이는 자신이 주체가 되어 정한 목표를 외부의 강요가 아니라 자기 선택으로 받아들이기 때문에 더 큰 몰입이 가능하다. 둘째, 의미 부여가 다르다. 타인이 정해준 목표는 그 의미를 이해하지 못할 수 있지만, 스스로 정한 목표는 자신만의 이유와 기대가 담겨 있기 때문에 쉽게 무너지지 않는다. 셋째, 주도성에 따른 성취감이 커진다. 목표를 달성했을 때 느끼는 기쁨은 '엄마가 시켜서'가 아니라 '내가 해냈어'라는 감정이 되어, 자기효능감까지 함께 자라게 된다.

물론 아이가 처음부터 완벽한 목표를 세우지는 못할 수 있다. 그렇기에 부모의 역할은 아이가 목표를 잘게 나누고, 조정할 수 있도록 부드럽게 돕는 것이다. "그건 너무 어려울 수도 있겠다. 조금 나눠서 해보면 어떨까?", "이건 네가 잘할 수 있을 것 같아. 멋진 생각이야"처럼 조율하면서도 선택권은 아이에게 주는 대화 방식이 중요하다. 부모는 조력자이자 응원자로 함께해 주기만 하면 된다. 아이의 목표는 부모의 것이 아니라, 아이 자신만의 성장의 발판이라는 것을 명심하자.

실패도 스스로 다뤄보는 기회를 주기

아이의 자율성과 회복탄력성을 키우는 데 있어 중요한 요소 중 하나는 실패의 경험을 부모가 대신 처리하지 않고, 아이 스스로 다뤄보게 하는 것이다. 실패는 성장의 한 과정이며, 그 경험을 통해 아이는 감정을 조절하고, 문제를 분석하며, 다시 시도하는 방법을 배운다. 하지만 많은 경우, 부모는 아이가 좌절하거나 힘들어하는 모습을 보면 본능적으로 개입해 문제를 해결해 주고 싶어진다. 그러나 이 과정이 반복되면 아이는 실패를 피하려 하거나, 해결을 외부에 의존하는 태도를 갖게 된다. 실패를 스스로 다뤄볼 기회를 주면 아이는 감정의 파도를 직접 겪고, 그 안에서 감정을 정리하고 이겨내는 힘을 기를 수 있다.

일곱 살 하진이는 블록 쌓기를 하다 무너지면 짜증을 내며 금세 포기하곤 했다. 평소 같았으면 하진이 부모는 "괜찮아, 다시 같이 쌓자" 하며 도와줬을 상황에서, 이번에는 "하진아, 속상하겠지만 어떻게 다시 해볼 수 있을까?"라고 묻고 조용히 기다렸다. 잠시 울먹이던 하진이는 혼자 다시 블록을 들고 천천히 쌓기 시작했고, 마침내 성공했을 때의 뿌듯함은 그 어떤 칭찬보다 강한 자존감을 심어주었다.

이처럼 부모의 역할은 문제를 대신 해결해 주는 것이 아니라, 아이가 실패한 상황에서 멈추지 않고 스스로 다시 걸어갈 수 있도록 공간을 열어주고 기다려주는 일이다. "이럴 땐 누구나 실수할 수 있어", "조금 쉬었다 다시 해볼까?" 같은 말로 감정은 인정하되, 해결은 아이 스스로 찾도록 돕는 것이 중요하다. 실패를 스스로 다뤄보는 경험은 아이에게 실패가 끝이 아니라 과정임을 가르쳐준다. 그리고 그 과정을 주도적으로 넘긴 아이는 다음 도전에서 훨씬 더 단단한 마음과 자립심을 가지고 나아갈 수 있다.

일관성 유지하기

매번 기준이 다르면 아이는 혼란을 느낀다

습관 형성의 가장 큰 방해 요인 중 하나는 부모의 기준이 매번 달라지는 것이다. 일관성은 아이의 습관 형성과 안정된 행동을 위한 가장 중요한 요소 중 하나이다. 부모의 반응이나 규칙이 상황에 따라 달라지면, 아이는 무엇이 옳고 그른지, 언제 어떻게 행동해야 하는지 혼란을 겪게 된다. '어제는 괜찮았는데 왜 오늘은 안 되지?', '가끔은 봐주더니 오늘은 왜 이렇게 혼나지?'와 같은 의문이 쌓이면서 규칙의 의미가 흐려지고, 스스로 행동 기준을 잡기 어려워진다. 예를 들어, 평소에는 식사 중 TV를 보지 못하게 하다가 주말에는 "오늘은 괜찮아"라고 허용해 준다면, 아이는 '식사 중 TV는 안 되는 게 아니라, 기분 좋을 때는 되는 거구나'라고 받아들일 수 있다. 또 어떤 날은 장난감을 치우지 않아도 부모가 그냥 넘어가고, 다른 날은 크게 혼내는 식의 반응 차이도 아이에게는 기준 없는 행동으로 인식된다. 이런 상황이 반복되면 아이는 습관을 '지켜야 할 약속'이 아닌 '운이 좋으면 넘어가는 것'으로 받아들이게 되며, 책임감과 자율성의 싹이 꺾이기 쉽다.

일관성을 유지하는 것은 단순히 융통성 없이 엄격하게 구는 것과는 다르다. 명확한 기준을 세우고 이를 일관되게 적용할 때 아이는 부모를 신뢰하고 안정감을 느낀다. 반복되는 일관된 반응 속에서 '이건 내가 꼭 지켜야 할 약속이구나', '이건 어떤 상황에서도 같은 원칙이 적용되는구나'라는 인식을 갖게 되고, 행동에 대한 책임을 배운다. 물론 부모도 사람인지라 늘 똑같은 반응을 보이기는 어렵다. 그래서 더욱 중요한 것은 부모가 스스로 정한 기준을 명확히 인식하고, 예외 상황이 생기더라도 왜 이번에는 달랐는지를 아이에게 설명해 주는 것이다. 예를 들어 "원래는 장난감 정리는 네가 해야 하지만, 오늘은 손이 아프다고 해서 엄마가 도와준 거야. 내일부터는 다시 스스로 해보자"라는 식의 설명은 아이가 규칙을 유지하면서도 특별한 상황을 이해할 수 있도록 도와준다.

일관된 기준은 아이의 행동을 단단하게 만들고, 자율적인 습관 형성의 밑바탕이 된다. 기준이 흔들리지 않고 안정적으로 유지될 때, 아이는 스스로를 조절하고 책임지는 힘을 키울 수 있다.

부모의 일관성이 아이의 반복 동기를 만든다

아이의 습관 형성과 자기주도적 행동은 단순한 '반복'에서 비롯되는 것이 아니다. 반복이 지속되기 위해서는 반복하고 싶은 마음, 즉 동기가 필요하고, 그 동기를 만들어주는 중요한 환경 요인은 바로 부모의 일관된 반응이다. 아이는 부모의 반응이 예측 가능할 때 마음이 안정되고, 반복 행동에 대한 자신감과 의지를 유지할 수 있다. 예를 들어, 아이가 매일 자기 전에 책을 읽는 루틴을 시도하고 있을 때, 어떤 날은 부모가 "이제 잘 시간이야, 책 읽자"라며 챙겨

주고, 또 어떤 날은 피곤하다고 그냥 넘어간다면, 아이 역시 '오늘은 안 해도 되나 보다'라는 생각에 습관 형성을 멈추게 된다. 반면, 매일 같은 시간에 "이제 책 읽을 시간이야. 오늘은 어떤 책을 고를까?"라는 말이 반복된다면, 아이는 자연스럽게 그 시간을 기다리고, 스스로 책을 꺼내는 행동을 하게 된다. 부모의 일관된 반응은 아이에게 '이건 내가 매일 하는 일'이라는 인식을 심어주는 힘이 되는 것이다.

부모의 일관성이 중요한 이유는, 아이가 반복 행동을 하면서도 '이걸 계속해야 할까?'라는 내적 갈등을 할 때, 부모의 태도가 그 갈등을 이겨내는 정서적 기준점이 되어주기 때문이다. 즉, 부모의 일관된 반응은 아이에게 '이 행동은 안전하고 의미 있는 일'이라는 무언의 메시지를 전달하며, 반복할 수 있는 힘과 안정을 부여한다. 또한 일관성은 단지 시간이나 말투의 반복이 아니라, 감정의 태도에서도 유지되어야 한다. 같은 행동을 했을 때 어떤 날은 "잘했어!"라고 칭찬하고, 어떤 날은 무심하게 넘기면 아이는 혼란을 느낀다. 부모가 늘 같은 기준으로 아이의 행동에 반응해 주고, 긍정적인 피드백을 지속적으로 준다면 아이는 '이걸 계속하면 좋은 일이 생긴다'는 심리적 안정과 동기를 얻는다.

물론 부모도 피곤하거나 바쁜 날이 있고, 완벽하게 반응하기 어려운 날도 있다. 그렇기에 중요한 건 '매번 똑같이'보다는, 기준을 지키려는 태도와 부드럽고 꾸준한 메시지를 놓치지 않는 것이다.

"오늘은 조금 늦었지만 그래도 우리 책을 조금만 읽고 자자"처럼 상황에 맞게 유연하되, 핵심 루틴은 유지하는 노력이 필요하다.

아이가 '계속 해보겠다'고 마음먹는 데에는 부모의 신뢰감 있는 태도와 예측 가능한 반응이 큰 영향을 미친다. 습관은 반복으로, 반복은 안정으로, 그리고 그 안정은 부모의 일관성에서 시작된다.

부모 간 기준이 다를 때 생기는 혼란 예방하기

아이의 일상과 습관이 안정적으로 자리 잡기 위해서는, 부모가 같은 방향을 바라보는 것이 매우 중요하다. 그런데 현실에서는 엄마와 아빠의 기준이나 반응이 다를 때가 많다. 엄마는 "장난감은 놀이 후 바로 정리해야 해"라고 말하는데, 아빠는 "좀 이따 정리해도 괜찮아"라고 말한다면, 아이는 어떤 기준을 따라야 할지 혼란에 빠지게 된다. 부모가 의도치 않게 서로 다른 메시지를 줄 경우, 아이에게는 규칙의 의미가 흐려지고, 자율성과 책임감 형성에도 어려움을 겪을 수 있다. 이처럼 부모 간의 기준 불일치는 아이에게 '상황에 따라 다르게 행동해도 된다', 또는 '어른의 눈치를 보면 규칙을 피할 수 있다'는 인식을 심어줄 수 있다. 특히 반복적으로 기준이 달라질 경우, 아이는 규칙을 지키는 데 흥미를 잃고, 부모의 신뢰도에도 혼란을 느끼게 된다. 이로 인해 양육자와 아이 모두가 스트레스를 받고, 습관 형성의 흐름도 끊어지게 된다.

예를 들어, 아이가 저녁 간식을 먹으려 할 때 엄마는 "잠자기 전에 간식은 안 돼"라고 말하지만, 아빠는 "오늘 하루 수고했으니까 특별히 먹자"고 허락한다면, 아이는 '규칙은 선택적인 것'으로 받아들일 수 있다. 이런 상황이 반복되면 아이는 부모의 말보다 자기 입장에 유리한 기준만 따르려는 태도를 보이기 쉽고, 결국 일관된 생활 습관 형성이 어려워진다.

이런 혼란을 예방하려면, 부모끼리 먼저 기본 원칙을 조율하고 공유하는 것이 선행되어야 한다. 평소에는 각자의 스타일대로 아이를 돌보더라도, 중요한 규칙이나 반복되는 루틴에 대해서는 "우리 집에서는 이건 이렇게 하자"는 공통의 약속이 있어야 한다. '간식 시간', '스크린 타임', '숙제나 정리 시간'처럼 반복적이고 일상적인 부분부터 기준을 함께 정해보는 것이 좋다.

또한 기준을 세운 후에는, 아이 앞에서 부모가 서로 다른 이야기를 하지 않는 것도 중요하다. 만약 아이 앞에서 부모가 서로 다른 반응을 보였다면, "그 부분은 나중에 엄마 아빠가 이야기해 보고 다시 말해줄게"라고 한 뒤 논의를 통해 협의한 입장을 아이에게 전달해야 한다. "엄마 아빠가 이야기해 봤는데, 이런 방식이 우리 가족에게 더 좋을 것 같아"라고 설명해 주면 아이는 부모를 신뢰할 수 있고 규칙은 협의된 약속이라는 점도 배우게 된다.

부모 간의 소통과 협력은 단순한 양육 기술이 아니라, 아이의 정서와 습관 형성의 든든한 기초이다. '우리는 한 팀'이라는 메시지를 아이가 느끼게 해줄 때, 진짜 교육은 시작된다.

명료하고도 유연한 규칙 만들기

규칙은 아이가 이해할 수 있는 간단명료함이 핵심

아이의 행동과 습관 형성을 위해 규칙을 만드는 일은 매우 중요하지만, 그 규칙이 너무 복잡하거나 추상적이면 아이가 이해하기 어렵고 실행도 힘들어진다. 따라서 가장 효과적인 규칙은 아이의 눈높이에 맞춰 간단하고 명료하게 전달되는 것이다. 아이가 내용을 명확히 이해할 때 비로소 규칙이 '지켜야 할 약속'으로 자리 잡고, 행동으로 쉽게 이어진다. 예를 들어, "방을 깨끗이 해야지"라는 막연한 말보다 '장난감은 사용한 후 박스에 넣기', '책은 책꽂이에 꽂기'처럼 구체적이고 한 가지 행동에 집중된 규칙이 아이에게 훨씬 쉽게 다가간다. 너무 많은 규칙을 한꺼번에 주거나, "이것도 저것도 하지 마"라는 식의 부정적인 표현은 아이에게 부담이 되고, 오히려 혼란을 유발할 수 있다.

규칙을 간단명료하게 만드는 또 하나의 방법은 긍정적인 표현을 사용하는 것이다. 예를 들어, "소리 지르지 말고 조용히 해"라는 말 대신 "말할 때는 차분한 목소리로 이야기해야지"라고 알려주면 아이가 무엇을 해야 하는지 구체적으로 알 수 있어 행동하기 쉽다. 긍정적인 표현은 아이에게 '해야 할 행동'을 명확히 보여주고, 규칙을 지키는 동기를 높여주기도 한다. 또한 규칙은 가능한 한두 가지로 제한하는 것이 좋다. 너무 많은 규칙은 아이에게 부담이 되고, 부모도 일관성 있게 지키기 어려워지기 때문이다. 핵심적인 규칙부터 시작해 아이가 익숙해지면 조금씩 범위를 넓혀가는 점진적인 접근이 바람직하다.

무엇보다 중요한 점은, 규칙을 만들 때 아이가 이해했는지 꼭 확인하는 것이다. "우리 약속 잘 알았지?", "무엇을 하면 되는지 말해볼래?"처럼 아이가 자신의 말로 규칙을 설명해 보게 하면, 아이의 이해도를 점검할 수 있고, 기억에도 더 잘 남는다.

객관적인 평가로 규칙의 효과 점검하기

아이와 함께 만든 규칙이 잘 지켜지고 있는지, 그리고 아이의 습관 형성에 실제로 도움이 되고 있는지를 점검하는 과정은 습관 형성에 매우 중요하다. 하지만 이 과정이 감정적인 판단이나 일방적인 잔소리가 되면 아이에게 부담만 주고 효과는 떨어질 수 있다. 따라서 객관적인 평가를 통해 규칙의 효과를 점검하는 것이 필요하다. 객관적인 평가는 아이와 부모 모두에게 현재 상황을 명확히 인식하고, 앞으로 나아갈 방향을 함께 조율할 기회를 제공한다.

객관적인 평가는 구체적이고 측정 가능한 기준을 만드는 데서 시작한다. 예를 들어, '하루에 30분 책 읽기'라는 규칙이 있다면, 아이가 읽은 책의 권수나 읽은 시간을 기록할 수 있도록 도와준다. 이를 위해 간단한 체크리스트나 스티커 차트, 앱 등을 활용해 아이 스스로 자신의 행동을 점검하고 확인할 수 있게 하면, 아이는 자신의 진행 상황을 시각적으로 확인하며 동기부여를 받게 된다.

또한 평가 시점은 규칙을 정한 후 일정 기간을 두고 주기적으로 실시하는 것이 좋다. 매일 점검하기보다는 일주일에 한 번 정도, 아이와 함께 평가 시간을 갖고 "지난 한 주 동안 어떻게 했는지 이야기해 보자"라고 대화를 시작하면 아이도 부담 없이 자신의 행동을 돌아볼 수 있다. 이때 부모는 비판이나 지적보다는 관찰과 질문에 집중하며 아이가 스스로 평가할 수 있도록 돕는 역할을 해야 한다.

일곱 살 민재가 '정리 습관' 규칙을 실천하는 중이다. 엄마는 규칙이 잘 지켜지고 있는지 체크할 때, "민재야, 이번 주에는 장난감을 얼마나 자주 정리했는지 네가 직접 말해줄래?"라고 묻고, 아이의 답변에 "그래서 너는 이번 주에 몇 번이나 성공했다고 생각해?"라고 질문을 덧붙였다. 이 과정에서 부모는 결과보다는 과정에 집중해 "노력한 점이 참 좋았어"라며 격려하고, "다음 주에는 어떻게 하면 더 잘할 수 있을까?"라며 함께 고민하는 태도를 보였다.

이런 객관적 평가는 아이에게 책임감을 심어주고, 규칙을 지키는 것이 혼자가 아니라는 느낌을 준다. 아이는 자신의 행동을 스스로 점검하면서 자기 통제력을 키우고, 부모와의 신뢰 관계도 더욱 굳건해진다. 또한 부모도 아이의 실제 변화 상태를 정확히 파악해, 필요하다면 규칙을 조정하거나 접근 방식을 바꾸는 등 유연하게 대응할 수 있다. 반면, 평가가 지나치게 엄격하거나 부정적인 피드백 위주로 이루어지면 아이는 스트레스를 받고 의욕을 잃기 쉽다. 따라서 평가의 목적은 '잘못된 점을 찾는 것'이 아니라 '성장을 확인하고 다음 단계를 계획하는 것'임을 항상 기억해야 한다.

보완과 수정이 가능한 '유연한 규칙' 만들기

처음 만든 규칙이 완벽할 수는 없다. 아이의 성장과 생활환경은 끊임없이 변하기 때문에, 한 번 정한 규칙을 그대로 고집하는 것만으로는 효과적인 습관 형성을 기대하기 어렵다. 그래서 중요한 것은 보완과 수정이 가능한 유연한 규칙을 만드는 일이다. 유연한 규칙은 아이가 성장하면서 변하는 상황에 맞게 조정할 수 있어, 아이가 규칙에 적응하고 스스로 책임감을 키워나가도록 돕는다. 처음 규칙을 만들 때는 아이의 현재 능력과 상황을 반영하는 것이 중요하다. 예를 들어, '저녁 식사 후 30분 동안 숙제하기'라는 규칙도 아이가 피곤하거나 집중력이 떨어지는 날에는 부담이 될 수 있다. 이럴 때 "오늘은 15분만 하고 내일 더 하면 어떨까?"와 같이 조절 가능한 규칙이라면 아이는 스트레스 없이 꾸준히 실천할 수 있다. 지나치게 엄격한 규칙은 아이에게 좌절감을 줄 수 있지만, 유연한 규칙은 실패 경험을 줄여주고 다시 도전할 힘을 준다.

유연한 규칙은 부모와 아이가 함께 대화하고 협의하는 과정에서 만들어진다. 규칙을 세우고 난 후 일정 기간이 지나면, 아이와 함께 '이 규칙이 잘 맞는지', '어떤 점이 어려운지', '어떻게 바꾸면 더 좋을지'를 이야기해 보는 시간을 갖는 것이 좋다. 아이가 자신의 의견을 말하고 부모가 경청하는 과정은 아이의 자율성과 책임감을 강화시키고, 규칙을 자기 것으로 만드는 데 큰 도움이 된다. 또한, 상황에 따라 규칙을 조정하는 유연성은 부모에게도 중요하다. 아이가 새로운 환경에 놓이거나 몸 상태가 좋지 않을 때, 혹은 가족 일정에 변화가 있을 때는 기존 규칙을 고수하기보다 "오늘은 예외로 하자"거나 "다음 주부터 다시 시작하자"고 융통성 있게 대처하는 것이 필요하다. 이런 태도는 아이에게도 '완벽하지 않아도 괜찮다'는 긍정적 메시지를 줄 수 있다.

하지만 유연성에도 기본 틀과 원칙은 필요하다. 규칙을 자주 바꾸거나 모호하게 만들면 오히려 아이가 혼란스러워질 수 있으므로, '핵심은 유지하되 방법과 시간 등 세부 내용을 조절한다'는 원칙을 부모가 명확히 해야 한다. 보완과 수정 가능한 유연한 규칙은 아이가 부담 없이 규칙을 받아들이고, 자신의 페이스대로 성장할 수 있는 환경을 만든다. 부모와 아이가 서로 소통하며 규칙을 함께 다듬는 과정은 신뢰와 존중을 쌓는 시간이기도 하며, 아이의 자기 주도성과 문제 해결 능력을 키우는 밑거름이 된다.

아이의 회복탄력성을 기르는 전략 10가지

실패해도 괜찮다는 걸 아는 아이, 다시 시도할 수 있다는 걸 아는 아이, 그런 아이는 오늘 넘어져도 내일 더 크게 자란다. 실패를 두려워하지 않는 아이로 키우는 법? 그건 성공하는 법을 가르치는 것이 아니라 실패한 후의 태도와 함께 연습해 보는 것에서 시작한다.

1. '과정 칭찬' 집중하기
- 결과보다 노력, 시도, 인내에 초점을 맞춰 칭찬하기.
- 예 "정답은 아니었지만 계속 생각해 낸 점이 정말 멋져!", "도전한 것만으로도 대단한 거야!"
- 시도 자체를 인정하는 말을 습관처럼 자주 들려준다.

2. 아이의 실패를 '질문'으로 확장하기
- 실패한 아이에게 "왜 그랬어?" 대신 "다시 한다면 어떻게 해볼 수 있을까?"라고 질문하기
- 질문은 사고 확장을 도와준다.

3. '실패 탐험일지' 만들기
- 하루 또는 한 주 동안 실패했던 일, 감정, 다시 시도 여부를 짧게 기록해 보기
- 실패했던 일을 한 단어로 표현하고 그 옆에 '배운 점', '다시 해본 날', '느낀 점'을 아이와 함께 기록하기 예 [넘어짐-다시 일어남-무릎에 반창고 붙임-

다음날 더 잘 달림!]
- 실패는 지나가는 감정이 아니라 배우는 재료가 된다.
- 기록은 아이 스스로 자기 삶을 점검하고 성장의 흐름을 인식하게 한다.
- 이 전략들은 단순한 말보다 몸으로 익히고, 가족이 함께 참여하는 구조로 되어 있어 아이에게 훨씬 깊은 인상을 줄 수 있다.

4. '부모의 실패 회고' 들려주기
- 엄마 아빠가 어릴 적 실패했던 경험과 그때의 감정을 솔직하게 이야기해 주기
- 실패는 누구에게나 일어날 수 있다는 점을 자연스럽게 체득하게 된다.

5. '실패 감정 스케일'로 감정 표현 유도하기
- 0부터 10까지 감정 온도를 아이가 표현하게 해보기
- "방금 실패한 거, 속상함이 몇 점 정도야?"
- 감정을 수치화하면 조절하기 쉬워진다.

6. '시도 쿠폰' 사용하기
- "이건 아직 잘 못하지만, 시도할 수 있어!" 쿠폰을 만들어 아이에게 주기
- 재도전이 장려되는 분위기를 만들 수 있다.
- 습관은 조건과 순서가 반복될 때 만들어진다.

7. '좋은 실패 vs 나쁜 포기' 구분하기
- 좋은 실패: 도전했지만 잘 안 된 것
- 나쁜 포기: 시도도 해보지 않고 그만둔 것
- 이 기준을 함께 정하고, 이야기 속 사례를 통해 훈련시키기

8. '다시 도전판' 벽에 붙이기
- 집 안 벽 한곳에 '다시 도전할 것들'을 적는 칸을 만들기
- 예 "자전거 두 바퀴 타기", "수학 문제 다시 풀기"
- 실패한 활동이 끝이 아니라 '과정 중 하나'라는 인식을 심어줄 수 있다.

9. '잠깐 쉬고 다시!' 구호 정하기
- 실패했을 때 아이가 쓸 수 있는 긍정 문장을 함께 만들어보기
- 예 "괜찮아, 잠깐 쉬고 다시 해보자!"
- 아이 스스로 자기 회복 언어를 사용할 수 있도록 유도할 수 있다.

10. '리셋 파트너' 되어주기
- 실패한 아이가 다시 도전할 수 있도록 부모가 함께 "처음부터 다시 해보자!" 파트너가 되어주기
- 같이 다시 해보는 경험이 재도전의 진입 장벽을 낮춰준다.

> 실패에 반응하는 부모의 말 한마디, 그것이 아이의 회복 습관을 만든다. 넘어지지 않게 키우기보다 다시 일어나는 법을 함께 배우는 것이야말로 진짜 습관 교육이다.

5장

11가지 습관이 미래를 결정한다

평생 힘이 되어줄 일상의 습관들

_아이의 미래를 바꾸는 힘은 거창한 교육 프로그램이나 특별한 재능 교육에서 시작되지 않는다. 오히려 평범한 일상 속, 반복되는 작은 습관들에서 시작된다. 부모가 매일 아이와 함께 하는 시간 속에서 형성되는 생활 습관은 아이의 사고방식, 정서 안정, 대인관계, 그리고 학습태도에까지 직결된다. 어릴 때 자연스럽게 몸에 밴 습관은 성장하면서도 쉽게 무너지지 않으며 아이가 인생의 여러 갈림길에서 스스로를 지탱할 수 있는 힘이 된다.

이 장에서는 아이의 미래를 건강하게 성장시키는데 꼭 필요한 11가지 습관을 다루려고 한다. 정리정돈이라는 단순한 생활 습관부터 감정을 말로 표현하는 습관, 책 읽는 습관, 관계를 맺기 위한 예절, 미디어 사용 습관, 기본 생활 태도, 시간 관리, 감정 조절, 그리고 계획하고 실천하는 습관까지, 이 모든 것은 단지 좋은 아이를 만드는 것이 아니라 자율적이고 회복탄력 있는 아이로 자라게 만드는 기초가 된다.

이 장의 목표는 단순히 "이렇게 하세요"라고 조언하는 데 있지 않다. 부모가 아이의 일상에 자연스럽게 습관을 녹여내는 구체적인 방법과 태도를 이해하고, 함께 실천할 수 있도록 돕는 것이다. 각 습관은 어렵고 거창한 것이 아니다. 그러나 그 작고 반복되는 행동이 쌓일 때 아이는 스스로를 돌보고 타인을 배려하며 미래를 계획할 수 있는 힘을 갖게 된다. 부모가 알고 실천하면 아이의 내일은 분명히 달라질 수 있다.

일상의 루틴이 아이를 성장시킨다

루틴이 만드는 안정감 있는 하루

아이들은 일상이 예측 가능할 때 가장 안정감을 느낀다. 정해진 시간에 일어나고, 먹고, 놀고, 잠드는 반복적인 가정의 루틴은 아이의 뇌에 '이 세상은 안전하다'는 신호를 준다. 이런 안정감은 아이의 정서 발달에 매우 중요하며, 불안과 스트레스를 줄여준다. 아이의 하루가 일정한 흐름을 갖는다는 건 단순한 편리함 이상의 의미를 지닌다. 루틴은 아이의 정서적 안정감, 자기조절 능력, 그리고 자율성 발달의 기초가 되는 생활의 '틀'이다. 특히 유아기에는 세상이 너무 빠르게 변하고, 경험하는 것이 많기 때문에 매일 반복되는 예측 가능한 구조가 아이에게 심리적 안전지대를 제공한다. 아이는 '내가 어떤 상황에 놓일지 알고 있다'는 감각 속에서 비로소 주변 환경과 사람들을 신뢰하게 되고, 그 기반 위에서 학습하고 성장한다.

일상 속 루틴은 아이에게 '다음에는 무엇을 해야 하는지' 명확한 신호를 준다. 이는 아이가 스스로 행동을 계획하고 실천할 수 있는 자율성을 키우는 데 필수적이다. 예를 들어, 매일 저녁 정해진 시간에 양치하고 책을 읽는 습관은 아이 스스로 해야 할 일을 인지하게 만들고, 점차 부모의 개입 없이 스스로 루틴을 지킬 수 있게 한다. 자율성은 자기관리 능력과 밀접한 관련이 있어, 앞으로의 학습과 사회생활에서 큰 밑거름이 된다.

또한 루틴은 '내가 뭘 먼저 해야 하지?'라는 결정 피로를 줄여주어 아이의 에너지 낭비를 막는다. 이것은 ADHD 성향이 있는 아이나 정서적으로 불안한 아이들에게 특히 효과적이다. 일정한 수면 시간, 식사 시간, 활동 시간이 있는 아이들이 정서 조절 능력과 학교 적응도가 더 높다는 연구 결과도 있다. 아이의 하루가 일정한 흐름을 가질 때, 몸과 마음은 '기대되는 상황'을 준비하며 더 안정적으로 반응하게 된다.

루틴은 단순한 반복이 아니라 시간을 효율적으로 사용하는 연습장이다. 일정한 생활 패턴을 유지하는 과정에서 아이는 '언제 놀고, 언제 해야 할 일이 있는지'를 자연스럽게 배울 수 있다. 또한 정해진 순서대로 일과를 완수하는 경험은 책임감을 키우는 기회가 된다.

부모는 아이의 루틴을 설계할 때 완벽하게 하려고 애쓰는 것보다, '일관되게 반복하는 구조'를 만드는 것에 중점을 두어야 한다.

매일 같은 시간에 잠자리에 들고, 같은 순서로 준비하는 것만으로도 아이의 정서는 안정되고 행동은 예측 가능해진다. 루틴은 아이의 하루를 지탱하는 가이드라인이자, 삶을 주도적으로 살아갈 수 있는 힘을 길러주는 토대이다. 작은 반복이 모여 아이의 리듬을 만들고, 그 리듬이 결국 아이의 인생을 움직인다.

'시키는 루틴'이 아닌 '스스로 만드는 루틴'

루틴은 아이에게 '어떻게 하루를 살아갈지'를 알려주는 도구이지만, 그 루틴이 어떻게 만들어졌는지에 따라 아이의 태도는 완전히 달라진다. 부모가 정해준 시간표를 단순히 '따르는' 루틴은 외부의 통제일 뿐이다. 루틴이 부모의 지시에 따라 일방적으로 흘러간다면, 아이는 단지 '시키는 일'을 따라가는 데 익숙해지게 된다. 그러나 아이 스스로 결정하고 조율한 루틴은 자기주도적인 삶의 연습이 된다. 아이는 스스로 정한 일정을 더 잘 기억하고, 지키려는 의지도 강하게 나타낸다.

여섯 살 나윤이의 엄마는 나윤이에게 매일 밤 9시에 책 읽는 습관을 들이고 싶어 했다. 처음엔 "이제 책 읽을 시간이야"라고 일방적으로 말했지만, 나윤이는 졸리다고 하며 책을 거부하기 일쑤였다. 그러다 엄마는 방식을 바꿨다. "나윤이는 언제 책 읽는 게 좋을 것 같아?"라고 물은 것이다. 나윤이는 "양치질하고 나서, 자리에 누워서요"라고 대답했고, 그날부터 책 읽기 루틴은 나윤이의 주도하에 자연스럽게 정착되었다.

아이가 주도적으로 만든 일정은 '지켜야 할 의무'가 아닌 '내가 약속한 일'이 되기 때문에, 훨씬 더 잘 실행된다는 것을 보여주는 사례이다. 처음에는 부모가 짜주는 일정도 필요하지만, 점차 아이의 의견을 반영하고 선택의 기회를 주어야 한다. 아이 스스로 만든 루틴을 통해 아이는 '선택의 경험'을 하게 된다. 선택하고, 실천하고, 결과를 경험하면서 자연스럽게 책임감과 자기조절력이 길러지게 된다. 물론 처음부터 완벽한 루틴은 불가능하다. 그러나 아이에게는 '시도해 보고 실패해도 괜찮다'는 메시지를 주고, 다시 조정해 보는 기회를 제공하는 것이 중요하다.

부모는 아이와 함께 루틴표를 만들어 보거나, 시각적 도구(그림 카드, 스티커판 등)를 활용해 아이의 참여도를 높일 수 있다. 아이가 좋아하는 색깔의 루틴 시트, 스스로 체크할 수 있는 도장판도 효과적이다. 핵심은 '루틴의 주인이 누구인가?'이다. 부모의 통제에서 시작된 루틴은 아이의 반발심을 부르지만, 아이의 주도권에서 시작된 루틴은 아이를 움직이는 내적 동기가 된다.

아이의 성향에 맞춘 루틴 설계

아이마다 기질이 다르고, 집중력·에너지·감정 표현 방식도 다양하다. 그래서 루틴을 만든다고 해서 모두에게 같은 효과가 있는 것은 아니다. 아이의 기질과 성향은 루틴 설계에 반드시 고려되어야 하는 요소이다. 활달한 아이에게는 활동 중심의 루틴이 적합하고, 예민하고 감각에 민감한 아이에게는 여유 있고 예고가 충분한 루틴이 필요하다. 루틴은 부모가 아이에게 맞추어주는 '틀'이어야지, 아이를 끼워 맞추는 '틀'이 되어서는 안 된다. 관찰과 이해를 통해 아이의 특성에 적합한 방식으로 루틴을 설계할 때 루틴은 효과를 발휘할 수 있고, 비로소 아이는 그 틀 안에서 자신감을 갖고 하루를 살아가게 된다.

다섯 살 현수는 에너지가 넘치고 긍정적인 기질이라 아침에 신나는 음악을 틀어주면 일어나 리듬에 맞춰 세수를 하고 옷을 입으며 등원을 준비한다. 반면 같은 반 주안이는 예민한 성격이라 엄마가 큰소리로 깨우고 준비를 재촉하면 스트레스를 느끼고 울음을 터뜨린다.
주안이 엄마는 아이의 반응을 관찰한 후, 아침 루틴을 10분 앞당겨 여유 있게 시작하고 조용한 클래식 음악을 틀어주는 방식으로 조정했다. 또한 '그림 루틴표'를 만들어 주안이가 순서를 쉽게 따라갈 수 있게 했다. 이러한 변화 덕분에 주안이는 안정적인 아침을 보낼 수 있었고 점차 스스로 준비를 마치기 시작했다.

이처럼 아이의 성향에 맞게 루틴을 '디자인'하는 접근은 매우 중요하다. 느긋한 아이에게는 속도를 맞춰주고, 시각적 인식이 강한 아이에게는 그림과 색상을 활용하며, 청각적 자극에 민감한 아이에겐 조용한 안내가 도움이 된다. 부모는 루틴을 실패의 경험이 아니라, 조율과 성장의 기회로 바라봐야 한다. 잘 지켜지지 않는 루틴이 있다면 "아이가 게을러서"가 아니라 "이 루틴이 이 아이에게 잘 맞지 않는 방식은 아닐까?"라고 질문해 보자. 루틴은 아이를 있는 그대로 이해하고 존중하는 데서 출발해야 한다. 아이마다 다른 루틴이 필요하다는 사실을 받아들이는 것, 그 자체가 부모의 민감성과 사랑의 표현이다.

루틴을 지키는 힘, 부모와의 유대감

아이의 루틴을 지키게 하려 할 때, 부모는 종종 통제와 잔소리에 의존하게 된다. 하지만 진정한 힘은 '아이의 내면 동기'에서 나온다. 부모가 아무리 훌륭한 루틴을 설계하더라도, 아이가 그것을 '강압적인 일'로 느끼면 오히려 거부감이나 반항심을 자극해 실패하기 쉽다. 반대로, 아이가 부모로부터 신뢰와 존중을 받고 있다고 느낀다면 루틴은 자연스럽게 실행되고 지속된다. "지금 이거 안 하면 안 돼!"라고 외치기보다, "넌 어떻게 하면 좋을 것 같아?"라고 물어보면 아이는 자신이 존중받고 있다고 느껴 스스로 루틴을 따르게 된다.

일곱 살 서현이는 방 정리를 무척 싫어했다. 엄마가 "지금 정리해!"라고 지시할 때마다 눈살을 찌푸리고 방에서 나가버리기 일쑤였다. 갈등이 반복되자, 엄마는 방식을 바꾸었다. "서현아, 오늘 블록으로 만든 집 너무 멋지다! 내일 또 멋진 걸 만들려면 이걸 잘 정리해야겠네? 엄마랑 같이 정리하자! 내일도 너무 기대된다." 서현이는 엄마 말이 끝나자마자 정리에 동참했고, 그날 이후엔 블록 놀이가 끝나면 정리를 스스로 시작했다.

이 사례는 아이가 루틴을 지키게 만드는 힘이 '강압'이 아니라 '관계'에서 비롯된다는 사실을 보여준다. 아이는 자신이 존중받는다고 느낄 때, 부모의 기대를 긍정적으로 받아들이게 된다. 루틴을 실행하지 못했을 때도 "왜 또 안 했어?"가 아니라 "오늘은 어떤 점이 어려웠을까?"라고 묻는 태도가 아이의 방어심을 낮추고, 신뢰를 쌓아간다.

또한 부모가 일관성 있게 반응하면서도 유연함을 잃지 않는 태도를 유지할 때, 아이는 루틴을 더 신뢰하게 된다. 잘 해냈을 때는 인정과 칭찬으로 동기를 부여하고, 실패했을 때는 판단이 아니라 조율과 재설계를 제안하자. 부모의 반응이 아이의 '자기평가 기준'이 되기 때문에, 부모의 감정 표현과 말투는 루틴 성공의 핵심 요소이다. 결국 루틴의 성패는 부모와 아이가 맺고 있는 관계의 깊이와 질에 달려 있다.

기본 생활 습관이 모든 학습의 기초이다

기본 생활 습관이 집중력과 학습 태도를 만든다

기본 생활 습관은 단지 규칙적인 하루를 만드는 데서 끝나지 않는다. 그것은 아이의 집중력과 학습 태도를 결정짓는 중요한 '기초 체력'이다. 일정한 시간에 자고 일어나며, 스스로 정리하고 식사하고 준비하는 일상의 흐름은 아이에게 예측 가능성과 자기조절력을 키워준다. 이 조절 능력은 곧 집중력과 인내심, 과제 수행력으로 이어지며, 결국 학습의 질을 결정하는 핵심 요소가 된다.

여섯 살 유진이는 책상 앞에 앉아도 5분 이상 집중하지 못했고, 유치원에서도 놀이 도중 자주 자리를 이탈하곤 했다. 엄마는 아이가 산만하다고 걱정했지만, 상담을 받으며 자세히 들여다보니 유진이는 취침 시간이 들쭉날쭉했고, 아침 식사도 건너뛰는 날이 많았다. 이에 유진이 엄마는 매일 같은 시간에 자고 일어나는 수면 루틴을 만들고, 아침에는 10분 일찍 일어나 함께 식사하며 하루를 시작하도록 도왔다. 일상 리듬이 안정되자, 유진이는 점차 유치원에서도 오래 집중하는 모습을 보였고, 가정에서도 책을 읽는 시간이 늘어나기 시작했다.

학습 태도는 단순한 성향이나 습관이 아니라, 생활 습관이 축적된 결과이다. 규칙적인 생활은 뇌가 집중해야 할 시간과 쉬어야 할 시간을 자연스럽게 구분하도록 돕고, 이는 인지적 에너지를 효과적으로 사용할 수 있는 기반이 된다. 따라서 아이가 쉽게 산만해지거나 과제 수행을 어려워한다면, 아이의 지적 능력과 성격을 탓하기 전에 먼저 기본 생활 습관을 점검해 보는 것이 우선이다. 아이의 집중력은 책상 위에서만 만들어지지 않는다. 하루 전체의 생활 흐름에서 길러지는 것이다.

규칙적인 식사와 수면이 학습 능력에 영향을 미친다

많은 부모들은 아이의 학습 능력이 단지 머리가 좋고 나쁨의 문제가 아닌가라고 생각하기 쉽다. 그러나 집중력, 기억력, 사고력 등 인지 기능은 식사와 수면의 리듬에 크게 영향을 받는다. 규칙적인 식사는 뇌에 필요한 에너지를 안정적으로 공급해 주고, 일정한 수면은 뇌가 정보를 정리하고 감정을 안정시키는 데 필수적이다. 즉, 학습의 효과는 식탁과 잠자리에서부터 시작된다고 해도 과언이 아니다.

초등학교 1학년인 민준이는 학교에 다니기 시작하면서 수업에 자주 집중하지 못하고, 친구들과 갈등도 자주 겪었다. 엄마는 처음엔 아이의 성격이나 사회성 문제라고 생각했지만, 담임교사와 상담 후 생활 리듬을 점검해 보게 되었다. 민준이는 늦게 자고, 아침은 대충 빵 한 조각으로 때우고 등교하는 날이 많았다. 특히 밤늦게까지 게임을 하거나 유튜브를 보며 자는 습관이 들면서 수면 시간이 부족했던 것이 집중력 저하의 원인이었다. 이후 민준이 엄마는 아이와 함께 '수면 시간표'를 만들고, 저녁 9시 반 이전에 스크린을 모두 끄는 규칙을 세웠다. 아침에는 간단하지만 단백질이 포함된 식사를 준비해, 공복 상태로 등교하지 않도록 했다. 2주쯤 지나자 아이는 오전 수업 시간에도 졸지 않고 집중하는 모습을 보였고, 선생님 역시 "민준이가 훨씬 차분해졌어요"라는 말씀을 하셨다. 엄마도 민준이의 짜증이 줄고, 스스로 책상에 앉는 시간이 늘었다고 이야기했다.

성장기 아이의 뇌는 일정한 영양 섭취와 깊은 수면을 통해 성장한다. 아침 식사를 거르면 혈당이 불안정해져 집중력이 떨어지고, 과제를 수행하는 데 필요한 에너지가 부족해진다. 수면이 부족하면 감정 조절이 어려워지고, 기억력이 떨어져 학습 내용이 장기기억으로 옮겨지는 데 방해를 받게 된다. 또한 밤마다 일정한 시간에 자고 일어나는 리듬은 아이의 생체시계를 안정시켜, 하루의 에너지를 효과적으로 관리할 수 있게 한다.

부모가 아이의 학습을 위해 해줄 수 있는 최고의 학습 지원은 고가의 교재나 사교육이 아닐 수 있다. 그것은 다름 아닌 식사와 수면의 리듬을 지켜주는 일상 관리이다. 아이가 무엇을 얼마나 배우느냐보다, 그것을 받아들이고 지속할 수 있는 몸과 마음의 상태를 만들어주는 것이 우선되어야 한다. 건강한 습관은 학습 능력을 키우는 가장 기본이자 강력한 기반임을 잊지 말자.

자기주도적 생활 습관이 성취감과 동기부여로 연결된다

아이의 동기와 성취감은 단순히 결과에 대한 칭찬에서 생기지 않는다. 스스로 결정하고 실천한 경험이 축적될 때, 아이는 내가 해냈다는 자긍심을 느끼고 다음으로 나아갈 에너지를 얻는다.

일곱 살 연우는 아침마다 엄마의 재촉에 못 이겨 겨우 준비를 마치고 유치원에 간다. 무엇이든 '시키니까 하는' 태도가 몸에 배어 있었던 것이다. 어느 날 엄마는 "연우야, 아침 준비 순서를 우리 함께 정해볼까?"라고 제안하고, 연우가 좋아하는 동물 스티커로 '내 아침 루틴표'를 만들었다. 매일 자기가 정한 순서를 체크하며 준비를 마친 연우는 점차 "나 혼자 다 했어!"라는 뿌듯함을 느끼기 시작했다. 한 달 뒤, 연우는 혼자서 등원 준비를 끝내고 여유 있게 책까지 읽는 모습으로 변했다.

이처럼 생활 습관이 자기주도성을 띨 때, 아이는 단순히 '해야 해서 하는' 행동이 아닌 '내가 선택하고 해낸 일'로 인식하게 된다. 그 경험은 스스로를 유능하게 느끼게 만들고, 자연스럽게 성취감과 동기 부여로 이어진다.

부모는 모든 걸 대신해 주기보다는 아이가 스스로 할 수 있는 작은 영역을 만들어줘야 한다. 아이가 작은 목표부터 차근차근 실천할 수 있도록 격려하고, 실패하더라도 다시 도전할 수 있게 지지하는 자세가 필요하다. 정리, 세수, 책가방 챙기기 같은 일상 속 과제를 '함께 계획하고, 스스로 실천하고, 결과를 함께 돌아보는' 구조로 만들어보자. 아이의 동기는 누군가가 주입하는 것이 아니라, 스스로 움직이고 해냈다고 느끼는 작은 성공의 경험에서 시작된다. 이렇게 형성된 자기주도성은 학습뿐 아니라 인생 전반에 큰 자산이 된다.

사회성과 배려 습관

인사와 감사 표현은 사회성의 첫걸음

사회성은 친구를 사귀는 기술이기 이전에, 타인을 존중하고 나를 표현하는 태도에서 시작된다. 그 출발점이 바로 "안녕하세요", "고마워요" 같은 인사와 감사 표현이다. 이 짧은 말 한마디는 단순한 말이 아니라 아이의 태도, 감정 조절 능력, 공감 능력이 스며 있어 다른 사람과의 관계의 문을 여는 열쇠가 된다. 인사를 잘하는 아이는 또래 친구나 어른과의 첫 만남에서 긍정적인 인상을 주고, 감사 표현을 할 줄 아는 아이는 자연스럽게 호감을 얻으며 더 쉽게 소통할 수 있는 능력을 갖게 된다.

다섯 살 민서는 친구 생일 파티에서 선물을 받고도 아무 말 없이 자리를 떴다. 옆에 있던 엄마는 당황했지만 그 자리에서는 지적하지 않았다. 대신, 그날 저녁 민서와 함께 상황을 그림으로 표현해 보며 이야기 나누는 시간을 가졌다. "민서야, 선물을 받을 때 기분이 어땠어?", "그 마음을 친구에게 말로 전한다면 어떻게 할 수 있을까?" 하고 물었더니, 민서는 부끄러워하면서도 "고마워"라고 말하는 그림을 그렸다. "친구가 고맙다는 민서의 말을 들으면 기분이 어떨까?"라고 물으니 "기분이 아주 좋을 것 같아"라고 민서가 답을 했다. 며칠 후 또래 친구에게 작은 간식을 받은 민서는 조심스럽게 "고마워"라고 말했고, 그 모습을 본 친구가 환하게 웃자 민서도 함께 웃었다. 짧은 표현 하나가 아이의 사회적 경험을 바꾸는 장면이었다.

인사와 감사 표현은 단순한 예절 교육이라고 생각하기 쉽지만 예절 교육 그 이상의 의미가 있다는 것을 알아야 한다. 이 두 가지는 아이가 관계 속에서 감정을 표현하고, 소통하며, 존중하는 방식을 배우는 첫 단계이다. 더불어 이러한 말하기 습관은 아이 스스로가 타인과의 관계에서 편안함과 예측 가능성을 느끼게 해주어, 자신감 있는 사회적 행동으로 이어지기도 한다.

부모는 일상 속에서 아이의 '감정 표현 모델'이 되어야 한다. 누군가를 만나면 먼저 인사하고, 아이가 준 작은 도움에도 "고마워"라고 말하는 모습을 보여주자. 억지로 시키는 것보다 자연스럽게 접할 기회를 자주 만들어주고, 잘했을 때는 "지금 그 말 너무 따뜻했어"라고 구체적으로 칭찬하는 것이 효과적이다. 인사와 감사는 말하는 기술이 아니라 마음을 나누는 연습이다. 그리고 이 연습은 아이의 사회성을 자라게 하는 든든한 첫걸음이다.

놀이 속에서 갈등을 조정하는 연습을 하자

아이들의 놀이는 단순한 즐거움을 넘어서 사회적 기술을 배우는 훈련의 장이 된다. 특히 또래와의 놀이에서 생기는 갈등은 아이가 타인의 감정을 고려하고, 자신의 욕구를 조절하며, 문제를 해결하는 힘을 기르는 기회가 될 수 있다. 부모는 이런 갈등 상황을 피하게 하기보다, 갈등을 조정하고 풀어나가는 연습의 기회로 삼을 수 있어야 한다.

일곱 살 현우와 민지는 블록놀이를 하다 서로 같은 조각을 쓰겠다고 실랑이를 벌였다. 민지는 "내가 먼저 봤어!"라며 소리쳤고, 현우는 블록을 들고 나가버렸다. 엄마는 처음엔 개입하려다 멈추고, 두 아이에게 물었다. "두 사람 다 이 블록이 필요하구나. 같이 쓰는 방법을 찾아볼까?" 아이들은 잠시 침묵했지만, 곧 민지가 "먼저 쓰고 나서 바꿔 쓰면 어때?"라고 제안했고, 현우도 고개를 끄덕였다. 두 아이는 감정을 진정시키고 상대와 조율하여 문제를 해결하는 방법을 배울 수 있었다.

아이들은 놀이 중에 장난감을 두고 다투거나, 자기 주장이 강해지는 경우를 흔히 볼 수 있다. 놀이 중 갈등은 피할 수 없는 일이다. 중요한 건 갈등의 유무가 아니라, 갈등을 대하는 방식이다. 이때 '무조건 양보하라'는 조언보다는, 상황을 함께 들여다보고 감정을 조절하며 해결책을 찾아가도록 연습시키는 것이 좋다. 마음이 급한 부모가 즉시 개입해 문제를 해결해 주면 아이는 타협이나 대화를 시도할 기회를 놓치게 된다. 대신 "무슨 일이 있었는지 이야기해 볼래?", "다른 방법이 있을까?"처럼 아이가 생각하고 말할 수 있도록 도와주는 것이 좋다. 부모가 중재자가 되어 감정과 욕구를 언어로 표현하게 도우면, 아이는 점점 자기 감정도 조절하고 타인과 조율하는 법을 배우게 된다.

함께하는 경험이 배려의 출발점

사회성은 타인과 더불어 살아가는 감각에서 시작된다. 그중 배려는 단지 "남을 생각하라"는 말로 배울 수 있는 것이 아니다. 함께하는 경험 속에서 자연스럽게 길러지는 태도이다. 아이는 누군가와 협력하고, 기다려주고, 상대의 입장을 경험하는 과정을 통해 진짜 배려를 배울 수 있다. 이 시작점은 특별한 교육이 아니라 아주 사소한 '함께함'의 일상에서 만들어진다. 놀이 중 생기는 갈등을 두려워하지 말고 아이가 사람들 사이에서 성장할 수 있는 기회라고 생각하자.

여섯 살 수아는 동생과 색종이를 나눠 쓰는 상황에서 늘 혼자만 많은 색을 차지하려 했다. 엄마는 "동생도 써야지"라고 훈계하는 대신, 함께 종이접기를 제안했다. 엄마는 "이건 수아가 골라볼래?", "이번엔 동생이 먼저 해보자"라고 자연스럽게 주도권을 나눠주는 방식으로 놀이를 이어갔다. 며칠 후, 수아는 스스로 동생에게 "이 색 너 먼저 써"라고 말하며 종이를 건네는 모습을 볼 수 있었다. 함께 해보는 경험이 없었다면 나눔이나 배려도 그저 추상적인 말에 머물렀을 것이다.

아이는 실제로 해보며 느끼고 배운다. 같은 음식을 나눠 먹고, 같은 그림을 그리고, 같은 블록을 쌓는 과정에서 '기다리는 마음', '양보하는 선택', '상대의 감정을 알아차리는 능력'이 자란다. 아이에게 배려를 가르치고 싶다면, 먼저 누군가와 함께 무언가를 해볼 기회를 만들어주자. 가족 놀이, 공동 과제, 간단한 집안일까지 모두 훌륭한 훈련장이 될 수 있다.

부모는 이 과정에서 지시자가 아닌 조율자가 되어야 한다. 대신 나눠주고 정리해 주기보다, 아이들이 직접 나누고 선택하며 조정할 수 있는 여지를 남겨주자. 작은 실랑이와 갈등을 겪으며 아이는 '혼자가 아닌 함께'의 의미를 몸으로 익히게 된다. 함께하는 시간이 쌓일수록 자연스럽게 타인을 고려하는 마음도 커져간다.

감정을 말로 표현하는 법을 알려주자

사회성의 핵심은 감정을 건강하게 표현하고, 상대의 감정을 이해하는 능력이다. 그러나 어린아이들은 다양한 감정을 경험하지만, 그것을 어떻게 표현해야 하는지 몰라 울기, 떼쓰기, 공격적 행동으로 표출하는 경우가 많다. 감정을 언어로 표현하는 법을 배우는 것은 곧 자신을 이해하고, 타인과 건강하게 소통하는 첫걸음이다. 그러나 안타깝게도 이런 능력은 저절로 생기지 않는다. 아이가 감정을 말로 풀어낼 수 있도록, 부모가 도와주는 연습이 필요하다.

다섯 살 준호는 친구에게 장난감을 빼앗기면 바로 밀치거나 울곤 했다. 엄마는 처음엔 "왜 그렇게 화를 내?"라고 야단쳤지만, 아이는 점점 더 말없이 화를 쌓아갔다. 어느 날 엄마는 준호가 화를 내자 "지금 속상해?", "화가 나서 밀었구나"라며 아이의 감정을 대신 말로 표현해주기 시작했다. 그리고 "그럴 땐 '나 속상해'라고 말해보자"고 차근히 알려주었다. 시간이 지나면서 준호는 "속상해", "기분 나빴어" 같은 표현을 자연스럽게 쓰게 되었고, 친구와의 갈등도 줄어들기 시작했다.

감정을 말로 표현할 줄 아는 아이는 자신의 감정을 인식하고 조절할 줄 아는 아이로 자랄 뿐만 아니라 상대방의 감정을 알아차리고 공감하는 힘도 함께 길러진다. 이를 위해서는 부모가 아이의 감정을 부정하거나 억누르기보다, 감정에 이름 붙여주고, 말로 옮겨

주는 작업을 반복해 주는 것이 중요하다. "화났구나", "무서웠겠다", "기대했는데 실망했겠네"처럼 다양한 감정 언어를 들려주자. 아이가 감정을 표현할 때 "그랬구나. 속상했겠다"처럼 공감해 주는 말을 건네는 것도 잊지 말자. 부모의 공감으로 아이는 자기 감정뿐 아니라 타인의 감정도 이해할 수 있는 감정 공감 능력이 자라게 된다. 이는 사회적 관계를 맺는 데 있어 매우 중요한 기반이다.

다양한 상황에서의 예절을 놀이처럼 익히자

아이에게 예절을 가르칠 때 가장 흔한 실수는 '설명'만 하고 끝내는 것이다. 그러나 아이는 말로 듣는 것보다 직접 해보며 익힐 때 훨씬 잘 배울 수 있다. 특히 놀이를 통해 몸으로 체득한 예절은 억지로 외운 것보다 오래 기억되고 자연스럽게 행동으로 나타난다.

여섯 살 하윤이는 식당에서 엄마가 점원에게 음식을 주문할 때마다 옆에서 큰소리로 따라 하며 웃고 떠든다. 마트에서는 계산대에 줄 선 사람들 사이를 마구 비집고 들어가 빈축을 사기도 했다. 엄마는 여러 번 "조용히 좀 해", "줄 서야지"라고 말했지만 크게 달라지지 않았다. 어느 날 엄마는 '식당 놀이'와 '마트 놀이'를 집에서 함께 해보기로 했다. 역할을 나누어 엄마가 점원, 하윤이가 손님이 되어 주문하고 인사하는 상황을 반복하다 보니, 하윤이는 "안녕하세요", "감사합니다", "줄을 서야죠" 같은 말을 자연스럽게 사용하게 되었다. 실제 상황에서도 익숙한 놀이 대사처럼 말하고 행동하는 모습을 보이며 스스로 뿌듯해하기도 했다.

아이에게 예절은 아직 낯선 약속이지만, 놀이 안에서는 안전하고 재미있게 연습할 수 있다. 병원 놀이, 손님 놀이, 엘리베이터 타기 놀이 등 일상에서 자주 마주치는 상황을 놀이로 구성해 보자. 인사, 순서 지키기, 부탁하기, 거절하기 같은 예절 표현을 역할극 안에서 자연스럽게 경험하게 되면, 아이는 실제 상황에서도 당황하지 않고 예절을 실천할 수 있게 된다.

부모는 '가르치려는 태도'보다는 함께 즐기려는 마음으로 접근하는 것이 좋다. 예절은 지켜야 할 규칙이기 전에, 서로를 존중하고 배려하는 방법이다. 억지로 가르치기보다 놀이 속에서 웃으며 익힌 예절은 아이 마음속에 따뜻한 기억으로 남고, 평생을 살아가는 태도의 기초가 된다.

스스로 조절하는 미디어 사용 습관

미디어 사용 시간 관리의 중요성

디지털 환경에서 자라는 아이들에게 미디어는 일상이 되었다. 하지만 과도한 미디어 사용은 수면 부족, 집중력 저하, 신체 활동

감소 등 여러 문제를 일으킬 수 있다. 따라서 아이가 스스로 미디어 사용 시간을 어떻게 관리하느냐에 따라 미디어는 유익한 도구가 되기도 하고 주의력과 생활 습관을 해치는 부작용을 낳기도 한다. 미디어 자체를 멀리하기보다 더 중요한 것은 미디어 사용 시간 조절 능력이며, 이는 어릴 때부터 훈련해야 할 자기조절력의 핵심이다.

여섯 살 태윤이는 아침에 일어나자마자 스마트폰을 찾고, 유튜브를 보는 시간이 길어질수록 식사와 등원 준비가 지연되곤 했다. 엄마는 사용을 금지하기보다, 태윤이와 함께 '미디어 시간표'를 만들기로 했다. 하루 30분, 정해진 시간에만 사용하되, 타이머를 함께 맞추고 끝날 땐 꼭 멈추는 연습을 시작했다. 처음엔 아쉬워하며 떼쓰던 태윤이도, 시간이 지나자 스스로 "오늘은 다 봤으니까 그만해야지"라고 말하며 타이머가 울리기 전 미리 종료하기도 했다. 스스로 조절해 본 경험이 성취감으로 이어진 사례이다.

미디어 사용 시간을 조절할 수 있는 아이는 그렇지 않은 아이보다 자기 통제력과 계획성, 집중력이 쉽게 길러질 가능성이 높다. 이는 곧 학습 태도와 일상 리듬에도 긍정적인 영향을 미친다. 반면, 미디어 사용 시간에 대한 규칙 없이 방치되면 아이는 점점 스스로 멈추는 능력을 잃고, 더 강한 자극을 찾는 방향으로 미디어를 소비하게 된다. 아이가 스스로 시간을 관리하고 '지금은 다른 활동을 해야 할 시간'임을 인지하도록 돕는 것이 미디어 사용 습관의 핵심이다.

부모가 해야 할 일은 단호한 통제가 아니라, 시간을 함께 정하고 함께 지키는 경험을 만들어주는 것이다. 하루 중 어떤 시간에, 얼마나 사용할 것인지를 아이와 상의하여 결정하고, 사용 전후 활동(예: 책 읽기, 바깥 놀이)도 함께 계획해 보자. 타이머 사용, 눈 건강을 위한 휴식 알림도 좋은 도구가 될 수 있다. 미디어를 완전히 차단하는 것이 능사가 아니라는 것을 부모는 알아야 한다. 건강한 사용 습관은 시간을 조절하는 능력에서 시작된다. 아이가 주도적으로 시간 안에서 미디어를 활용할 수 있도록 도와주는 것이, 결국 디지털 시대를 살아갈 힘이 된다.

콘텐츠 선택과 비판적 시선 기르기

미디어에는 아이에게 유익한 교육 콘텐츠도 많지만, 부적절하거나 과도한 자극을 주는 내용도 많다. 아이들이 미디어에 노출되는 시간만큼 중요한 것은 어떤 콘텐츠를 어떻게 소비하느냐이다. 아무런 기준 없이 주어지는 영상과 게임은 아이의 사고력과 정서 발달에 부정적인 영향을 줄 수 있다. 반대로, 콘텐츠를 선택하고 해석하는 힘, 즉 비판적 시선은 아이가 미디어에 휘둘리지 않고 스스로 판단하고 분별하는 힘을 길러준다.

일곱 살 유나는 인기 유튜버가 하는 장난감 리뷰를 하루에도 몇 번씩 반복해 시청했다. 점차 영상 속 말투를 따라 하더니 "나도 이거 사줘!"를 반복하며 조르기 시작했고, 현실과 영상의 경계가 모호해지기 시작한 듯 보였다. 엄마는 '시청 금지' 대신 유나와 함께 영상을 보고 대화를 시작했다. "왜 이 장난감이 좋아 보였을까?", "이건 광고일까, 진짜일까?" 아이와 함께 이야기를 나누며, 콘텐츠 속 메시지를 비판적으로 해석하는 눈을 키워주었다. 점차 유나는 단순히 '좋아 보여서'가 아니라, '이건 광고야', '꼭 필요하진 않아'라고 말하는 모습을 보이기 시작했다.

비판적 시선은 아이의 언어, 인지력, 감정 해석 능력을 키워준다. 단순히 '보지 마'가 아니라, '어떻게 볼 것인가'를 함께 고민하고 경험해 보는 과정이 필요하다. 좋은 콘텐츠를 고를 수 있도록 돕는 기준(예: 너무 자극적이지 않은가, 배울 점이 있는가, 나이에 적합한가)을 함께 만들어보는 것도 좋은 방법이다.

부모는 아이의 미디어 친구가 되어야 한다. 함께 보고, 함께 묻고, 함께 이야기하며 미디어 안에서 생각하고 판단하는 힘을 길러주는 것, 그것이 비판적 시선을 키우는 시작이다. 아이가 정보를 따라가는 수동적 소비자가 아닌, 선택하고 판단하는 주체로 자라도록 도와주자.

미디어와 현실의 균형 맞추기

아이들이 자라면서 미디어는 즐거움과 배움의 중요한 통로가 된다. 미디어 사용은 즐거움과 정보 습득에 도움을 주지만 미디어 속 세계와 현실 세계 사이에서 균형을 잡는 일은 매우 중요하다. 미디어가 차지하는 시간이 지나치게 많아지면, 아이는 현실에서의 경험과 관계를 충분히 누리지 못하고, 사회성이나 신체 발달에도 부정적인 영향을 받을 수 있다.

> 초등학교 2학년 소연이는 학교가 끝나면 곧바로 스마트폰을 켜고 유튜브 영상을 보는 시간이 늘어났다. 점점 친구들과 노는 시간은 줄고, 운동이나 책 읽기 같은 활동도 소홀해질 수밖에 없었다. 소연이 엄마는 아이와 함께 하루 일과표를 다시 짜는 시간을 가졌다. 미디어 사용 시간을 제한하는 대신, 친구 만나기, 독서, 운동 등의 활동도 계획에 넣어 균형을 맞췄다. 함께 계획표를 만들며 소연이는 자신이 좋아하는 활동을 선택하고, 미디어 외 다른 즐거움도 느끼게 되었다.

미디어와 현실의 균형은 단순히 시간을 나누는 문제가 아니다. 현실에서의 경험이 아이의 감정과 사회성, 신체 능력을 키우는 밑거름이 되기 때문이다. 놀이공원에서 뛰어놀거나, 친구와 대화하고 협력하는 경험은 미디어가 제공할 수 없는 생생한 배움의 장이 된다. 또 현실 세계에서 느끼는 감정과 관계의 다양성은 아이의 정서 발달에도 필수적이다.

부모는 미디어 사용에 제한을 두는 것에 더해, 현실 경험을 풍부하게 만드는 데도 신경 써야 한다. 산책, 가족 놀이, 친구와의 모임 등 다양한 활동을 자주 제안하고 함께하는 시간을 늘려주자. 아이 스스로 미디어뿐 아니라 현실 세계에서도 즐거움과 의미를 찾도록 돕는 것이 균형 잡힌 성장의 핵심이 된다.

정리정돈은 감정 정리의 시작이다

정리된 공간이 주는 심리적 안정감

어질러진 공간은 불안과 산만함을 일으켜 집중력을 저해하기 쉽지만 깔끔한 책상이나 방 등 정돈된 환경은 마음을 차분하게 만들고 안정감을 주어 집중력을 높이고 긍정적인 감정을 느끼는 데 도움을 준다. 이런 심리적 안정은 감정을 조절하고 표현하는 데도 긍정적인 영향을 미친다.

아이가 스트레스를 받을 때 물건을 정리하는 행위로 감정을 조절하도록 지도하면, 부정적 감정을 건강하게 해소하는 법을 배우게 된다. 또한 이때 부모가 자녀에게 기분이 어떤지 물으며 감정을 말로 표현하는 연습을 도와주면, 정리정돈은 감정 표현과 조절 능력을 동시에 키우는 중요한 도구가 될 수 있다.

아이 수준에 맞춰 정리 기준 세우기

정리정돈 습관은 단지 치우는 행동을 반복하는 것이 아니라 '어디에 무엇을 두는지 아는 것'에서 시작된다. 하지만 아이에게는 어른의 기준이 낯설 수 있다. 따라서 장난감, 책, 옷 등을 아이의 눈높이에 맞춰 '정리 장소'를 함께 정하는 것이 중요하다. 예를 들어 장난감 바구니에 그림 스티커를 붙이고, 자주 쓰는 책은 아이가 손쉽게 닿을 수 있는 선반에 두는 식이다. 이렇게 구분이 명확하고 손이 닿는 구조가 되면 아이는 스스로 정리할 수 있고, '정리란 어려운 일이 아니다'라는 인식을 갖게 된다.

정리를 잘하고 싶어 하는 아이라도 물건이 많고 복잡하면 어디서부터 정리해야 할지 몰라 금방 지치고 포기하게 된다. 특히 장난감은 종류별로 교체하거나, 시즌별로 정리 보관하고 일부만 꺼내 놓는 방식이 좋다. 이렇게 하면 아이는 자신의 물건에 애착을 가지고, 더 잘 관리할 수 있다. 지나치게 많은 물건은 오히려 정리에 대한 부담감을 키우므로 '관리 가능한 양'이 정리 습관의 첫걸음이다. 따라서 정리 습관을 기르기 위해서는 '정리할 수 있는 양'의 물건만 가지게 하는 것이 중요하다.

다섯 살 수아의 방 안에는 온갖 장난감이 뒤섞여 쌓여 있다. 엄마는 장난감 치우라는 말을 자주 하지만 수아는 정리를 어려워했다. 어느 날 엄마와 수아는 장난감 바구니 세 개에 수아가 자주 가지고 노는 장난감을 함께 분류해 넣었다. 그리고 "이 세 바구니에 들어있는 장난감은 놀이 후 반드시 다시 이 상자에 넣어두자"고 약속했다. 수아는 자신이 참여한 기준과 양 덕분에 기꺼이 정리에 나섰고, 매일 10분씩 방을 정리하는 습관도 생겼다.

정리정돈은 단순히 물건을 치우는 행위 이상의 의미를 갖는다. 아이가 스스로 물건을 정리하는 과정은 자기조절 능력을 키우는 훈련이다. 정리할 물건을 분류하고 정돈하는 과정에서 계획성과 인내심이 길러지며, 일상 속 작은 성공 경험이 된다. 부모는 아이 의견을 존중하며, 아이가 혼자서 정리할 수 있도록 '정리 기준'과 '관리할 양'을 꾸준히 조율하는 태도가 필요하다.

놀이처럼 배우는 정리 습관

정리정돈은 놀이와 분리된 규칙이 아니라 '놀이의 마지막 단계'로 인식되면 훨씬 자연스럽게 습관으로 자리 잡을 수 있다. '놀고 난 뒤 제자리에 놓기' 같은 작은 규칙을 게임처럼 만들어 아이가 자발적으로 참여하도록 도와주자.

일곱 살 현우는 블록 놀이를 좋아하지만, 놀이 후 정리는 늘 부모가 대신해 주곤 했다. 엄마는 '블록 정리 경주'를 제안했다. 타이머를 맞추고, 누가 더 빨리 블록을 정리하는지 시합을 하니 현우는 신나서 몰입했고, 결국 스스로 정리를 끝냈다. 매번 정리할 때마다 '경주'를 반복하며, 현우는 점차 놀이가 끝난 뒤 정리를 자연스럽게 하는 습관이 생겼다.

놀이처럼 접근하면 아이는 정리를 '해야 하는 일'이 아닌 '즐거운 활동'으로 인식하게 된다. 정리 시간을 정해놓거나, 정리 노래를 부르는 것도 좋은 방법이다.

정리정돈이 놀이처럼 즐거운 일이라고 느끼는 것만큼이나 중요한 것은 정리정돈을 잘했을 때 아이에게 주어지는 부모의 칭찬이다. "정리 잘했어!"도 좋지만, 아이가 어떤 점을 잘했는지를 구체적으로 짚어주는 것이 더 효과적이다. 구체적인 칭찬은 아이가 어떤 행동을 인정받는지 명확히 알게 해주어 행동 반복을 촉진한다. 예를 들어 "블록을 색깔별로 정리했구나!", "책을 표지가 보이게 꽂았네. 보기 좋아!"처럼 말하면 아이는 구체적인 기준을 인식하고, 그 행동을 반복하게 된다. 정리는 아이에게 작은 성취감을 주는 활동이 될 수 있다. 정리 이후 공간이 달라지고, 부모의 칭찬이 따를 때 아이는 '정리하면 좋은 일이 생긴다'는 경험을 하며 습관 형성이 빨라진다.

부모의 정돈된 삶이 마법을 부른다

아이들은 부모의 행동을 보고 배운다. 아이는 정리정돈이라는 개념을 책이나 말보다는 '엄마 아빠가 어떻게 하는지'를 통해 배우게 된다. 그러므로 아이에게 정리정돈을 가르치기 위한 가장 강력한 도구는 말이 아닌 부모의 '보여주는 행동'이다. 부모가 물건을 제자리에 두고, 사용한 것을 바로 치우며, 필요한 것과 필요하지 않은 것을 구분해 버리는 모습을 자주 보여주면, 아이는 그 과정을 자연스럽게 따라 하게 된다. 특히 유아기 아이들은 말보다 행동에 더 민감하게 반응하기 때문에, 정리하는 모습을 반복적으로 보고 경험하는 것이 '정리의 습관화'로 이어질 수 있다.

예를 들어, 아빠가 퇴근 후 가방을 제자리에 두며 "오늘도 가방의 집에 가방을 데려다줬어"라고 말하거나, 엄마가 장난감을 정리하며 "이 블록은 다시 친구들 곁으로 돌아갔네!"라고 말하는 모습은 아이에게 정리정돈을 '즐거운 놀이'처럼 느끼게 만든다. 특히 아이가 처음 정리를 배우는 시기에는 부모가 함께 정리하며 "이건 어디에 두면 좋을까?"라고 묻는 방식으로 아이의 참여를 유도하면 더욱 효과적이다. 결국 정리정돈 습관은 가정 안에서 자주 관찰되고 함께 실천되는 문화 속에서 자라는 것이다.

유라는 늘 방이 어질러져 있었지만 스스로 치우는 법이 없었다. 어느 날부터 엄마가 거실 여기저기에 널려있는 장난감을 치우면서 "정리가 되니 마음이 시원하네!"라고 말하는 모습을 꾸준히 보여주었다. 며칠 후, 왠지 침울해 보이던 아이는 아무 말 없이 자신의 블록을 한쪽에

모으고 상자에 넣기 시작했다. 정리가 끝나자 유라는 후련한 듯 밝은 표정으로 "블록을 정리하니 마음이 시원하네!"라고 내뱉었고 유라 엄마는 웃음이 나왔다. 유라는 엄마의 행동과 감정을 모방하며 정리에 담긴 '감정 정리의 힘'을 배운 것이다.

부모가 매일 실천하는 작은 정리의 마법은 아이에게 '정돈된 삶'의 본보기가 되어준다. 보여주는 정리의 힘, 그것이 아이의 감정까지 어루만지는 진짜 마법이다.

독서 습관은 집중력의 훈련소

책과의 친밀감이 집중력의 시작

아이의 집중력은 단순히 한 가지 일을 오랜 시간 하는 능력이 아니다. 자신이 좋아하고 흥미를 느끼는 대상에 얼마나 몰입할 수 있느냐가 더 중요하다. 아이의 집중력을 훈련할 때 가장 좋은 매개체가 바로 '책'이다. 책을 좋아하고 친숙하게 느끼는 아이는 책 속 이야기와 그림에 집중하며 자연스럽게 집중력을 키우게 된다. 그런데 이 친밀감은 저절로 생겨나지 않는다. 부모와 함께하는 독서 경험이 그 출발점이다.

다섯 살 하은이는 책을 펼쳐도 몇 분 못 가 자리를 뜨곤 했다. 엄마는 "집중 좀 해봐!"라며 다그쳤지만, 그럴수록 아이는 책을 멀리했다. 그러던 어느 날, 엄마는 아이가 좋아하는 동물 그림책을 골라 아이를 무릎에 앉히는 대신, 아이 옆에 누워 "이 사자는 어떤 기분일까?" 하고 이야기를 나누기 시작했다. 읽는 대신 함께 이야기하고 그림을 보며 소곤소곤 상상놀이를 했던 것이다. 그렇게 며칠을 반복하자, 하은이는 책 읽는 시간을 기다리며 먼저 책을 가져오기 시작했다. 책이 좋아졌고, 그래서 오래 머물고 싶어진 것이 아닐까.

이처럼 책과의 친밀감이란 책을 '공부 도구'가 아니라 '즐거운 대화의 친구'로 경험하는 것이다. 부모가 책을 읽으며 웃고, 감탄하고, 눈을 반짝이면 아이도 그 감정에 연결된다.

책을 좋아하게 되는 경험은 집중력을 자연스럽게 키우는 가장 좋은 환경이다. 감정을 나누는 책, 대화를 이어주는 책을 경험한 아이는 책에 몰입하는 시간이 점점 길어지고, 이것이 곧 집중력 향상의 원동력이 된다. 이렇게 책과의 긍정적 관계가 형성되면 아이는 학습 상황에서도 더 오래 주의를 기울이고 몰입할 수 있는 능력을 키우게 된다. 아이에게 책을 좋아하게 만드는 첫 단추는 바로 부모이다. 매일 짧은 시간이라도 함께 앉아 책과 감정을 나누는 경험이, 책을 향한 친밀감을 키우고 아이의 집중력을 단단하게 키워준다.

독서가 두뇌 발달과 인내심에 미치는 영향

독서는 단순한 정보 습득의 도구를 넘어, 아이의 두뇌 발달과 인내심 향상에 지대한 영향을 미친다. 책을 읽을 때 아이는 단어를 해석하고, 상황을 상상하며, 등장인물의 감정을 이해하는 복합적인 인지 활동을 동시에 수행한다. 이러한 과정은 전두엽을 포함한 다양한 뇌 영역을 고루 자극하며, 사고력과 공감력, 언어 능력까지 함께 발달시킨다. 또한 책 한 권을 처음부터 끝까지 읽어내는 경험은 아이에게 '기다림의 시간'을 익히게 하며, 인내심을 자연스럽게 길러준다.

독서는 이야기의 흐름을 따라가야 하기 때문에 즉각적인 자극에 익숙한 아이들에게는 처음엔 지루하게 느껴질 수 있다. 하지만 바로 그 '지루함을 견디는 경험'이 아이에게 인내심을 심어주는 것이다. 책을 읽으며 다음 장면을 기다리고, 문장의 의미를 곱씹으며 상상력을 발휘하는 동안 아이는 스스로 집중하고 기다리는 힘을 키워간다.

특히 두뇌 발달 면에서는, 정기적인 독서를 통해 언어 중추가 활성화되며, 사고력을 담당하는 좌뇌 영역과 상상력과 감성을 담당하는 우뇌가 동시에 자극된다. 이는 단순한 스마트기기 시청으로는 얻기 어려운 전뇌적 자극으로, 책을 읽은 아이들이 문제 해결력과 창의력에서 높은 성과를 보이는 이유이기도 하다. 독서는 인내심과 두뇌 성장을 함께 이끄는 뇌의 운동장과 같다. 부모가 조급함을 내려놓고, 아이가 끝까지 책 한 권을 읽어낼 수 있도록 도와주는 것, 그것이 바로 아이의 두뇌와 마음을 단단하게 키우는 첫걸음이 된다.

꾸준한 독서가 만드는 자기주도적 학습 태도

자기주도 학습은 스스로 계획하고, 실행하며, 결과를 성찰하는 학습 태도를 말한다. 이 자기주도성은 하루아침에 만들어지지 않으며, 반복적인 경험과 내면의 동기에서 비롯되는데 그 핵심 습관 중 하나가 바로 '꾸준한 독서'이다. 독서는 아이가 스스로 호기심을 가지고 주제를 선택하고, 읽고, 이해하고, 생각을 정리하는 전 과정을 담고 있어 자기주도적 태도를 자연스럽게 기를 수 있는 훌륭한 기반이 된다.

초등학교 1학년 서윤이는 매일 잠자기 전 10분씩 책을 읽는 습관을 들였다. 처음에는 늘 엄마가 먼저 독서시간을 챙겼지만 어느 날부터는 서윤이가 먼저 직접 고른 책을 침대에 올려놓고 기다릴 정도로 책 읽기 시간을 스스로 준비했다. 책을 고르는 일, 읽을 시간을 챙기는 일, 모르는 단어를 표시해 두는 일 등 서윤이의 작은 실천 하나하나가 모두 자기주도 학습의 밑바탕이 되는 행동들이다.

꾸준한 독서는 단순히 지식 축적이 아닌, 자신만의 학습 루틴을 만드는 습관이기도 하다. '나는 매일 책을 읽는 사람'이라는 정체감은 아이의 내적 동기를 자극하고, 과제를 스스로 해결하려는 의지를 키워준다. 한 유치원에서는 아이들이 스스로 책을 골라 매일 짧은 독서 시간을 갖는 프로그램을 운영했는데, 이 활동에 꾸준히 참여한 아이들이 이후에 수학 놀이, 글쓰기 활동에서도 스스로 준비물을 챙기고 먼저 시작하는 비율이 현저히 높아졌다는 관찰 결과가 있다. 책 읽는 경험이 다른 영역에서도 자기주도성을 확장시켜 준 것이다.

또한 독서는 아이에게 계획적으로 무언가를 성취해 본 경험을 쌓게 해준다. 특히 시리즈 책이나 단계별 읽기 자료는 '다음 권을 읽기 위해 오늘 이만큼 읽어야지' 같은 자기조절 능력을 요구하기 때문에, 꾸준히 읽다 보면 자연스럽게 목표를 세우고 실천하는 힘도 길러진다.

이처럼 꾸준한 독서 습관은 책을 매개로 한 작은 자기결정의 연속이며, 이는 스스로 공부하고 탐색하고 책임지는 자기주도 학습 태도로 이어질 수 있다. 부모는 아이가 매일 책과 만날 수 있도록 환경을 마련해 주고, 책 읽는 시간을 강요하지 않고 응원해 주는 '동반자' 역할을 해줘야 한다.

감정을 말로 표현하는 습관

감정에 '이름'을 붙여주는 훈련

아이에게 감정을 조절하는 힘을 길러주고 싶다면, 그 시작은 감정에 '이름'을 붙이는 훈련이다. 우리가 무언가를 이해하고 다룰 수 있으려면 먼저 그것을 인식하고 표현할 수 있어야 하듯, 감정 역시 아이가 자신의 마음을 정확히 인지하고 말로 표현할 수 있어야 비로소 조절이 가능해진다. 그런데 많은 아이들은 막연히 "짜증 나"라고만 표현할 뿐, 감정의 뉘앙스나 원인을 명확히 설명하지 못하는 경우가 많다. 그래서 부모가 도와주어야 할 중요한 첫걸음은, 아이의 감정에 적절한 '이름'을 붙여주는 것이다.

다섯 살 유빈이는 놀이터에서 친구가 세게 밀자 얼굴을 찌푸리며 바닥에 앉더니 움직이지 않았다. 엄마는 "괜찮아?"라고 물었지만, 아이는 아무 대답도 하지 않았다. 엄마는 다시 "화가 많이 났구나. 깜짝 놀라고, 좋아하는 친구가 그래서 속상할 것 같아"라고 말해주었다. 그제야 유빈이는 고개를 끄덕이며 "맞아, 나 화났어. 나도 밀고 싶었지만 참았거든"이라고 대답해 주었다. 아이의 마음을 알아채고, 감정에 정확한 이름을 붙여주자, 아이는 감정을 스스로 정리하며 표현하게 된 것이다.

이 훈련은 단순히 언어 능력을 키우는 것을 넘어, 감정을 인식하고 조절하는 힘을 길러준다. 아이가 "화났어"라고 말하는 것과 "내 말을 무시해서 속상하고 짜증 났어"라고 말하는 것은 차이가 크다. 전자는 단순히 감정을 쏟아내는 데 그치지만, 후자는 자신의 감정을 설명하면서 동시에 스스로 진정시키는 결과를 가져온다.

감정에 이름을 붙이는 훈련은 반복이 중요하다. 부모가 아이의 감정을 대신 짚어주고, "그건 '질투'라는 감정이야", "지금 기분은 억울함일 수 있어"라고 말해주는 과정을 통해 아이는 감정 어휘를 하나씩 늘려가게 된다. 또 그림책이나 일상 상황을 활용해 "이 친구는 어떤 기분일까?"를 함께 이야기해 보는 것도 좋은 방법이다. 감정을 인식하고 다루는 힘은 평생 아이가 사람과 관계를 맺고 자신을 조절하는 데 중요한 바탕이 된다.

감정을 표현할 수 있는 집안 분위기

아이에게 감정을 표현하는 습관을 길러주기 위해서는 먼저 감정을 말해도 괜찮은 분위기가 마련되어야 한다. 아이가 자신의 속마음을 솔직하게 꺼내려면, 그 말이 존중받고 안전하게 받아들여질 수 있다는 확신이 필요하다. 아무리 좋은 감정 어휘를 가르쳐도, 아이가 말할 수 있는 심리적 공간이 없다면 표현은 막히고 마음은 닫히고 만다.

감정을 말할 수 있는 분위기는 '반응'에서 시작된다. 부모가 아이의 말에 끼어들지 않고, 판단하지 않으며, 감정 자체를 틀렸다고 말하지 않는 태도가 핵심이다. 아이가 "화가 나서 장난감을 던졌어"라고 말했을 때, "그러면 안 돼지!"가 아니라 "그 정도로 화가 났구나"라는 공감부터 시작해야 아이는 자신의 감정을 숨기지 않고 드러낼 수 있다.

감정 표현은 허용에서 시작된다. "화내면 안 돼"가 아니라 "화날 수는 있어, 그런데 그걸 어떻게 표현할지는 배워야 해"라고 말해주는 부모의 태도는 아이에게 감정을 건강하게 다루는 방법을 알려주는 것이다. 또, 부모 스스로도 자신의 감정을 솔직히 표현하는 본보기가 되어야 한다. "엄마는 지금 조금 지쳐서 쉬고 싶어"라고 말하는 엄마를 보며, 아이는 감정을 숨기지 않고 말해도 된다는 안심을 갖게 된다. 결국, 감정을 말해도 괜찮은 분위기를 만드는 것은 아이에게 '내 감정도 소중하고, 표현해도 안전하다'는 믿음을 주는 일이다. 이 믿음이 아이의 감정 표현을 촉진시키고, 감정을 다룰 수 있는 정서적 힘으로 연결된다. 감정을 말하는 것은 허락받아야 가능한 일이 아니라, 보장되어야 할 아이의 마음의 권리라는 것을 잊지 말자.

감정 표현을 놀이처럼 연습하기

감정 표현은 연습이 필요한 능력이다. 특히 유아기에 감정을 말로 표현하는 힘은 자연스럽게 길러지기보다, 놀이처럼 반복되는 경험 속에서 점차 익숙해지고 확장될 수 있다. 아이에게 감정 표현을 가르치고 싶다면, 무겁고 진지한 대화보다 가볍고 재미있는 놀이 방식으로 접근하는 것이 효과적이다. 예를 들어, 가족이 함께하는 '감정 카드 놀이'는 좋은 시작점이 될 수 있다. '기쁨', '슬픔', '화남', '놀람' 등의 감정 그림카드를 보고 "이건 어떤 상황일까?", "이 기분일 때 넌 어떤 얼굴이야?"라며 감정을 자연스럽게 말로 풀어보는 것이다. 상황극을 곁들이거나 표정 따라하기 놀이로 확장하면 아이는 감정 표현을 더 친근하게 느끼게 된다. 말로 감정을 표현하는 걸 어려워했던 아이가 엄마와 함께 매일 저녁 '감정 그림일기'를 그리며 조금씩 달라진 경우도 있다. "오늘은 어떤 기분이었어?"라는 질문에 표정을 그리게 한 뒤, "왜 그런 기분이 들었을까?"를 함께 나누는 시간을 가지면서, 아이는 점차 "속상했어", "오늘 기뻤어" 같은 말들을 자연스럽게 사용하게 된 것이다.

억지로 말을 시키기보다 게임처럼 즐겁게 대화를 나눠보자. 즐거움 속에서 아이의 감정 언어는 조금씩 자라난다.

부모가 자꾸 "짜증 나 죽겠네!"라고 말하면

아이에게 감정을 표현하는 법을 가장 효과적으로 가르치는 것은 다름 아닌 부모의 '감정 표현 방식'이다. 아이는 부모의 말투, 표정, 행동을 통해 감정이 어떻게 표현되고 조절되는지 배운다. 엄마가 피곤하거나 짜증이 날 때마다 짜증 섞인 말투로 "아, 정말 힘들어 죽겠어!"라고 표현하면, 아이는 부정적 감정을 표현할 때 목소리를 높이거나 날카로워지는 것이 자연스럽다고 학습한다. 반면, "엄마가 오늘은 조금 힘든 하루였어. 그래서 지금은 조용히 쉬고 싶어"라고 차분하게 말하는 모습을 반복해서 보여주면 아이는 감정을 말로 설명하는 방식을 자연스럽게 익히게 된다.

여섯 살 민서의 아빠는 아무리 힘들어도 "괜찮아, 별일 아니니까 신경 쓰지 마"라며 내색하지 않는다. 하지만 민서가 놀이터에서 크게 다쳤는데도 "괜찮아, 별로 안 아파"라며 눈물을 억누르는 모습을 보고 자신을 돌아보게 되었다. 민서에게 감정을 드러내도 괜찮다는 걸 보여주고 싶었던 아빠는 어느 날, "아빠가 오늘 회사에서 무척 힘든 일이 있었어. 그래서 지금 기운이 좀 없네"라고 말했고, 민서는 처음으로 아빠에게 "나도 오늘 놀이터에서 속상한 일이 있었어"라며 그날 있었던 일을 털어놓았다. 아빠의 감정 표현이 아이의 감정 표현을 이끌어낸 순간이었다.

부모의 감정 표현은 단지 감정을 드러내는 것을 넘어, 감정을 어떻게 다룰 수 있는지에 대한 '모델링'이다. 감정을 숨기지 않고, 상황과 감정을 연결 지어 말하며, 그 감정을 어떻게 다스리는지를 보여줄 때 아이는 감정을 건강하게 표현하는 방법을 자연스럽게 체득하게 된다.

목표를 세우고 실천하는 습관

작고 쉬운 목표부터 시작하게 해주자

어린아이에게 "목표를 세워보자"라고 하면 막막할 수 있다. 아이에게 목표를 세우고 실천하는 습관을 길러주고 싶다면, 처음부터 크고 완벽한 목표를 요구하기보다는 작고 쉬운 목표부터 시작하도록 도와주는 것이 중요하다. 아이에게 '매일 책 30분 읽기'라는 목표보다 '책 한 쪽 읽기', '읽고 싶은 책 한 권 고르기' 같은 작고 실현 가능한 단계부터 제안해 보자. 아이가 부담을 느끼지 않고 금방 해낼 수 있는 목표는 '성공 경험'을 만들어주고 이는 더 큰 목표에 도전할 수 있는 동기와 힘을 준다.

여섯 살 우영이는 매일 아침 혼자 옷 입기를 목표로 삼았다. 하지만 셔츠 단추를 모두 채우고 바지를 바르게 입은 후 양말까지 완벽하게 신으려니 짜증이 났고 결국 "엄마가 해줘!"로 끝나곤 했다. 엄마는 목표를 수정했다. "오늘은 옷걸이에서 셔츠를 꺼내서 침대 위에 놓는 게 미션이야!" 우영이는 자신 있게 미션을 완수했고 다음 날엔 셔츠를 꺼내 입기까지 성공했다. 며칠 뒤에는 바지까지 혼자 입게 되었다. 작은 성공이 쌓이며 점점 더 큰 목표를 스스로 실천하게 된 것이다.

목표 설정의 핵심은 '아이의 눈높이에서, 아이가 해낼 수 있는 크기부터' 시작하는 것이고 아이의 자신감을 지켜주는 출발점이 되어야 한다. 그리고 작은 성취에도 "와, 셔츠를 꺼내서 옷 입을 준비를 마쳤구나! 훌륭해"처럼 구체적이고 따뜻한 칭찬을 해주는 것이 중요하다.

작고 쉬운 목표는 단순히 시작을 쉽게 하기 위함이 아니라, 실패보다 성공을 먼저 경험하게 하려는 전략이다. 이 작은 발걸음들이 쌓여 아이의 자율성과 실행력을 키우고, 결국 스스로 목표를 세우고 실천하는 습관으로 이어지게 된다.

목표는 아이와 함께 정해야 의미가 있다

목표는 '누가 정했는가'에 따라 실천의 동기와 지속력이 크게 달라진다. 아무리 좋은 목표라도 부모나 다른 어른이 일방적으로 정해준 것이라면, 아이는 그 의미를 느끼기 어렵고 쉽게 흥미를 잃게 된다. 반면, 아이 스스로 참여해 정한 목표는 자기주도성을 자극하고 책임감을 키워준다. 따라서 목표 설정은 아이와 부모가 함께 머리를 맞대고 정하는 과정이 되어야 한다.

일곱 살 예린이는 아침마다 늦잠을 잔다. 엄마는 매일 7시에 일어나자고 당부하지만 소용이 없다. 어느 날 엄마는 예린에게 직접 물었다. "예린아, 아침에 늦잠 자면 등교 준비가 힘들잖아, 좋은 방법 없을까?" 예린은 잠시 생각하더니 "그럼 알람시계를 옆에 두고 자볼까?

알람이 울리면 혼자 일어날 수 있을 것 같아"라고 말했다. 엄마는 호응해 주었고 예린이는 그날부터 시계를 옆에 두고 잠들었다. 그리고 그 주 내내 스스로 일어나려는 시도를 이어갔다.

물론 처음에는 아이가 스스로 목표를 정하는 것이 어려울 수 있으므로 부모가 선택지를 제공하며 돕는 것이 좋다. 이 과정에서 부모는 '지시자'가 아니라 '동반자'가 되어야 한다. "앞으로 책 30쪽씩 읽기로 해"가 아니라 "책 읽기를 좀 더 재미있게 해보고 싶은데, 어떤 방법이 좋을까?"처럼 아이의 생각을 먼저 물어야 한다. 그 안에서 아이가 제안하거나 선택하게 하면, 목표는 더 이상 부모가 시키는 일이 아니라 '내가 하고 싶은 일'이 되는 것이다.

아이와 함께 목표를 정하는 것 안에는 존중과 신뢰가 깔려 있다. 아이는 자신의 의견이 존중받는다는 감정을 느끼며, 부모와 함께하는 시간에 만족감을 느낀다. 또한 실패하더라도 "우리가 함께 정한 거니까 다시 해보자"고 말해줄 수 있어, 도전이 좌절로 끝나지 않는다. 결국, 목표 설정은 아이의 행동을 바꾸는 일이기 전에, 아이와의 관계를 깊게 만드는 과정이 되어야 한다. 아이의 속도와 생각을 존중하며 함께 정한 목표는 아이의 삶에서 오래 지속될 수 있는 진짜 습관으로 자리 잡을 수 있다.

실천 과정을 시각화하고 기록하기

아이에게 목표를 세우고 실천하는 힘을 길러주려면, 그 과정을 눈에 보이게 만드는 것이 매우 효과적이다. 실천의 흐름을 시각적으로 표현하고 기록하게 하면 아이는 자신의 노력과 성장을 확인할 수 있고, 성취에 대한 만족감도 훨씬 커진다. 단순한 말이나 칭찬보다 '보이는 변화'는 훨씬 강력한 동기를 부여한다.

다섯 살 수아가 스스로 양치하는 습관을 들이기 위해 엄마는 '양치 도장판'을 만들었다. 양치할 때마다 엄마와 함께 스티커를 하나씩 붙였고, 도장판을 볼 때마다 수아는 뿌듯해했다. 하루는 깜빡 잊고 잠들려고 하다가, 도장판을 보고 "오늘 스티커 안 붙였네!"라며 벌떡 일어나 스스로 양치하러 가기도 했다. 시각적 기록이 행동을 스스로 조절하는 힘으로 이어진 사례이다.

이처럼 표, 스티커, 그림 일지, 색칠표 등 시각적인 도구를 활용해 아이가 실천한 흔적을 눈으로 확인하게 해보자. 글을 쓸 수 있는 아이는 간단한 '오늘의 실천 일기'를 써보는 것도 좋다. 중요한 것은 결과보다 과정에 초점을 두는 기록이어야 한다. 책을 읽었다는 체크도 의미 있지만, 읽으면서 어떤 장면이 재미있었는지, 어려운 부분은 무엇이었는지를 함께 나누면, 아이의 생각과 감정이 기록에 담기면서 자기 성찰력도 자랄 수 있다.

또한 실천 과정이 기록될수록 아이는 자신이 노력한 시간과 행동을 인식하게 되고, 실패한 날조차도 '내가 시도했었구나'라는 흔적으로 남아 긍정적인 자산이 된다. 기록은 단순한 메모가 아니라 아이가 자기 행동을 조망하고, 다음 목표를 세우는 발판이 된다. 부모는 이 과정을 함께 지켜보며 칭찬해 주고, 아이가 기록한 내용을 진심으로 읽어주고 반응해 주는 것이 중요하다.

실패해도 다시 시도하는 태도 가르치기

목표를 세우고 실천하는 과정에서 아이가 반드시 겪게 되는 것이 바로 '실패'이다. 때론 깜빡하고 때론 하기 싫어서 포기하기도 한다. 그러나 이때 중요한 것은 실패 자체보다 실패에 대한 태도이다. 아이가 한 번의 실패로 '나는 못해'라는 생각을 갖지 않도록, 실패를 질책하지 않고 다시 시도하도록 이끌어야 한다.

일곱 살 현우는 자기 전에 스스로 책 읽기를 실천해 보겠다고 결심했다. 처음 며칠은 잘 해냈지만, 어느 날 놀다 지쳐서 책도 펴지 않고 잠들어 버렸다. 다음 날 현우는 "나는 역시 못 해. 이제 안 할래."라며 의기소침해졌다. 이때 엄마는 "그래, 어제는 놓쳤지만 처음부터 다시 하는 게 아니라 이어서 하면 돼. 어제까지 3일이나 했잖아. 그만큼은 네가 해낸 거야."라며 현우의 이전 노력들을 되짚어 주고 격려했다. 그리고 "오늘은 다시 책 한 쪽만 읽는 걸로 시작해 보자"며 목표의 난이도를 조금 낮췄다. 그렇게 현우는 다시 시도할 수 있었고, 실천은 끊기지 않고 이어졌다.

아이에게는 "실패해도 괜찮아, 다시 하면 돼"라는 경험이 필요하다. 실패를 문제 삼기보다는 그것도 하나의 과정임을 자연스럽게 받아들이게 도와야 한다. 부모가 실망하거나 아이를 나무라면, 아이는 실패를 감추거나 시도 자체를 두려워하게 되지만, "실패는 누구나 해. 중요한 건 다시 해보는 용기야"라고 말해주면, 아이는 실패를 피하지 않고 정면으로 마주할 수 있게 된다.

실패를 다룰 때는 아이의 감정을 먼저 공감해 주는 것도 중요하다. "실천 못 해서 속상했구나. 그럴 수 있어. 엄마도 가끔 그런 날이 있어"라고 감정을 받아주면, 아이는 자신을 부끄러워하지 않고 다음 행동을 위한 여유를 가질 수 있다. 그리고 "그럼 오늘은 어떻게 다시 시작해 볼까?"라며 함께 해결책을 찾아가는 방식으로 전환하면, 실패가 끝이 아니라 새로운 시작이라는 점을 배우게 된다.

실천하는 습관은 완벽하게 지키는 것이 아니라 실패하더라도 다시 돌아오는 힘을 기르는 과정이다. 부모는 아이가 넘어졌을 때 다시 일어날 수 있도록 옆에서 지지해 주는 존재가 되어야 하며, 그 속에서 아이는 '실패에도 유연하고 단단한 사람'으로 자라날 수 있다.

성취의 기쁨을 함께 나누자

아이가 목표를 이루었을 때, 그 순간을 그냥 지나치지 말고 함께 기뻐하는 경험으로 만들어주자. 아이가 어떤 목표든 끝까지 해냈다면 결과보다 '과정'과 '노력'을 인정해 주자. "네가 매일 조금씩 해왔던 게 결국 여기까지 왔구나"처럼 성취를 구체적으로 칭찬하면 아이는 자기 행동을 스스로 긍정적으로 여기게 된다. 작은 성취라도 부모와 나누는 기쁨은 아이에게 강한 동기와 자긍심을 심어 준다. "잘했어"라는 말 한마디도 좋지만, 그 순간을 함께 축하하고 의미를 되새기는 과정이 더 중요하다. 예를 들어, 여섯 살 하윤이는 5일 동안 스스로 옷을 입는 목표를 세워 실천해 냈다. 마지막 날 아침, 엄마는 "하윤이가 혼자 옷 입는 걸 5일이나 해냈구나! 오늘 아침은 하윤이 축하 파티!"라며 간단한 스티커 케이크를 만들어 함께 나눴다. 아이는 "진짜 내가 했어!"라며 뿌듯해했고, 이후 다른 도전도 자신 있게 해보려는 모습을 보였다. 작은 성취라도 기뻐하고 축하하는 경험은 '목표 설정→실천→보상'의 긍정적인 루프를 만들어준다.

성취를 나누는 방법은 거창할 필요 없다. 칭찬 카드에 도장을 찍어주거나, 특별한 간식 시간을 갖거나, 가족 모두가 함께 "너무 잘했어!"라고 말해주는 것만으로도 충분하다. 중요한 것은 "너의 노력이 정말 소중해"라는 메시지를 구체적으로 전달하는 것이다. 성취의 기쁨을 함께 나누는 순간은 단순한 보상이 아니라, 아이의 성장 여정을 부모가 진심으로 지지하고 함께한다는 신호가 된다. 이는 아이의 다음 실천을 위한 힘이 되어준다.

질문하고 생각하는 습관

"왜 그럴까?"라는 질문이 사고의 문을 연다

아이의 생각하는 힘은 단순한 정보 습득이 아니라, 호기심과 질문하는 습관에서 시작된다. 그중에서도 "왜 그럴까?"라는 질문은 사고의 문을 여는 열쇠와 같다. 아이가 사물이나 상황에 대해 이유를 궁금해하고, 스스로 답을 찾으려 할 때 비로소 사고는 깊어지고 확장된다. "왜 그럴까?", "어떻게 된 걸까?"라는 질문을 자주 던져 주면 아이는 세상을 관찰하고, 생각하고, 자신의 언어로 설명하려는 태도를 쉽게 배우게 된다. 예를 들어, 물이 얼면 왜 단단해지는지, 나뭇잎 색이 왜 바뀌는지 같은 일상 속 자연현상에 대해 함께 이야기해 보자. 정답을 말해주는 것이 아니라, 아이가 스스로 이유를 상상하거나 떠올려보도록 유도하는 것이 중요하다.

다섯 살 지훈이는 비 오는 날 창밖을 보며 "비는 왜 오는 거야?"라고 물었다. 엄마는 바로 설명하기보다 "지훈이는 왜 온다고 생각해?"라고 되물었다. 지훈이는 "구름이 너무 무거워서 물이 떨어지나?"라고 답했고, 엄마는 "정말 좋은 생각이네! 우리 책 찾아서 더 알아볼까?"라며 함께 탐색했다. 이 과정은 지훈이에게 단순한 과학 정보보다 생각하고 질문하며 배우는 재미를 느끼게 해주었다.

"왜 그럴까?"는 정답을 요구하는 질문이 아니다. 아이가 스스로 관찰하고, 추론하고, 다양한 가능성을 떠올리는 사고의 시작점이다. 부모가 아이의 질문에 바로 답하지 않고, 함께 궁금해하거나 아이의 생각을 먼저 물어보면, 아이는 스스로 사고하는 힘을 기르게 된다. "왜 그럴까?"라는 질문은 일상에서 자주 활용할 수 있다. 책을 읽고 나서 "이 주인공은 왜 이런 선택을 했을까?", 친구와 다툰 상황에서 "왜 그렇게 느꼈을까?"라고 물어보면, 아이는 감정과 상황을 이해하는 힘도 함께 키워갈 수 있다.

부모가 질문을 자주 던지고, 아이와 함께 탐색하는 태도를 보일 때, 아이의 사고 습관은 자연스럽게 자라난다.

아이의 질문을 반기고 존중해 주자

아이의 "왜?", "어떻게?" 같은 질문은 단순한 호기심의 표현이 아니라, 세상을 이해하고 사고를 확장해 가는 시작점이다. 하지만 바쁜 일상에서 부모로부터 "그건 나중에", "모르겠어", "그만 좀 물어봐"와 같은 반응을 자주 듣게 되면, 아이는 점점 질문을 멈추고 생각하는 힘도 함께 움츠러든다. 그러나 아이가 마음껏 질문하고,

그 질문이 진지하게 받아들여지는 경험은 사고력과 자기 표현력의 자양분이 된다.

여섯 살 서윤이는 "사람은 왜 숨을 쉬어야 해?"라고 물었다. 엄마는 정확히 설명할 자신이 없었지만, "서윤이는 그게 궁금했구나! 정말 좋은 질문이야. 엄마도 잘 모르니까 우리 같이 찾아보자"라고 답했다. 서윤이는 자기 질문이 무시되지 않고 소중하게 여겨졌다는 느낌에 더 많은 궁금증을 말하게 되었고, 엄마와 함께 찾은 답을 또 다른 질문으로 연결해 갔다. 이 경험은 서윤이에게 생각하는 것은 재미있는 일이라는 인식을 심어주었다.

아이의 질문을 반갑게 맞이한다는 것은, 단지 대답을 해주는 것을 넘어, 그 궁금함 자체를 환영하는 태도를 의미한다. "좋은 질문이네!", "그 생각은 정말 특별하다!"라는 말 한마디가 아이의 내면에 '질문해도 괜찮고, 내 생각을 말해도 되는구나'라는 신뢰를 쌓아준다. 또한 아이가 질문한 것을 기억해 주고, 며칠 뒤에라도 "그때 말한 숨 쉬는 이유 말인데 책에서 찾아봤어"라며 연결해 주면, 아이는 자신의 생각이 부모에게 의미 있게 받아들여졌음을 느끼고 더욱 풍부하게 사고하게 된다. 아이의 질문은 그 자체로 훌륭한 사고의 시작점이다.

다양한 관점을 이야기해 보는 시간 만들기

아이의 사고력은 단순한 정답 찾기보다는 다양한 관점을 이해하고 표현하는 경험을 통해 더욱 깊어질 수 있다. 세상은 하나의 시선으로만 볼 수 없는 복잡한 이야기로 이루어져 있기에, 어릴 때부터 다른 생각도 있을 수 있다는 태도를 배우는 것이 중요하다. 이를 위해 부모와 아이가 자유롭게 생각을 나누는 시간을 의도적으로 만들어보는 것이 좋다. 예를 들어, 책을 읽고 나서 "너라면 이 주인공처럼 했을까?", "다른 방법이 있을까?"라고 물어보면, 아이는 스토리 속에서 다양한 입장을 상상하며 사고를 확장하게 된다. 어떤 상황에서는 "나는 도와줬을 것 같아", "나는 그냥 모른 척했을지도 몰라"라는 아이의 말 속에서, 공감 능력이나 판단 기준이 자라나는 것을 볼 수 있다.

또한 가족끼리 식사 시간이나 잠자기 전 짧은 대화를 통해 "오늘 네가 본 일 중에, 다른 사람이 다르게 느꼈을 법한 건 뭐였을까?"와 같이 질문을 던져보자. 아이는 처음엔 멈칫할 수 있지만, 부모가 "엄마는 이런 생각도 했어"라고 자신의 관점을 함께 나누면 아이도 자연스럽게 이야기하게 된다. 이런 시간은 정답보다 서로의 생각을 존중하는 대화의 장이 되고 타인의 생각이나 감정을 이해할 수 있는 공감 능력도 함께 자라게 한다.

다양한 관점을 나누는 경험은 아이에게 유연한 사고력, 공감력, 비판적 사고를 길러주고, 내 생각이 다가 아닐 수 있다는 것을 자연스럽게 익히게 한다. 이 과정은 세상을 넓고 깊게 바라보는 힘을 길러주는 밑거름이 된다.

책, 이야기, 경험을 활용한 생각 확장하기

아이의 생각은 스스로의 경험과 만나는 이야기 속에서 자라난다. 특히 책, 이야기, 직접적인 경험은 아이의 사고를 확장시키는 훌륭한 도구이다. 단순히 정보를 전달하는 것에 그치는 것이 아니라 아이가 상상하고 느끼고 연결해 볼 수 있도록 도와주는 방식으로 활용해야 한다. 예를 들어, 그림책 속 주인공이 친구와 다툰 장면을 읽은 후 "너라면 어떻게 했을까?", "이 주인공은 왜 이렇게 행동했을까?"라고 물어보면, 아이는 책 내용을 넘어서 자신의 감정과 경험을 비추어 보는 사고를 하게 된다. 또는 동물원에 다녀온 뒤 "기린을 실제로 보니까 어땠어?", "기린이 말을 할 수 있다면 뭐라고 했을까?"라고 묻는 것도 아이의 상상과 추론을 자극하는 좋은 방법이다.

이야기 속 인물, 실제 경험, 그 안에서의 감정과 생각을 엮어가며 아이는 점점 깊이 생각하는 습관을 갖게 된다. 중요한 것은, 부모가 정답을 알려주기보다 아이의 이야기를 들어주고, 함께 생각을 이어가려는 태도이다.

실수와 오류를 두려워하지 않는 환경 만들기

아이들이 새로운 것을 배우고 시도하는 과정에서 실수와 틀림은 아이의 발달 수준을 생각해 보면 너무나 자연스러운 것이다. 그러나 많은 아이가 '틀리면 혼나거나 놀림받는다'는 두려움 때문에 자신의 생각을 표현하거나 도전하는 걸 주저하게 된다. 따라서 부모는 아이가 실수와 틀림을 두려워하지 않고 편안하게 경험할 수 있는 환경을 만들어주는 것이 매우 중요하다. 예를 들어, 수학 문제를 풀다가 틀린 답을 냈을 때 "왜 틀렸는지 다시 한번 생각해 보자"라고 말해주면, 아이는 실수를 '문제를 푸는 과정의 한 부분'으로 받아들인다. 반면 "틀렸네, 다시 해봐"라는 단순 지적은 아이에게 부담으로 작용할 수 있다. 부모가 실수를 '학습의 기회'로 바라보고, 아이가 실패해도 존중하며 격려해 줄 때 아이는 더 과감하게 도전하게 된다.

아이가 자신의 생각을 말할 때 부모가 "왜 그렇게 말해?, 그건 틀렸어"라고 반응하면 아이는 점점 입을 닫고 생각하지 않게 된다. 반대로 "그렇게 생각할 수도 있겠구나", "그렇게 생각한 이유가 뭐야?"라고 말해준다면 아이는 불안해하지 않고 자유롭게 사고를 펼칠 수 있다. 사고력은 정답을 맞히는 능력이 아니라, 생각을 계속 확장해 나가는 힘에서 비롯된다.

또한 가족이나 학급에서 실수 사례를 솔직하게 나누고 "우리 모두 실수할 때가 있어"라는 공감과 위로가 자주 오가면, 아이는 틀림에 대한 두려움을 덜고 성장의 발판으로 삼을 수 있다. 이때 중요한 건 실수 후에 어떻게 다시 도전할지 함께 고민하는 것이다. 이를 통해 아이는 실패가 끝이 아니라 새로운 시작임을 깨닫게 된다. 실수와 틀림을 두려워하지 않는 환경은 아이의 자기효능감과 창의성, 문제 해결 능력을 키우는 밑바탕이 된다.

시간 관리 습관

하루 일과표로 시간을 눈에 보이게 만들기

아이들이 시간 개념을 익히고 스스로 하루를 계획할 수 있도록 돕는 데 가장 효과적인 방법 중 하나는 하루 일과표 만들기이다. 하루를 시각적으로 보여주면 아이는 '지금 무엇을 해야 할까?'를 눈으로 확인하며 시간 관리를 시작할 수 있다. 또한 시간 감각이 아직 발달하지 않은 아이에게는 "지금 당장 끝내!"라는 말보다 "5분 후에 마치자"라는 표현이 훨씬 효과적이다. "이제 곧 정리할 시간이야", "5분 후에 저녁 먹자" 같은 예고는 아이가 활동을 정리하고 다음 단계로 넘어갈 수 있도록 도와준다. 이러한 습관은 단순히 순응을 이끌어내는 것이 아니라, 시간 흐름에 대한 감각과 전환 능력을 기르는 데 큰 역할을 한다. 특히 타이머나 모래시계 같은 시각적 도구를 활용하면 아이가 더 쉽게 받아들일 수 있다. '예고→실행'의 구조는 시간 관리를 생활 속에서 익히는 효과적인 방식이다.

네 살 지훈이는 매일 아침 준비 시간을 어수선하게 보내곤 했다. 엄마는 지훈이와 함께 색깔이 다른 스티커로 '아침 일과표'를 만들고, '5분 후 치카치카!'라는 알림 카드를 활용해 시간 경과를 알려주기 시작했다. 지훈이는 "이 스티커 다음은 양치할 차례지"라며 스스로 시간 순서를 인식하기 시작했고, 점차 엄마의 도움 없이 준비를 시작하는 모습으로 바뀌었다.

이처럼 하루 일과표는 시간의 추상적인 개념을 구체적으로 만들어 아이가 스스로 행동을 조절할 수 있게 해준다. 부모가 아이의 눈높이에 맞게 그림, 색, 아이의 관심사 등을 활용해 일과표를 꾸며주면 더욱 효과적이다. '5분 후' 알림 카드는 아이가 시간을 기다리는 힘을 키우고, 다음 행동으로 자연스럽게 넘어가도록 돕는다. 일과표는 지루한 시간 관리가 아니라, 아이가 자신의 하루를 계획하고 스스로 이끌어가는 '나만의 지도'가 된다. 부모는 아이가 일과표를 보며 혼란스러워하지 않도록 유연성을 가지고, 상황에 따라 조절할 수 있음을 함께 알려주는 것이 좋다. 결과적으로 시간에 대한 주도성이 커지면서 아이는 더욱 자립적으로 하루를 살아갈 수 있게 된다.

'해야 할 일'과 '하고 싶은 일'의 균형

시간 관리는 '언제 시작하고 언제 끝낼 것인가'를 체험하는 것에서부터 시작된다. 아이는 명확한 시작과 끝이 있는 활동을 경험하면서 시간의 흐름과 계획을 이해할 수 있다. "지금부터 10분 동안 그림을 그리고, 그다음에는 책을 읽을 거야"라고 말해보자. 그리고 모래시계로 시간을 재거나 타이머를 함께 사용하면 아이는 자신이 쓸 수 있는 시간의 양을 체감할 수 있다. 이런 경험은 '시간은 흘러가고, 활동에도 마무리가 있다'는 감각을 키우고, 나중에 자기주도적 시간 계획의 기초가 된다. 부모가 아이와 함께 하루 계획에서 시작과 끝을 명확히 정하면, 아이는 자신의 행동을 시간 안에 맞추려 노력하게 된다. 이 과정에서 자신만의 시간 분배 원칙을 세우게 되고 그 결과로 자신감과 자기조절 능력이 향상된다. 다양한 활동의 시작과 끝을 체험하면서 아이는 시간을 능동적으로 사용하는 습관을 자연스럽게 배워간다.

시간 관리는 단순히 '해야 할 일'을 빨리 끝내는 것이 아니다. '해야 할 일'과 '하고 싶은 일'을 균형 있게 배분하는 것도 중요한 훈련이다. 그러려면 아이가 좋아하는 활동과 해야 하는 활동을 균형 있게 배치해야 한다. 예를 들어 숙제를 한 뒤 30분간 그림 그리기 시간을 가지는 구조는 집중력과 동기를 동시에 높일 수 있다. 이 과정을 통해 아이는 '시간을 어떻게 쓰느냐'에 대한 감각을 익히게 되고, 자기 통제력도 함께 발달하게 된다. 부모는 아이가 좋아하는 활동을 보상처럼 활용하기보다는, 하루 일과 속의 '당연한 부분'으로 인식하도록 도와야 한다. 시간이 곧 선택이라는 감각을 어릴 때부터 키워주는 것이 시간 관리의 핵심이다.

다섯 살 은서는 숙제를 하기 전에 10분간 좋아하는 퍼즐 놀이를 하기로 약속했다. 엄마는 "퍼즐 끝나면 숙제 시작하는 거야"라며 '시작과 끝'을 분명히 했고, 야속하게도 순식간에 퍼즐 시간이 끝나버렸지만 은서는 약속을 지키기 위해 숙제를 펼쳤다. 숙제를 마친 후에는 은서에게 좋아하는 만화책 읽기를 하며 스스로 보상을 주는 경험을 주었다. '해야 할 일'을 먼저 끝내고 '하고 싶은 일'을 즐기는 순서를 체험하면서, 은서는 자연스럽게 시간을 배분하는 감각을 키울 수 있었다.

부모가 아이와 함께 하루 또는 일정 시간 동안 해야 할 일과 하고 싶은 일을 나누고, 그 순서를 정하는 과정에 참여시키면 아이는 자기주도적 시간 관리 능력을 키울 수 있다. 시작과 끝이 명확한 활동은 아이가 시간 내에 목표를 완수하는 경험을 하게 해주고, 균형 잡힌 일과는 아이의 심리적 만족감과 집중력을 높여준다.

여유로운 준비와 휴식으로 하루를 편안하게

하루를 계획할 때는 '해야 할 일'뿐 아니라 여유 있는 준비 시간과 충분한 휴식도 꼭 포함시켜야 한다. 급하게 움직이거나 쫓기는 느낌이 들면 아이가 스트레스를 받기 쉽고, 하루 전체의 리듬이 무너질 수 있다. 반면 적절한 여유와 휴식은 마음을 안정시키고 집중력을 높여준다. 아침마다 서두르고, 등원 준비에 실랑이를 벌인다면 아이는 하루를 불안하게 시작하게 된다. 여유 있는 준비 시간은 아이가 '스스로 준비하는 시간'을 배우는 기회이다. 시간을 재촉하기보다 "지금은 양치 시간이야, 그다음은 옷 입기야"처럼 차분하게 흐름을 안내해 주는 것이 좋다. 그리고 준비를 잘했을 때는 "오늘 혼자서 준비 다 했네!"라고 인정해 주는 것도 잊지 말자. 반복되는 일상에서 시간 관리 능력은 자연스럽게 쌓이며, 아이는 점점 더 자신의 페이스를 조절하는 힘을 갖게 된다.

시간 관리라고 하면 학습이나 해야 할 일 중심으로 계획하기 쉽지만, 아이에게는 놀이와 쉬는 시간도 매우 중요하다. 일정 안에 놀이 시간과 쉬는 시간을 미리 넣어두면 아이는 '지금은 집중할 시간, 그다음은 놀 시간'이라는 리듬을 이해하게 된다. 예를 들어 '30분 책 읽기 후 15분 블록 놀이'처럼 균형을 잡아주는 계획은 아이가 스트레스를 줄이고 시간 안에서 자유롭게 움직이게 한다. 이런 경험을 통해 아이는 시간이 자신을 통제하는 것이 아니라 자신이 시간을 운영할 수 있다는 감각을 배울 수 있다. 부모가 놀이와 휴식 역시 계획 속에 포함시켜 '여유 시간'을 의도적으로 확보해 주고, 이를 아이와 함께 지키는 습관을 들이면 하루가 훨씬 더 안정적이고 즐거운 경험이 된다.

하루를 되돌아보는 점검 시간 갖기

시간 관리를 잘하려면 하루 일과가 끝난 뒤 스스로 되돌아보고 점검하는 시간이 필요하다. '하루 점검 시간'을 통해 아이는 자신의 행동과 계획을 비교하며 무엇이 잘 되었고, 어떤 점을 고쳐야 하는지 생각하는 습관을 기를 수 있다.

여섯 살 재민이는 매일 저녁 식사 후 엄마와 함께 하루 일과를 이야기하는 시간을 가졌다. 엄마는 "오늘은 아침 일찍 일어나는 데 성공했지?", "숙제는 어떻게 했어?", "내일은 뭐를 더 잘해볼까?"라는 질문을 던졌고, 재민이는 스스로 생각을 말하며 "내일은 좀 더 일찍 옷을 입어볼래" 같은 구체적인 계획도 세우게 됐다. 이 과정을 통해 재민이는 자기 행동을 스스로 점검하는 힘과 함께 계획을 수정하는 능력도 키울 수 있었다.

'하루 점검 시간'은 짧아도 충분하며, 긍정적인 면부터 시작해 실패나 어려웠던 점을 자연스럽게 이야기하는 것이 좋다. 이때 부모의 역할은 아이가 솔직하게 이야기할 수 있는 분위기를 만들어 주고, 긍정적인 피드백과 격려를 아끼지 않는 것이다. 점검 시간을 부담으로 느끼게 하지 않고, 성장의 기회로 인식하게 돕는 것이 핵심이다. 부모가 아이의 의견을 존중하고 격려하며 피드백을 주면, 아이는 자신을 객관적으로 바라보고 성장의 기회를 얻게 된다.

실패를 받아들이고 극복하는 습관

실패는 성장의 시작, 과정과 도전을 함께 칭찬하기

많은 아이들이 실패를 '망했다'거나 '끝났다'고 생각하는데 이는 실패를 회피하고 두려워하게 만드는 원인이다. 아이가 실패를 통해 성장하려면 실패의 의미를 새롭게 정의해 주는 것이 필요하다. 아이에게 실패란 단순히 '끝'이 아니라, 더 큰 성장과 배움의 '시작'임을 알려주는 것은 아이의 자신감과 도전정신을 키우는 첫걸음이다. 현대사회에서는 결과 중심의 평가가 많아 아이들이 실패를 두려워하기 쉽지만, 부모가 과정과 노력을 진심으로 인정해 줄 때 아이는 실패에 대한 두려움을 극복하고 다시 도전할 힘을 얻을 수 있다.

초등학교 1학년 수현이는 학예회에서 연극 대사를 자꾸 까먹어 좌절했다. 수현이 엄마는 "많이 떨렸을 텐데 무대에 서서 용기 내는 모습이 정말 멋졌어. 실수는 누구나 하는 거야. 네가 얼마나 노력했는지 엄마는 알아"라며 과정을 진심으로 칭찬했다. 이 말에 수현이는 자책을 내려놓고 다음 행사까지 다시금 연습에 몰두해 실패했던 대사를 훌륭히 해낼 수 있었다.

아이들이 실패를 두려워하는 이유 중 하나는 '결과로 평가받는 경험' 때문이다. "100점 맞았어?", "1등 했어?" 같은 말은 아이에게 결과가 전부라는 메시지를 준다. 결과가 아닌 '도전 그 자체'를 칭찬하는 습관은 아이에게 실패를 견디는 힘을 길러준다. 예를 들어 시험을 망쳤더라도 "열심히 준비한 것 다 알아", "처음 해보는 일인데도 용기 냈네"라고 말해주는 것이 훨씬 의미 있는 격려이다. 아이는 이 말을 통해 결과보다 과정을 소중히 여기는 태도를 배울 수 있다. 부모가 실패한 순간에 아이와 함께 그 과정을 돌아보며 "무엇이 어려웠고, 다음엔 어떻게 해볼까?"라고 이야기하면, 아이는 반복되는 실패 속에서도 다시 시도할 수 있는 내면의 힘, 즉 회복탄력성과 스스로 문제를 해결하는 능력, 그리고 자기효능감을 키울 수 있다. 결과 중심의 칭찬은 실패에 대한 두려움을 키우지만, 도전 중심의 칭찬은 실패에 대한 면역력을 키워준다.

실패를 긍정적으로 받아들이는 말과 대화의 힘

아이들은 '혼날까 봐' 또는 '실망시킬까 봐' 실패를 두려워한다. 이때 부모가 해주는 "괜찮아, 누구나 실수할 수 있어", "엄마도 그랬어"와 같은 반응은 아이의 마음에 큰 위로와 안정을 준다.

실패를 견디는 힘은 단순히 위로로 끝나서는 길러지기 어렵다. "이번에 틀린 바람에 개념부터 제대로 공부하게 됐네. 오히려 좋아!"라고 해주면 아이는 실패를 부끄러워하지 않고 배움의 기회로 받아들인다. "이번에 뭐가 어려웠을까?", "다음에는 어떻게 하면 좋을까?"라는 질문은 문제 해결력과 자기 성찰 능력을 키워준다.

단, 이 과정은 비판이나 분석이 아닌, 함께 고민해 주는 태도로 접근해야 효과적일 수 있다.

부모가 실패를 담담히 받아들이고, 아이와 열린 대화를 통해 '실패해도 괜찮다'는 메시지를 꾸준히 전달하면서 아이가 실패를 통해 무엇을 배우는지 직접 말해보게 하면, 스스로를 더 긍정적으로 바라볼 수 있게 된다. 실수를 비난하지 않고 배움의 기회로 만드는 부모의 자세가 무엇보다 중요하다.

실패에 즉각 개입하지 않고 기다려주기

아이들이 실수하거나 실패했을 때, 부모는 종종 바로 개입하고 해결책을 주려 한다. 그러나 이럴 때 필요한 건 '정답'이 아니라 '경험의 시간'이다. 아이가 "왜 안 됐지?", "어떻게 하면 다르게 해볼 수 있을까?" 하고 스스로 돌아볼 기회를 가질 수 있도록 기다려주는 것이다. 이 과정을 통해 아이는 실패를 두려워하기보다는 탐색하고 도전하는 태도를 배운다.

아이 스스로 실패를 견디는 힘을 갖기 위해서는 타인의 실패도 존중하는 태도를 배우는 것이 중요하다. 친구가 실수했을 때 "넌 왜 그것도 못 해?"가 아닌, "괜찮아, 나도 그런 적 있어"라고 말할 수 있는 아이는 자신에게도 따뜻한 관점을 유지할 수 있다.

이런 공감과 지지의 언어는 부모가 먼저 보여주어야 자연스럽게 습득된다. 가족 구성원의 실패를 비판하고 바로잡으려 하기보다 위로와 응원을 보내는 문화가 있다면, 아이 역시 자신과 타인의 실패에 인내심을 가질 수 있게 된다.

여섯 살 지우의 엄마는 지우가 숙제를 제대로 해내지 못해도 즉각 바로잡기보다 "이건 좀 어려운 문제네. 천천히 다시 살펴보자"라며 기다려준다. 어느 날 지우는 친구가 게임에서 지자 "괜찮아, 천천히 해보면 다음엔 더 잘할 수 있어"라며 친구를 위로하는 모습을 보였다. 실패에 대한 부모의 태도가 지우의 자신감뿐 아니라 타인에 대한 배려심도 키워준 것이다.

아이 각자의 속도를 인정하고 재도전 기회 만들기

부모가 의도하든 의도하지 않든 "다른 애들은 잘만 하던데", "동생은 벌써 혼자 하잖아" 같은 말은 아이의 실패를 더 부끄럽게 만든다. 그러나 모든 아이는 저마다 다른 속도로 성장하고 배운다는 것을 부모는 알아야 한다. 아이는 자신의 속도와 방식이 존중받지 못한다고 느끼면, 도전 자체를 꺼리게 된다. 반대로 부모가 아이를 다른 아이와 비교하지 않고 아이만의 리듬과 속도를 인정해주는 "너의 속도대로 계속 가면 돼", "조금 느려도 괜찮아"라는 말은 아이의 자존감을 지켜주는 보호막이 된다. 모든 아이는 발달 속도와 학습 스타일이 다르며, 실패에서 회복하는 데 걸리는 시간도 다양하다. 비교 대신 아이의 리듬에 귀 기울이고 기다려주는 태도가 실패를 건강하게 받아들이는 힘을 길러준다.

어쩔 수 없이 실패를 경험해야 한다면 실패를 경험한 후 '다시 해볼 기회'를 갖는 것이 중요하다. 실패 후 도전 없이 끝나버린 경험은 두려움만 남기고, 다시 시도하는 것을 어렵게 만든다. 예를 들어 자전거 타기에 실패한 아이에게 "오늘은 여기까지, 내일 다시 해보자"라고 말해보자. 같은 문제를 다른 방식으로 접근하거나, 작은 목표부터 설정해 점진적으로 도전해 나아가도록 도와줄 때 다시 시도해 볼 용기가 생긴다. 실패는 다음 도전을 위한 발판임을 체감한 아이는 회복탄력성과 자기효능감을 갖추게 된다.

우리집 루틴 체크리스트

루틴은 지루한 반복이 아니라 아이를 단단하게 만드는 숨은 레일이다. 하루를 규칙적으로 보내는 습관은 아이의 안정감, 자기조절력, 집중력을 길러주는 강력한 힘을 가진다. 오늘 하루 우리 집의 루틴을 점검해 보는 체크리스트를 만들어보자.

- **step 1   우리집의 하루 루틴을 정리해 보기**

[예시]

시간대	활동 내용	실천 여부
아침(기상~등원)	7시 기상, 세수, 옷 갈아입기, 아침 식사	△
오전	유치원 활동 / 집에서 놀이 시간	○
점심	점심 식사, 간단한 대화나 놀이	○
오후	자유놀이, 산책, 독서	○
저녁(귀가~취침)	저녁 식사, 정리정돈, 목욕, 취침 준비	△
취침 시간	8시 30분까지 잠자리에 들기	×

- **step 2   우리 아이, 이런 부분 잘했어요**

☐ 오늘 아이가 스스로 한 일
☐ 오늘 아이가 전보다 덜 재촉받고 해낸 일
☐ 아이가 즐겁게 참여한 활동
☐ 아이가 힘들어했지만 도전한 루틴

※ 기억해 두고 싶은 장면 한 가지를 적어보자.

- **step 3 내일은 이렇게 해볼래요**
  - ☐ 아이가 루틴을 지키기 위해 내가 덜 개입하기
  - ☐ 한 가지 루틴은 아이와 함께 정하기
  - ☐ 포스트잇이나 그림으로 루틴 시각화하기
  - ☐ 루틴 후 짧은 칭찬이나 하이파이브로 피드백 주기

6장

부모 감정이
아이의 습관을 지킨다

육아 멘털 코칭

_아이의 습관을 바꾸고 싶다면 먼저 부모 자신의 감정과 반응을 들여다보아야 한다. '왜 이렇게 말을 안 들을까?'라는 질문 대신 '나는 어떤 감정으로 아이를 대하고 있을까?'를 묻는 것이 습관 교육의 출발점이다. 부모의 감정은 아이에게 고스란히 전달된다. 불안한 마음, 조급한 태도, 잦은 잔소리는 아이의 자율성과 자기주도 습관을 해친다.

많은 부모들이 아이의 습관 형성을 위해 애쓰지만 정작 아이가 변화하지 않는 이유는 부모의 감정 상태와 반응 습관에 있는 경우가 많다. 잔소리는 결국 아이에게 '나는 늘 부족한 존재'라는 부정적 메시지를 주고, 이는 아이 스스로 습관을 형성하려는 내적 동기를 꺾어버리기도 한다.

따라서 부모도 감정 관리와 루틴이 필요하다. 아이에게 "루틴을 지켜야 해"라고 말하기 전에 부모 스스로 감정 회복과 여유를 위한 일상 루틴을 갖춰야 한다. 스스로를 돌아보고 감정을 조절하며 일관되게 반응해야 아이에게 안정과 변화를 줄 수 있다.

아이를 바꾸기 전에 나를 돌아보고 조급함 대신 기다림의 힘을 배우는 것, 그것이 부모 멘털 코칭의 핵심이다. 좋은 습관은 가르치는 것이 아니라 보여주는 것이다. 부모의 말보다 태도, 지시보다 일관성이 아이의 습관을 만든다. 완벽하지 않아도 괜찮다. 부모가 흔들리지 않는 마음을 가질 때 아이는 조금씩 변화하고 성장한다.

부모의 감정 기복은 아이 습관에 영향을 준다

부모 감정의 온도는 집안 분위기를 바꾼다

부모의 감정은 단지 개인의 문제가 아니다. 부모의 말투, 표정, 몸짓 하나하나가 아이에게는 일상의 기후처럼 작용하기 때문에 부모의 감정은 집안의 '기상 상태'와 같다. 화창한 날이 많으면 아이는 바깥세상을 향해 편안히 나아갈 수 있지만, 늘 흐리고 비가 오면 우산을 챙기느라 성장의 에너지를 잃게 된다. 부모의 감정 온도가 따뜻하면 집안은 포근하고 안정된 느낌이 들고, 반대로 감정의 기복이 심하거나 차가우면 아이는 눈치를 보고 긴장 속에 지내게 된다. 이 과정에서 아이는 '지금은 조심할 때인지', 혹은 '말을 꺼내도 되는 분위기인지'를 먼저 판단한다. 이러한 경험이 반복되면 아이는 자신의 감정이나 행동을 숨기고 위축된 태도를 습관처럼 가지게 될 수 있다. 그렇다고 부모의 감정을 억지로 감추라는 뜻이 아니다. 부모는 자신의 감정을 먼저 인식하고, 아이에게 해롭지 않게 표현하고 조절하려는 자세가 중요하다. 아이가 부모의 감정을 통해 자기 감정을 다루는 법도 배우기 때문이다.

완벽한 부모가 되고 싶은 것이 부모의 희망이지만 부모가 완벽할 수는 없다. 감정이 흔들리는 날도 당연히 있을 수 있다. 중요한 것은 '내 감정을 아이에게 그대로 쏟아내지 않기', '감정을 알아차리고 설명하는 연습하기', '감정을 조절할 여유 시간을 확보하기'이다. 아이가 부모를 통해 배우는 것은 감정을 숨기는 기술이 아니라, 감정을 건강하게 다루는 방식이기 때문이다. 아이는 부모의 감정 표현과 조절 방법을 보고 감정의 언어를 익히고, 안정적인 습관 속에서 스스로를 다스릴 줄 아는 아이로 자라게 된다.

다섯 살 소연이의 엄마는 평소에는 다정하지만 일이 바쁠 땐 아이의 일상적 질문에도 예민하게 반응하곤 했다. "엄마, 이거 봐봐!"라는 아이의 말을 "그만 좀 해!"로 끊어버린 날이면, 아이는 입을 꾹 다물고 혼자 방에 들어가 버렸다. 그날 저녁, 평소 잘하던 자기 전 정리 루틴도 무너졌다. 아이는 장난감을 제자리에 놓지 않았고, 잠자리에 들기까지 떼를 쓰며 30분 넘게 시간을 끌었다. 소연이 엄마는 그제서야 자신이 낮에 아이에게 건넨 짜증 섞인 말 한마디가 아이의 하루 감정과 습관을 뒤흔들었다는 걸 깨달았다.

반대로, 여섯 살 현우의 부모는 퇴근 후 피곤하더라도 감정을 점검하고, 아이 앞에서 서로 존중하는 모습을 보이려 애쓴다. 때로 힘든 일이 생겨도 아이에게 "오늘 엄마가 좀 힘들어서 목소리가 작을 수도 있어. 그래도 현우 이야기는 모두 잘 듣고 있어"라고 감정을 솔직히 전달하곤 했다. 이처럼 안정된 분위기에서 자란 현우는 부모의 신호를 예측할 수 있고, 일관된 반응에 신뢰감을 느끼며 자신의 생활 루틴도 잘 지켜나가고 있다.

부모의 감정 안정이야말로 아이 습관 형성의 가장 기본적인 환경 조건이다. 부모의 감정은 눈에 보이지 않지만 아이의 정서와 습관, 심지어 자존감에까지 깊은 영향을 준다는 것을 잊어서는 안 된다. 자주 화를 내고, 금방 후회하고, 말이 번복되는 분위기 속에서는 아이는 무엇을 지켜야 할지 헷갈리고, 습관은 불안정해질 수밖에 없다. 반면, 감정을 안정적으로 표현하고 아이에게 일관된 메시지를 주는 부모 밑에서 아이는 심리적 안전을 확보하고 자기조절력과 일관된 생활 습관을 키워갈 수 있다.

부모의 감정 기복이 심할수록 아이는 눈치를 본다

"선생님, 제가 아침에 일어나서 제일 먼저 하는 일이 뭐냐면요, 바로 엄마 기분이 어떤지 살피는 거예요." 어느 초등학교 1학년 교사가 아이가 한 말이라며 전해준 내용이다. 아이에게 부모는 세상의 중심이다. 그런데 그 중심이 매일 다른 표정을 하고, 똑같은 행동에도 어떤 날은 웃고 어떤 날은 화를 낸다면 아이는 매 순간 불안해질 수밖에 없다. 부모의 감정 기복은 아이의 정서 안정성과 습관 형성에 치명적인 영향을 미친다. 감정 기복이 심한 부모 밑에서 자라는 아이는 부모의 기분에 따라 자신의 행동을 조절하는 '눈치 습관'을 배우게 된다. '지금은 말해도 되는 시간일까?', '기분 나빠 보이니까 조용히 있어야겠다'와 같은 생각은 결국 아이가 자율성과 주도성을 잃고, 긴장 속에서 행동하는 아이로 자라게 만든다. 아이는 스스로 무언가를 해보려는 도전보다는 '혼나지 않기 위한 전략'을 우선시하게 된다. 이는 자기주도적인 습관 형성에 부정적인 영향을 미치고 장기적으로는 자기 표현이나 자기결정 능력의 저하로 이어질 수 있다.

여섯 살 유빈이는 아침마다 엄마 눈치를 살핀다. 엄마의 아침 감정이 들쑥날쑥하기 때문이다. 어떤 날은 "우리 유빈이 오늘도 힘내자!"라고 밝게 말하지만, 어떤 날은 말도 없이 한숨을 쉬며 화만 내곤 했다. 유빈이는 그런 날이면 입을 꾹 다문 채 밥도 반쯤만 먹고 어린이집에 가곤 했다. 아침 습관도, 등원 준비도 불안정해진 것이다. 결국 유빈이는 하루의 시작부터 '부모의 감정'을 기준 삼아 움직이게 되었고, 자기주도적인 습관 대신 눈치 보는 태도를 더 먼저 배우게 되었다.

반면에 일곱 살 진우의 부모는 바쁜 일상에서도 하루에 5분, 서로의 기분을 묻고 정리하는 시간을 가졌다. 힘든 일이 있어도 "지금 아빠가 조금 속상한 일이 있어서 그래. 너한테 화내는 건 아니야"라고 감정을 구분해서 말해주고, 아이에게 불필요한 긴장감을 주지 않으려 노력했다. 그 덕분에 진우는 아침 등원 준비든 자기 전 루틴이든 혼자서도 일관되게 지켜나갈 수 있었다. '부모 기분'이 아니라 '내가 해야 할 일'을 중심에 두고 움직일 수 있는 것이다.

부모도 사람이기에 감정 기복은 있을 수밖에 없다. 하지만 그 감정을 아이에게 고스란히 쏟아내거나, 표현 방식이 극단적이 되면 아이는 '눈치 보는 아이', '자신을 숨기는 아이'로 자라게 된다. 감정을 조절하는 부모의 노력은 단순히 좋은 분위기를 만드는 것이 아니라, 아이가 자기 삶을 주도적으로 살아갈 수 있도록 돕는 가장 기본적인 안전장치이다. 눈치가 아닌, 자신감으로 세상을 바라보게 하고 싶다면, 부모 감정의 파도를 조금씩 다스리는 것부터 시작해야 한다.

아이는 부모의 감정 조절·표현 방식을 흡수한다

아이들은 부모가 상상하는 것 이상으로 부모를 따라 한다. 특히 감정을 조절하고 표현하는 방식에 있어 부모는 아이에게 '살아있는 교과서'이다. 아이는 부모가 감정을 어떻게 다루고 표현하는지 관찰하면서 그 방식을 배우고, 그대로 따라 한다. 부모가 자신의 감정을 잘 인식하고, 솔직하고 건강하게 표현하면 아이도 감정을 숨기지 않고 적절하게 표현할 수 있게 되지만 반대로 감정을 억누르거나 폭발시키는 모습을 반복해서 보여주면 아이도 같은 방식으로 감정을 다루게 된다.

여섯 살 시우는 사소한 일에도 화를 잘 내고, 친구가 장난감을 먼저 가지면 소리부터 지르고 보는 아이였다. 어린이집 선생님은 시우가 감정 표현이 서툴다고 생각했지만, 부모 상담에서 원인을 발견할 수 있었다. 시우의 엄마는 평소에는 다정하지만 일이 꼬이거나 스트레스를 받을 땐 목소리가 커지고, 표정이 굳고, 말이 거칠어지는 편이었다. 시우는 엄마가 갑자기 짜증을 내면 그 상황을 감당하지 못하고 자기 감정도 함께 폭발시켰다. 결국 시우는 '감정이 올라오면 참고 정리한다'는 것을 배우지 못한 채, '불편하면 터뜨린다'는 방식을 익히고 있었던 것이다.

반대로, 여섯 살 서윤이는 속상한 일이 있어도 "나 지금 기분이 좀 안 좋아"라고 말하고, 친구에게도 "조금만 혼자 있고 싶어"라고 말로 표현한다. 알고 보니 서윤이 엄마는 감정이 올라올 때 숨을 크게 쉬고 "엄마 지금 마음이 좀 복잡해. 정리 좀 하고 얘기하자"라고 말하는 습관을 가지고 있었다. 감정을 억누르거나 터뜨리지 않고, 말로 설명하고 조절하는 모습을 자연스럽게 보여주었기에, 서윤이도 그 방식을 그대로 따라 배운 것이다.

감정은 전염된다는 것을 기억하자. 아이의 감정 습관을 건강하게 만들고 싶다면, 그 출발점은 바로 부모 자신의 감정 다루기이다. 부모가 감정을 조절한다는 건 완벽한 인내심을 가지라는 말이 아니다. 중요한 건 감정을 억누르거나 외면하는 것이 아니라, 감정을 인식하고 아이에게 해롭지 않은 방식으로 전달하려는 노력이다. 이를 위해서는 부모 자신도 하루 중 자신의 감정을 점검하는 시간이 필요하다. 지금 나는 어떤 감정을 느끼고 있는지, 이 감정을 아이에게 어떻게 전달하고 있는지 성찰해 보는 것이다.

또한 부모의 감정 표현은 일종의 '감정의 언어'임을 잊지 말자. 단지 아이에게 "화를 참을 줄도 알아야 해", "말로 해야지"라고 가르치기보다는, 부모가 실제로 그렇게 말하고 행동하는 것이 가장 효과적이다. 결국, 감정을 어떻게 표현하느냐는 단지 일시적인 분위기를 만드는 것이 아니라, 아이의 감정 습관과 사회성, 나아가 대인관계의 질까지 결정짓는 기초가 된다. 부모의 감정 조절과 표현 방식이 곧 아이의 미래 감정 생활을 설계하는 첫걸음인 셈이다.

잔소리는 부모의 불안을 먹고 자란다

잔소리는 아이의 자기결정력을 갉아먹는다

"빨리 가방 챙겨!", "이 닦으랬지?", "아직도 안 자니?" 부모의 말은 매번 '지시' 같지만, 아이의 귀에는 점점 '통제'로 들린다. 부모가 아이에게 반복적으로 같은 말을 하게 되는 이유는 불안하기 때문이다. 처음엔 행동을 유도하는 말이었지만, 똑같은 말을 반복하면 아이는 점점 듣지 않게 되고, 듣지 않으니 더 반복하게 되는 악순환이 이어진다. 잔소리는 아이의 습관을 길러주는 수단이 아니라, 부모의 불안을 아이에게 전가하는 통제 방식이 되어 버린다.

무엇보다 잔소리는 아이의 자기결정력을 약화시킨다. 자기결정력이란 스스로 선택하고 결정하며 책임지는 능력인데, 이는 아이의 자율성과 자신감을 키우는 핵심 요소이다. 그런데 잔소리가 일상이 되면, 아이는 스스로 판단하고 움직이기보다 '엄마가 언제 또 뭘 시키려나?'를 먼저 생각하게 된다. 결국 아이는 외부의 지시와 통제에만 반응하는 존재가 되어버리고 만다.

일곱 살 민호의 엄마는 매 순간 민호 옆에서 일일이 챙기고 잔소리를 해대는 스타일이다. "지금 숙제해야지, 지금 씻어야지, 지금 자야지." 처음엔 엄마 말에 잘 따르던 민호는 점차 자율적인 선택을 하지 못하고, 엄마의 지시가 없으면 아무 것도 하지 않으려는 태도를 보이기 시작했다. 어느 날 밤늦은 시간까지 숙제를 하나도 해놓지 않은 민호를 보고 엄마는 깜짝 놀라 그 이유를 물었다. 민호는 태연하게 "엄마가 하라고 안 했잖아"라고 대답했다. 민호는 이미 자신의 삶을 스스로 끌고 가는 힘을 잃어버린 것이다.

잔소리는 아이를 행동하게 하는 효과가 있는 것처럼 보이지만, 실은 감정적 에너지를 빼앗고 자율성을 약화시킨다. 반복되는 지시는 결국 아이에게 '나는 무엇도 스스로 할 수 없는 사람'이라는 인식을 심어주고, 이로 인해 아이는 스스로 생각하고 판단하는 힘을 기르기 어려워진다.

잔소리는 부모의 불안에서 비롯되는 경우가 많다. '잊으면 어떡하지?', '안 하면 안 되는데'라는 마음에 말이 자꾸 앞서게 되는 것이다. 그러나 아이의 자기결정력을 키우고 싶다면, 부모는 그 불안을 잠시 내려놓고 아이가 시행착오를 겪도록 기다릴 줄도 알아야 한다. 아이가 실수하거나 놓쳤을 때, 함께 점검하고 도와주는 것이지, 그 전부터 모든 것을 대신 말해주고 대신 결정해 주면 아이는 아무것도 배우지 못한다.

부모의 말이 아이에게 진짜 영향을 미치려면, 말의 횟수보다 말의 질이 중요하다. 단호하지만 따뜻하게, 짧지만 명확하게, 감정이 아니라 의도를 담아 전달해야 한다. 그리고 무엇보다, 아이가 스스로 느끼고 선택할 수 있도록 여지를 남겨두는 것이 습관 형성의 핵심이다.

아이는 잔소리에 익숙해지면 귀를 닫는다

"몇 번을 말해야 알아듣니?" 많은 부모가 한 번쯤은 이렇게 외쳐본 적이 있을 것이다. 처음에는 아이가 부모의 말에 반응하지만,

잔소리가 계속되면 점점 효과가 떨어지고, 어느 순간부터는 듣고도 무시하거나 아예 듣지 않는 것처럼 행동하기 시작한다. 이는 단순한 반항이 아니라, 아이가 잔소리를 '정보가 아닌 소음'으로 인식하기 시작했기 때문이다. 아이는 처음엔 주의 깊게 듣다가도 반복될수록 그 말의 의미는 사라지고 단지 귀를 거치는 소리로 인식한다. 이렇게 되면 부모는 더 큰 목소리로, 더 자주 같은 말을 하게 되고, 아이는 점점 더 귀를 닫게 된다. 이 악순환은 부모와 아이 사이에 불필요한 갈등만 쌓이게 한다.

일곱 살 지후의 부모는 지후가 점점 말을 듣지 않자 말수를 줄이고, 전달 방식을 바꾸었다. 아침 시간에는 말 대신 벽에 간단한 '아침 준비 순서 카드'를 붙여두고, 필요한 경우 "지금은 뭘 할 차례지?"라고 짧게 묻는 정도로 마무리했다. 지후는 하루 이틀 헤맸지만 점차 흐름을 익히고, 스스로 준비를 마치는 날이 많아졌다. 부모의 말이 줄어들자 오히려 아이는 더 귀를 기울이기 시작했다.

말의 수가 줄어들수록, 말의 힘은 강해지는 법이다. 중요한 것은 '몇 번을 말하느냐'가 아니라, '그 말이 얼마나 의미 있게 전달되느냐'이다. 부모가 같은 말을 반복할수록 아이는 그것을 중요하게 느끼지 않게 되고, 결국 귀를 닫아버린다. 인간은 소리가 아닌 메시지에 반응하는 존재이다. 잔소리를 줄이기 위해서는 우선, 아이가 스스로 행동할 수 있도록 환경을 만들고, 말을 줄이는 대신 시각적 신호나 선택지를 제공하는 것이 효과적이다. 또한, 중요한 말은 짧고 단호하게, 그리고 감정을 싣지 않고 전하는 연습이 필요하다. 말을 반복하는 대신 기다림으로 메시지를 전달하는 것도 하나의 방법이다.

아이가 부모의 말을 듣지 않는다고 해서 무조건 반항하거나 무례한 것이 아니다. 잔소리에 익숙해져 '감각이 무뎌진 상태'일 수 있음을 부모는 알아야 한다. 아이가 귀를 닫기 전에, 부모가 먼저 말의 방식을 바꾸자. 부드럽지만 힘 있는 한마디가 수십 번의 잔소리보다 큰 변화를 만든다.

잔소리는 아이의 자존감을 깎는다

잔소리는 본질적으로 "너는 왜 이것도 제대로 못 해?", "또 안 했구나. 도대체 몇 번을 말해야 돼?", "엄마가 챙겨야 하니?"라는 메시지를 반복하는 구조를 가지고 있다. 이 말들은 많은 부모가 아이를 걱정하는 마음에서 무심코 내뱉는 표현이다. 하지만 이런 잔소리가 반복되면, 아이는 점점 '나는 잘 못하는 아이다', '나는 늘 부족한 사람이다'라는 메시지를 내면화하게 된다. 부모가 자주 하는 잔소리는 단순한 행동 교정이 아니라, 아이에게 지속적으로 '넌 아직 부족해'라는 신호를 보내는 셈이 되며, 결국 아이의 자존감을 약화시켜 아이가 주도적으로 행동하려는 동기를 잃게 만든다.

자존감은 내가 나를 어떻게 바라보는지에 대한 기본적인 감정이다. 그런데 매일같이 "왜 안 했어?", "그렇게 하면 안 되지!", "또 틀렸잖아" 같은 말을 듣는다면 아이는 '나는 늘 문제 있는 존재'라고 느끼게 된다. 이런 감정은 아이의 도전 정신과 자율성을 무너뜨릴 뿐 아니라, 점점 스스로를 부정적으로 바라보게 만든다.

일곱 살 태린이는 숙제를 잘 못하면 엄마에게 "그걸 왜 몰라?", "이걸 몇 번이나 말했는데 또 틀려?"라는 말을 듣곤 했다. 처음엔 속상해하며 울다가 다음에는 무표정해졌고, 점점 "몰라", "어차피 또 틀릴 거야"라는 말을 하기 시작했다. 태린이 엄마는 아이가 왜 이렇게 자신 없어졌는지 이해하지 못했지만, 돌이켜보니 반복된 지적과 잔소리가 태린이의 자존감을 깎아내렸다는 사실을 깨달았다. 아이는 실수보다 '실수했을 때 들을 말'을 더 두려워하게 되었고, 점점 도전 자체를 회피하게 된 것이다.

잔소리는 단기적으로는 즉각 아이를 움직이게 할 수 있다. 하지만 장기적으로는 아이의 자기효능감과 자존감을 떨어뜨리는 결과를 낳는다. 특히 감정이 실린 잔소리는 아이에게 '나는 늘 혼나는 사람', '엄마는 나를 믿지 않아'라는 인식을 심어준다. 아이가 자신의 가치를 긍정적으로 느끼기 위해서는, 행동보다 존재에 대한 신뢰가 먼저 전달되어야 한다. 부모가 반복해서 하는 말은 결국 아이의 내면 언어가 된다. "너는 왜 이렇게 게을러?", "넌 항상 그래" 같은 말은 나중에 아이가 스스로에게도 똑같이 말하게 만든다. 반면 "조금 늦어도 괜찮아", "실수는 배우는 기회야"라는 말은 아이가 자신을 믿고 성장할 수 있도록 돕는 자양분이 된다.

아이의 자존감은 따뜻한 말 한마디로 자라고, 반복되는 부정적 메시지로 쉽게 꺾인다. 잔소리를 줄이고, 아이의 시도와 노력에 초점을 맞추어주는 것. 그것이 아이의 마음에 '나는 괜찮은 사람이야'라는 믿음을 심어주는 가장 중요한 양육 태도이다. 부모의 말이 칼이 아닌 거울이 되어, 아이가 자신을 긍정적으로 바라볼 수 있도록 도와주자.

부모에게도 감정 회복 루틴이 필요하다

아이의 감정 조절을 돕는 부모의 감정 루틴

감정은 전염된다. 부모가 흔들리면 아이도 흔들릴 수밖에 없다. 그래서 아이의 감정 조절을 돕기 위해서는 먼저 부모가 자신의 감정을 다스리는 '감정 회복 루틴'을 갖는 것이 필수적이다. 부모가 자신의 감정을 잘 관리할 때, 아이에게도 그 평정심이 전달되어 아이가 안정된 정서 상태를 유지할 수 있다.

다섯 살 연주의 엄마는 아침마다 컨디션이 좋지 않은 편이다. 등원 준비를 시키며 자기도 모르게 짜증을 내는 일이 많고, 연주도 거기에 반응해 울거나 떼쓰는 일이 잦았다. 상담을 통해 엄마는 '감정 회복 루틴'을 시작했다. 매일 아침 5분간 깊게 숨쉬기, 짧은 스트레칭, 마음챙김 명상을 하는 시간을 갖기로 한 것이다. 이 간단한 루틴으로 엄마는 긴장을 풀고 감정을 안정시킬 수 있었고, 연주도 자연스레 엄마의 차분한 분위기에 맞춰 마음을 다스리게 되었다.

부모의 감정 루틴은 꼭 복잡하거나 긴 시간이 아니어도 된다. 잠시 눈을 감고 호흡에 집중하기, 짧은 산책이나 좋아하는 음악 듣기, 감정을 글로 써보기, 차 한 잔의 여유 갖기 등도 좋은 방법이다. 중요한 것은 반복해서 습관으로 만들고, 감정이 올라올 때마다 의식적으로 실행하는 것이다. 이렇게 되면 부모는 감정을 부정하거나 억누르지 않고, 자연스럽게 회복시키는 힘을 기를 수 있다.

부모가 감정 회복 루틴을 갖추면 아이와의 갈등 상황에서도 더 침착하게 대응할 수 있다. 아이가 떼를 쓰거나 화를 낼 때, 부모가 먼저 감정을 안정시키고 적절히 반응하면 아이도 안정될 가능성이 높아진다. 아이는 부모가 안정적일 때 더 잘 따라오고, 감정의 중심을 잡으며 성장할 수 있다. 따라서 부모 자신이 마음의 평정을 유지하는 것은 아이의 정서 발달에 지대한 영향을 미친다.

부모와 아이 모두 건강한 정서 습관을 만들기 위해, 오늘부터 작은 감정 회복 루틴 하나를 시작해 보자. 그 변화가 아이의 마음뿐 아니라 가정 전체의 평화를 만드는 힘이 되어줄 것이다.

감정 회복을 위한 '혼자만의 시간' 만들기

아이를 기르는 일은 사랑과 기쁨만큼이나 큰 에너지를 요구하는 일이다. 하루 종일 아이를 돌보고, 여러 역할을 수행하다 보면 부모는 체력적으로 지치고 감정적으로 소진되기 쉽다. 그래서 부모 자신이 건강한 감정을 유지하기 위해 '나만의 시간'을 의도적으로 만드는 것이 매우 중요하다. 이 시간이야말로 부모가 감정을 회복하고 충전하는 소중한 공간이자, 아이와 가족에게 더 좋은 에너지를 주는 밑거름이다.

네 살 지혁이 엄마는 하루가 끝나면 몸과 마음이 너무 피곤해 아무것도 하고 싶지 않았다. 아이와 사소한 문제로 다투면 쉽게 화가 나고, 감정을 조절하기 어려웠다. 상담 후 엄마는 매일 저녁 30분씩 자신만의 시간을 갖기로 했다. 그 시간 동안 책을 읽거나 차를 마시며 휴식을 취하고, 짧은 산책을 하기도 했다. 처음엔 아이와 떨어져 혼자만의 시간을 갖는다는 게 가능할까 싶었지만 적극적으로 시간을 내고 휴식을 실천하면서 마음이 한결 가벼워지고 감정의 기복이 줄어드는 것을 느꼈다. 지혁이와의 관계도 점차 부드러워졌다.

여섯 살 윤이 아빠는 주말마다 1시간씩 혼자 조용히 걷는 시간을 갖는다. 그 시간 동안 휴대전화를 끄고, 업무나 육아 걱정에서 벗어나 자연 속에서 마음을 정리한다. 이런 시간이 쌓이면서 윤이 아빠는 평일에도 스트레스 상황에 좀 더 침착하게 대처할 수 있게 되었고, 가족과 보낼 때 더 여유로운 모습으로 변했다.

'혼자만의 시간'을 만드는 것은 단순한 휴식 이상의 의미를 가진다. 이 시간은 감정을 재충전하고, 자신을 돌보며, 심리적 에너지를 회복하는 '심리적 안전지대'이다. 하지만 현실적으로 시간을 내기 어려울 수 있다. 이럴 때는 짧은 시간이라도 '나만의 루틴'을 만들어보자. 5분간 깊게 숨쉬기, 좋아하는 음악 듣기, 간단한 스트레칭, 짧은 명상 등 작고 소중한 순간이 큰 변화를 이룰 수 있다.

부부가 서로의 '감정 회복 시간'을 존중하고 배려하는 것도 필요하다. 한쪽이 휴식 시간을 가질 수 있도록 돕고, 함께 시간을 보내는 것도 좋지만, 각자만의 시간을 가지는 것이 감정 건강에 더욱 긍정적인 영향을 준다. '혼자만의 시간'은 부모가 아닌 아이를 위한 가장 중요한 선물 중 하나이다. 부모가 자신을 돌볼 때, 아이도 더 행복하고 건강하게 자랄 수 있기 때문이다. 오늘부터 작게라도 부모 자신만의 감정 회복 시간을 계획해 보자. 그 시간이 가족 모두에게 웃음과 평화를 가져다주는 밑거름이 될 것이다.

일상 속 스트레스 해소 루틴이 아이를 살린다.

부모의 스트레스는 때로 아이에게 고스란히 투영된다. 특히 반복되는 육아와 가사, 일과의 병행 속에서 쌓이는 피로는 감정을 급격히 예민하게 만든다. 스트레스가 쌓이고 조절되지 않으면 부모는 쉽게 짜증을 내고, 감정 기복이 심해지며, 아이와의 소통도 어려워진다. 이때 가장 필요한 것은 스트레스를 인식하고 해소하는 습관을 갖는 것이다.

일상 속 스트레스 해소 루틴은 거창할 필요가 없다. 호흡법, 짧은 산책, 가벼운 스트레칭, 좋아하는 책 읽기, 음악 감상 등 간단한 활동으로 충분하다. 중요한 것은 꾸준함과 '나를 위한 시간'이라는 의식을 가지는 것이다. 이 시간을 통해 부모는 자신의 감정을 돌아보고, 긴장을 풀며 마음의 평화를 찾을 수 있다. 부모가 스트레스를 잘 관리하면 아이도 감정 조절을 배울 기회를 얻게 된다.

아이의 기분을 조절하기 전에 부모의 스트레스를 먼저 덜어내는 연습이 필요하다. 감정 회복이 습관이 되면 부모는 반응을 먼저 하지 않고 선택할 수 있는 여유를 갖게 된다. 그 결과로 아이의 감정에도 더 민감하고 적절하게 반응할 수 있다. 그러므로 부모가 일상 속에서 꾸준히 스트레스를 해소하는 루틴을 만드는 것은 단지 부모 자신의 정신건강뿐 아니라, 아이의 건강한 정서 발달과 가정의 평화를 위해서도 매우 중요하다. 작은 습관 하나가 아이의 마음에 큰 안정과 행복을 선물한다는 점을 기억하고 오늘부터 나만의 스트레스 해소 루틴을 찾아 꾸준히 실천해 보자.

부모의 루틴이 곧 아이의 정서 안정

아이들은 부모의 일상을 보고 자란다. 그렇기 때문에 아이의 정서 안정은 부모의 일상 루틴에서 시작된다. 규칙적이고 예측 가능한 부모의 행동은 아이에게 안정감을 주고, 감정을 조절하는 데 큰 도움을 준다. 반대로 부모가 불규칙하고 감정 기복이 심하면, 아이 역시 불안정한 정서를 보일 가능성이 높아진다. 부모가 지키는 작은 루틴 하나하나가 아이의 마음속에 신뢰와 평화를 쌓아가는 초석이 되는 것이다.

다섯 살 예지의 엄마와 아빠는 매일 저녁 일정한 시간에 가족을 불러 모아 간단한 대화를 나누는 시간을 갖는다. 이 루틴은 단순한 일과가 아니라, 아이에게 '내가 사랑받고, 가족이 안전한 곳'이라는 메시지를 전해준다. 예지는 부모의 일관된 행동과 말에서 안정감을 느끼고, 감정이 불안정할 때도 그 루틴 속에서 마음을 다잡곤 한다. 실제로 예지는 친구들과 다툼이 있을 때도 부모와의 규칙적인 대화 시간을 떠올리며 스스로 마음을 가라앉히는 모습을 보인다.

반면, 여섯 살 태양이는 부모가 매일 바쁘고 피곤해서 규칙적인 생활 패턴을 유지하기가 어렵다. 아침 기상 시간도 불규칙하고 등원 시간이 매일 다르며 저녁에도 가족들은 딱히 소통하지 않는다. 부모의 불안정한 루틴으로 인해 태양이에게는 매일 매 순간 예측하기 어려운 일들이 계속 펼쳐지는 것이다. 태양이의 불안은 갑작스러운 짜증 등 감정 조절의 어려움으로 드러나는 중이다.

부모의 루틴이 중요한 이유는 아이가 일상을 예측할 수 있어야 '안전한 환경'이라 느끼기 때문이다. 규칙적인 식사 시간, 수면 시간, 대화 시간, 놀이 시간 등이 일정하게 반복되면 아이는 자신의 생활과 감정을 스스로 조절할 수 있는 기반을 마련하게 된다. 이러한 반복적 루틴은 아이에게 '세상은 예측 가능하고 안정적'이라는 신뢰를 심어준다.

부모가 꾸준히 지키는 루틴은 단순한 생활 습관을 넘어 아이의 마음 안에 안전한 '정서의 집'을 짓는 일이다. 오늘부터 작은 루틴 하나라도 실천해 보자. 부모가 안정된 일상을 유지할 때, 아이의 마음에도 평화와 행복이 깃든다. 그 안정된 마음이 아이의 성장과 미래를 든든히 지탱하는 힘이 되어줄 것이다.

아이의 문제, 먼저 내 반응을 들여다보자

아이의 행동이 아닌 나의 감정을 먼저 점검하자

아이의 문제 행동이 눈에 띄면, 부모는 흔히 '왜 저러지?', '도대체 뭐가 잘못된 걸까?', '아이를 어떻게 바꾸어야 할까'에 집중하기 쉽다. 그러나 가장 먼저 점검해야 할 대상은 아이가 아니라, 그 행동이 부모인 나에게 어떤 감정을 일으키는지이다. 부모가 자신의 감정을 인식하고 다룰 수 있을 때, 아이의 행동에 보다 차분하고 효과적으로 대응할 수 있기 때문이다.

여섯 살 다은이가 친구와 다툰 후 분을 못 이겨 교사에게 소리를 질렀다. 엄마는 이를 전해 듣고 화가 치솟았다. 하지만 상담을 통해 다은이 엄마는 '내가 왜 이렇게 화가 났을까'를 먼저 돌아보게 되었다. 다은이의 행동이 '내가 잘못 키운 것 같은 죄책감'과 '남 앞에서 창피한 마음'을 불러일으킨 것이다. 엄마는 자신의 감정을 인지하고, 그 뒤에 숨은 불안과 스트레스를 돌보면서 조금씩 다은이를 이해하려는 마음이 생겼다.

부모가 자신의 감정을 먼저 점검하면, 아이의 문제 행동을 '공격'이나 '도전'이 아닌 '도움이 필요한 신호'로 바라볼 수 있게 된다. 감정이 흔들릴 때는 아이의 작은 행동도 크게 받아들여지지만, 마음이 안정되면 아이가 왜 그런 행동을 했는지 배경과 맥락을 더 잘 이해하게 된다. 이는 문제 해결의 출발점이 된다.

부모가 자신의 감정을 점검하는 첫걸음은 '멈춤'이다. 아이가 화를 내거나 말을 듣지 않을 때, 즉각 반응하지 말고 잠시 숨을 고르고 내 마음속에서 올라오는 감정을 살피는 것이다. '나는 지금 어떤 감정을 느끼고 있는가?', '이 감정이 아이에게 어떤 영향을 미칠까?'를 자문해 보는 것이 중요하다. 이 과정이 부모에게 자기 인식과 자기조절 능력을 키우는 훈련이 되는 것이다.

또한, 자신의 감정을 솔직하게 인정하는 것도 중요하다. '화가 난다', '답답하다', '불안하다'는 감정을 부정하거나 숨기지 말고, 스스로 인정하는 순간 감정은 한층 가벼워지고 조절하기 쉬워진다. 감정을 회피하고 억누르면 오히려 아이에게 부정적인 신호로 전달될 수 있다.

아이의 문제 행동 앞에서 중요한 것은 '아이를 바꾸려는 태도'가 아니라 부모가 '나부터 돌아보는 자세'이다. 부모가 자신의 감정을 점검하고 조절할 때, 아이와의 관계는 한층 부드럽고 안정적으로 변한다. 그때 비로소 아이의 행동 변화도 자연스럽게 시작된다.

조급한 반응이 문제를 키운다

아이의 행동이 기대와 다르거나 실수를 반복할 때, 부모는 흔히 조급한 마음에 빠져들기 쉽다. '왜 또 이러지?', '빨리 고쳐야 하는데…', '도대체 몇 번을 말해야 알아듣는 거야?'라는 생각에 순간적인 감정이 폭발하거나 다그치는 말을 하게 된다. 하지만 이러한 조급한 반응은 오히려 문제를 키우고 상황을 악화시켜 문제 해결보다는 관계를 경직시키는 원인이 된다.

조급함은 부모의 판단과 행동을 흐리게 만든다. 아이가 실수를 하거나 말썽을 부릴 때, 시간이 필요함에도 불구하고 '지금 당장' 변화를 바라며 서두르다 보면 아이의 마음과 행동을 충분히 이해하지 못하고 단순히 행동만을 문제 삼게 된다. 아이는 그런 부모의 태도를 느끼며 불안해지고, 저항하거나 무기력해질 수 있다. 아이에게 필요한 것은 꾸짖음이 아니라 이해와 인내이다.

다섯 살 호준이는 자주 산만해지고 약속을 지키지 못하는 모습을 보인다. 호준이 엄마는 이런 모습을 보며 "왜 이렇게 집중을 못 해? 태도가 그게 뭐야! 몇 번을 말해야 해!"라며 다그치기를 반복했다. 그럴수록 호준이는 엄마의 조급한 태도에 부담을 느껴 오히려 더 반발하며, 엄마 말을 들으려 하지 않았다. 엄마의 조급함이 호준이의 자존감과 동기를 떨어뜨려 상황을 악화시킨 셈이다.

조급한 반응은 부모와 아이 모두에게 스트레스를 준다. 부모는 감정을 조절하지 못해 불필요한 갈등을 만들고, 아이는 자신이 사랑받지 못한다고 느껴 불안과 자책에 빠진다.

문제를 해결하기 위해서는 '서두르지 않는 마음가짐'이 무엇보다 필요하다. 아이의 변화는 하루아침에 이루어지지 않는다는 점을 인식하고, 작은 변화라도 꾸준히 지켜보며 기다려주는 인내가 중요하다. 부모가 느긋하게 기다리고, 아이의 감정과 행동을 이해하려 노력할 때, 아이는 스스로 변할 기회를 갖게 되고 자신감을 회복할 수 있다. 또한 조급함을 줄이기 위해 부모 스스로 감정 조절 루틴을 갖는 것이 도움이 된다. 깊은 숨쉬기, 짧은 휴식, 마음 챙김 같은 작은 습관으로 순간의 감정을 다스리면, 더 침착하고 현명한 대처가 가능하게 된다.

아이와 부모 모두를 위한 가장 좋은 방법은 '천천히, 꾸준히, 함께'라는 태도를 갖는 것이다. 오늘부터 아이의 행동에 너무 급하게 반응하기보다, 한 걸음 물러서서 깊게 숨 쉬고 기다려보자. 인내와 여유가 문제를 해결하고 아이와 부모 모두를 살리는 열쇠가 되어 줄 것이다.

'지적'이 아닌 '이해'를 먼저 말하자

아이의 잘못된 행동이나 실수가 보일 때, 부모는 본능적으로 '잘못했다'는 사실을 바로 지적하고 아이를 가르치려 하거나 잘못을 바로잡으려 든다. "왜 이렇게 했니?", "이렇게 하면 안 돼!" 같은 말들이 자연스럽게 나오지만 아이의 문제 행동 이면에는 대부분 감정이 자리하고 있다. 그래서 부모의 '지적'은 아이에게 방어심을 일으키고 관계의 벽을 세우는 결과를 낳기도 한다. 문제를 해결하려면 먼저 아이의 마음을 이해하고, 공감하는 태도를 갖는 것이 훨씬 효과적이다.

'지적'은 아이의 행동만을 문제 삼아 '틀렸다'는 평가를 내리는 반면, '이해'는 아이의 감정과 상황에 초점을 맞춰 '왜 그런 행동이 나왔을까?'를 함께 살펴보는 것이다. 아이는 자신을 이해해 주는 부모에게 신뢰를 쌓고, 더 솔직하게 자신의 마음을 표현하게 된다.

따라서 문제 상황에서는 '이해'와 '공감'이 우선되어야 한다. 예를 들어, 아이가 숙제를 하지 않았을 때 "왜 숙제를 안 했니?" 대신 "숙제하기가 힘들었니? 무슨 일이 있었는지 말해줄래?"라고 묻는 것이 훨씬 효과적이다. 이렇게 하면 아이는 부모가 나를 믿고 지지한다고 느끼고, 자신도 변화할 동기를 얻게 된다. 부모가 '지적'보다 '이해'를 선택하는 순간, 아이는 더 안전하고 사랑받는 존재로 느끼며 마음의 문을 연다. 그 문을 통해 진심 어린 소통과 변화가 시작되는 것이다. 오늘부터 아이의 행동을 볼 때 지적부터 하지 말고, 그 뒤에 숨은 아이의 마음과 상황을 먼저 이해하는 연습을 해보자.

'내가 바뀌면 아이도 변한다'는 믿음 갖기

부모는 종종 '아이가 변하지 않는다'고 고민하고 하소연한다. 하지만 아이는 거울처럼 부모의 말투, 태도, 감정을 흡수하며 자란다. 부모가 조금만 달라져도 아이의 반응이 달라지는 것을 쉽게 경험할 수 있다. 따라서 '내가 바뀌면 아이도 변한다'는 믿음을 가지는 것이 변화의 출발점이자 가장 강력한 힘이다.

부모가 먼저 변해야 한다는 믿음은 단순한 희망이 아니다. 부모의 언어, 태도, 반응 방식은 아이의 정서와 행동에 가장 큰 영향을 미친다. 아이는 부모의 모습을 그대로 배우고 모방하기 때문이다. 또한 '내가 바뀌면 아이도 변한다'는 믿음은 부모에게 희망과 동기를 준다. 아이를 변화시키기 위해 끊임없이 노력하는 대신, 자신이 먼저 할 수 있는 변화에 집중하면 부담감이 줄어들고 마음의 여유가 생긴다. 이 마음가짐이 아이와의 관계를 개선하고 긍정적인 변화를 이끌어내는 밑거름이 된다.

변화는 한순간에 이루어지지 않는다. 부모가 작은 습관 하나를 바꾸고, 감정을 조절하는 연습을 꾸준히 할 때 아이도 조금씩 달라진다. 중요한 것은 '완벽해져야 한다'는 생각을 내려놓고, 성장 과정에 있는 자신과 아이를 따뜻하게 바라보는 태도이다. 실수해도 괜찮고, 다시 시작하면 된다고 생각하자.

아이의 문제 행동 뒤에는 종종 부모도 모르는 감정적 긴장이나 스트레스가 숨겨져 있다. 부모가 자신의 마음을 돌보고, 새로운 양육 방식을 시도할 때 아이는 그 변화를 느끼고 반응한다. '내가 먼저 변하겠다'는 결심이 아이에게 '너도 할 수 있다'는 희망을 전하는 가장 확실한 메시지인 것이다. 오늘부터 나 자신을 돌아보고 작은 변화를 시작해 보자. 그 변화가 아이의 성장에 놀라운 힘이 되고, 가족 모두가 행복해지는 길임을 반드시 경험하게 될 것이다.

조급한 훈육보다 기다림이 습관을 이룬다

'기다림'이 성장의 기회를 만든다

아이의 실수나 잘못된 행동이 나타날 때, 부모는 빠르게 반응하고 즉시 바로잡으려 한다. 이는 부모로서 자연스러운 심리이지만 조급한 훈육은 아이를 수동적으로 만들고 부모의 눈치를 보게 할 뿐 아니라 아이에게 부담이 되고 오히려 반발심을 키울 수 있어 주의가 필요하다. 반면, '기다림'의 태도는 아이가 스스로 깨닫고 성장할 수 있는 소중한 기회를 제공한다. 기다림은 '방치'가 아니라 '신뢰'의 표현이다.

다섯 살 태휘는 혼자 옷 입기와 양치하기를 배우는 중이다. 엄마는 처음엔 태휘가 제대로 못 하면 바로 도와주거나 "이렇게 해야지!"라고 재촉했다. 태휘는 엄마의 빠른 요구에 스트레스를 받고 금방 포기하기도 했다. 그러나 엄마가 마음을 다잡고 '태휘가 잘하지 못해도 좀 더 기다려주자' 결심한 뒤부터 상황이 달라졌다. 태휘는 실패해도 괜찮다는 믿음을 얻었고, 수많은 실수 끝에 결국 스스로 방법을 찾아냈다. 어느새 태휘는 자신감을 갖고 혼자서 옷을 입고 양치하는 아이로 성장했다.

기다림은 아이의 내면에 '나는 할 수 있다'는 자기효능감을 키우는 밑거름이 된다. 빠른 훈육은 아이가 '틀려서는 안 된다'는 부담을 느끼게 하며, 실수에 대한 두려움으로 도전 자체를 꺼리게 만들지만, 부모가 기다려주고 지지할 때 아이는 실패를 두려워하지 않고 새로운 행동을 시도하며 점차 습관을 형성해 나간다. 또한 기다림은 부모에게도 중요한 시간과 마음의 여유를 준다. 아이의 성장 속도와 과정에 맞추어 천천히 인내하는 법을 배우면서, 부모와 아이 모두가 감정적으로 안정된 상태에서 더 건강한 관계를 쌓을 수 있다. 부모의 기다림은 아이가 무언가를 해내기까지 필요한 '시기'를 존중하는 것이기도 하다.

아이의 습관 형성은 하루아침에 완성되지 않는다. 꾸준한 반복과 연습이 필요하며, 그 과정에서 부모의 따뜻한 기다림은 가장 큰 힘이 된다. 기다림은 단순히 '기다리는 것'을 넘어, 아이를 믿고 존중하는 태도의 표현이다. 이런 믿음은 아이가 스스로 자신의 행동을 조절하고 책임질 수 있는 기반을 마련해 준다. 물론 기다림에도 한계가 있다. 안전 문제나 사회적 규범과 관련된 상황에서는 명확한 기준과 즉각적인 지도도 필요하다. 하지만 그 외 일상적 습관 형성 과정에서는 조급함을 내려놓고 아이의 속도에 맞춰 천천히 함께 걸어가는 것이 더 효과적이다.

빠른 훈육보다 '기다림'의 힘을 믿는 부모는 아이의 성장과 긍정적 습관 형성의 진정한 동반자가 될 수 있다. 오늘부터 아이가 서툴러도 재촉하지 말고, 조금 더 기다려주자. 그 기다림이 아이에게는 성장의 기회가 되고, 부모와 아이 모두에게 깊은 신뢰와 행복을 가져다줄 것이다.

아이의 속도는 저마다 다르다

아이들은 어른과 비교할 때 신체적, 정서적, 인지적 발달 수준이 낮을 뿐만 아니라 같은 상황에서도 아이마다 이해하고 행동하는 속도가 각양각색이다. 이러한 아이의 발달 특성을 부모가 인정하고 존중하는 것이 아이의 건강한 성장에 매우 중요하다. 어른의 빠른 기준이나 기대를 아이에게 그대로 적용하면, 아이는 불안과 좌절을 느끼고 자신감을 잃을 수 있다.

네 살 현경이는 또래보다 말이 느린 편이었다. 엄마는 현경이 또래 친구들이 또박또박 말하는 모습을 보며 현경이가 뒤처지는 것 같아 조바심이 났다. 그래서 "왜 아직도 못 할까? 친구들처럼 빨리 배워야지"라며 자꾸 다그쳤다. 하지만 현경이는 엄마의 조급함에 점점 말하기를 꺼리며 움츠러들었다. 상담을 통해 엄마는 '아이마다 발달 속도가 다르다'는 사실을 받아들이고, 현경이가 자신의 속도로 천천히 배울 수 있도록 기다려주기로 했다. 마음의 부담이 줄자 현경이의 말하기 능력은 조금씩 향상되었고 이제 친구들과 매일 신나게 재잘거리는 활발한 아이가 되었다.

아이의 발달 속도는 뇌 발달, 성격, 경험, 환경 등 다양한 요인에 따라 달라진다. 어떤 아이는 신체 능력이 빠르게 발달하는 반면, 감정 조절이 늦을 수 있고, 또 어떤 아이는 인지능력이 빠르지만 사회성 발달이 느릴 수 있다. 부모가 아이의 개별적인 성장 패턴을 이해하지 못하고 어른의 기준에 맞추려 하면, 아이는 자신이 '부족한 존재'라는 잘못된 인식을 갖게 되고 이는 아이의 자존감 형성에 부정적인 영향을 미친다. 반대로 아이의 속도와 방식에 맞춰 격려하고 지지하면, 아이는 자신을 긍정적으로 인식하고 도전을 두려워하지 않는 태도를 키우게 된다. 부모가 인내심을 가지고 아이가 자신의 페이스대로 성장하도록 돕는 것이야말로 진정한 사랑과 존중의 표현이다.

또한, 아이의 속도를 존중하는 태도는 부모 자신에게도 큰 도움이 된다. '내 아이는 왜 이렇게 느릴까?'라는 불안과 초조함 대신 '아이의 고유한 속도를 존중하며 기다려주자'는 마음가짐은 육아 스트레스를 줄이고 부모-아이 관계를 더욱 건강하게 만든다.

오늘부터 아이가 서툴거나 더딘 모습을 보일 때, 그저 기다려주고 격려해 주는 것을 잊지 말자. 아이의 성장과 학습에 '빠름'과 '느림'이란 없다. 아이의 속도를 인정하는 부모의 사랑이 아이의 무한한 가능성을 꽃피우는 가장 든든한 밑거름이 될 것이다.

실수할 기회를 허락해야 진정으로 배운다

아이들은 성장 과정에서 크고 작은 실수를 반복한다. 실수는 단순한 실패가 아니라, 아이가 배우고 성장하는 중요한 과정이다. 하지만 부모들은 아이가 실수하는 모습을 보며 당장 고쳐주고 싶고, 때로는 안타까운 마음에 다그치기도 한다. 그러나 진정한 배움과 습관 형성은 '실수할 기회'를 허락할 때 비로소 이루어진다.

실수는 아이에게 문제 해결 능력과 자기주도성을 길러주는 소중한 기회이다. 실수를 통해 '어떤 행동이 효과적인가', '어떤 점을 고쳐야 하는가'를 경험으로 배우며, 이는 교과서나 부모의 말보다 더 강력한 학습이 된다. 아이가 직접 해보고, 실패하고, 다시 도전하는 과정에서 자율성과 회복탄력성이 자란다. 부모가 실수를 두려워하거나 과도하게 개입하면, 아이는 실패를 '부끄럽고 나쁜 것'으로 인식하게 되고 도전을 꺼리게 된다. 이는 아이의 성장에 큰 장애물이 되며, 완벽주의나 자기비판적 성향을 키울 수도 있다. 그러나 부모가 "또 틀렸네"라는 말 대신 "괜찮아, 다시 해보자"라고 말할 때 아이는 실수 속에서도 자신감을 잃지 않고 다시 시도할 수 있게 된다. 실수를 허용하고 기다려주는 태도는 아이에게 실패를 두려워하지 않는 태도와 건강한 습관을 동시에 선물한다.

실수할 기회를 허락하는 것은 아이의 감정을 존중하는 일이기도 하다. 실수하면서 느끼는 좌절감, 아쉬움, 분노 등 다양한 감정을 경험하고 안전하게 표현할 수 있어야 아이는 건강한 정서 발달을 이룰 수 있다. 부모가 그 과정을 지지하며 기다려줄 때 아이는 스스로 감정을 조절하는 힘도 키우게 된다.

물론, 안전이나 중요한 규칙과 관련된 상황에서는 부모가 적절히 개입하고 지도해야만 한다. 하지만 일상생활 속 습관 형성이나 새로운 기술을 배우는 과정에서는 '실수할 권리'를 인정하고 기다려주는 태도가 더욱 필요하다. 그 실수가 아이를 강하고 지혜로운 사람으로 키우는 가장 소중한 자양분이 될 것이다.

기다리는 힘은 부모의 감정 조절에서 나온다

아이의 성장과 습관 형성 과정에서 '기다림'은 매우 중요한 덕목이다. 아이를 기다려주는 것은 단순한 인내심만의 문제가 아니다. 아이가 원하는 속도대로 성장하지 않거나 반복되는 실수 앞에서 부모의 인내심은 쉽게 흔들릴 수 있다. 이때 '기다리는 힘'은 단순한 참음이 아니라, 부모 스스로 자신의 감정을 조절하는 능력에서 비롯된다. 감정을 잘 다스릴 때만 진정으로 아이를 기다리고 지지할 수 있다. 그러므로 기다림의 과정은 아이뿐만 아니라 부모에게도 성장의 기회가 된다.

여섯 살 서윤이의 엄마는 서윤이가 숙제를 할 때 집중하지 못하고 자주 딴짓하는 모습에 속이 타들어 갔다. 초조하고 답답한 마음에 몇 번이나 다그쳤지만, 상황은 나아지지 않았다. 상담을 통해 엄마는 화가 날 때 깊게 숨 쉬고 감정을 가라앉히는 연습을 시작했다. 감정을 조절하는 법을 익히자, 서윤이의 실수를 다그치기보다는 다시 해볼 때까지 기다려줄 수 있게 되었다. 엄마의 부드러운 반응에 서윤이도 더 편안한 마음으로 숙제에 집중하기 시작했다.

부모의 감정 조절은 '기다림'의 질을 결정짓는 핵심이다. 감정이 폭발하거나 조급해지면, 부모는 아이의 작은 실수에도 과도하게 반응하거나 짜증을 내기 쉽다. 이런 부정적인 반응은 아이에게 스트레스로 작용해 오히려 성장과 변화를 가로막게 된다. 반면, 부모가 차분하고 안정된 마음으로 아이를 바라보면, 아이는 자신의 페이스대로 성장할 수 있는 여유를 얻는다.

감정 조절은 순간의 충동을 인식하고 다스리는 능력에서 시작한다. 아이가 기대에 미치지 못하는 행동을 보일 때 '화가 난다', '짜증 난다'는 감정을 인정하면서도, 그 감정에 휩싸이지 않고 한 걸음 물러서서 상황을 객관적으로 바라보는 것이 필요하다. 이를 위해 깊은 호흡, 잠시 자리에서 벗어나기, 긍정적인 자기 대화 같은 간단한 방법들이 효과적이다.

부모가 감정을 조절하며 기다림을 실천할 때 가족 내 소통도 원활해져 갈등 상황에서도 감정적 반응이 줄어들어 서로를 이해하고 협력하는 분위기가 형성된다. 기다림은 단순히 시간을 보내는 것이 아니라 아이의 성장 과정을 존중하고 지지하는 능동적인 태도이다. 오늘부터 내 감정을 세심히 살피고 조절하는 연습을 해보자. 그 힘이 아이를 기다리고 지지하는 든든한 토대가 될 것이다.

부모의 일관성이 아이의 습관을 만든다

'완벽함'보다 '일관성'이 중요하다

육아는 완벽한 부모가 되려는 부담감과, 아이에게 일관된 기준을 지켜야 한다는 책임감 사이에서 늘 균형을 맞춰야 하는 어려운 외줄타기다. 많은 부모가 실수를 두려워하거나 완벽을 추구하다가 지치지만, 진정으로 중요한 것은 '완벽함'이 아니라 '일관성'이다. 실수해도 괜찮지만, 기본적인 기준은 흔들리지 않아야 아이의 건강한 습관 형성과 안정된 정서가 가능하다.

일곱 살 혜리는 매일 저녁 8시에 자는 습관을 가지고 있다. 혜리 엄마는 가끔 피곤하거나 특별한 일이 있을 때 이 시간을 조금 넘기기도 하지만, 그럴 때는 취침 시간이 늦어진 이유를 늘 아이에게 설명하고 되도록 지키려 노력한다. 혜리가 밤늦게 자도 된다고 생각하게 되면 규칙은 의미가 없어지고 아이는 혼란스러워할 것이라고 생각했기 때문이다. 엄마가 완벽하지 않아도 일관된 기준을 지키려는 모습이 혜리에게는 '세상은 예측 가능하고 안전한 곳'이라는 신호가 된다.

부모도 사람인지라 완벽할 수 없기 때문에 실수하는 것은 자연스러운 일이다. 때로는 감정에 휘둘려 과하게 반응하거나, 피곤해서 훈육을 미루기도 한다. 하지만 중요한 것은 그런 실수를 인정하고, 다시 원래의 기준과 방침으로 돌아가는 태도이다. 실수한 것을 너무 자책하거나 포기하지 말고, 꾸준히 같은 방향을 유지하는 것이야말로 아이에게 신뢰를 주는 일이다. 반면, 기준이 자주 바뀌거나 부모가 일관성 없이 훈육한다면 아이는 혼란스러워지고 경계심이 커진다. '오늘은 괜찮지만 내일은 안 된다'는 모호한 규칙은 아이가 무엇을 지켜야 할지 몰라 불안해지고, 자율성과 책임감을 키우기 어렵게 만든다. 이런 상황에서는 아이가 습관을 제대로 형성하기 어렵고, 문제 행동도 늘어날 수 있다.

일관된 기준을 지키면서도 부모가 완벽하지 않아도 되는 이유는, '인간적인 모습'이 오히려 아이와의 관계를 더욱 깊게 만들기 때문이다. 부모가 자신의 실수를 솔직하게 인정하고 사과하며, 함께 문제를 해결하려는 모습을 보일 때 아이는 '부모도 완벽하지 않을 수 있고, 그래도 괜찮다'는 건강한 메시지를 받는다. 이는 아이의 자기 수용과 성장에 큰 도움이 된다.

오늘부터 실수를 두려워 말고, 자신의 기준을 점검하며 일관되게 지켜나가 보자. 그 과정이 부모와 아이 모두에게 신뢰와 안정, 그리고 행복을 선물할 것이다.

가족이 함께 꾸준히 지킬 수 있는 규칙

아이의 성장과 습관 형성에서 규칙은 꼭 필요한 도구이다. 하지만 규칙이 너무 많거나 복잡하면 집중력이 분산되고 피로감이 생겨 아이도 부모도 부담을 느끼게 된다. 따라서 규칙은 적더라도 명확하고 일관되게 지키는 것이 훨씬 효과적이다. 한 번 정한 규칙은 가족 모두가 함께 지키려 노력해야 아이가 안정감을 느끼고 스스로 규칙을 내면화할 수 있다.

여섯 살 수아네 가족은 '저녁 식사 전에는 전자기기를 사용하지 않는다'는 한 가지 규칙을 정했다. 엄마와 아빠는 처음부터 이 규칙을 엄격하게 지키고, 수아도 처음에는 어려워했지만 시간이 지나면서 자연스럽게 익숙해졌다. 규칙이 많지 않고 단순해서 수아는 부담 없이 받아들일 수 있었고, 일관된 적용 덕분에 규칙의 의미와 중요성을 이해하게 되었다.

규칙이 많지 않다는 것은 부모가 모든 상황을 통제하기보다 아이가 정말 중요한 것에 집중하도록 돕는다는 의미이다. 이를 통해 아이는 스스로 중요한 가치를 판단하고 선택하는 능력을 키운다. 또한, 규칙을 지키는 일관성은 아이에게 '우리 집은 예측 가능하고 안정적이다'라는 신호를 준다. 아이는 어떤 상황에서도 부모가 정한 기준이 변하지 않는다는 믿음을 가지며, 이는 정서적 안정과 신뢰 형성에 큰 도움이 된다. 물론, 규칙을 지키기 어려운 상황이 있을 수도 있다. 그럴 때는 유연하게 상황을 고려하되, 기본적인 원칙은 흔들리지 않도록 노력해야 한다. 부모가 융통성을 보이면서도 핵심 규칙을 지키는 모습을 보여주면, 아이도 현실적인 기준을 배우고 성장할 수 있다.

아이가 규칙을 잘 지키기 위해서는 규칙을 정할 때는 가족 구성원 모두가 참여하는 것이 중요하다. 아이가 직접 의견을 내고 규칙을 정하는 과정에 참여하면, 스스로 책임감을 느끼고 자발적으로 규칙을 따르게 된다. 이 과정은 부모와 아이의 소통을 강화하고, 규칙에 대한 이해와 수용을 높이는 좋은 기회가 된다. 결국, 많은 규칙을 만드는 것보다 중요한 것은 '적은 수의 규칙을 가족 모두가 꾸준히 지키는 것'이다. 오늘부터 가족과 함께 꼭 필요한 규칙을 함께 정하고, 서로 존중하며 지키는 문화를 만들어보자.

일관성을 위한 부모의 자기관리

아이의 올바른 성장과 건강한 습관 형성을 위해 가장 중요한 것은 '일관성'이다. 하지만 일관된 기준과 태도를 꾸준히 유지하는 일은 생각보다 쉽지 않다. 부모도 사람인지라 감정의 기복이 있고, 육아 스트레스나 피로에 지치기 쉽기 때문이다. 그렇기에 일관성을 지키기 위해서는 부모 스스로의 자기관리가 반드시 필요하다.

여덟 살 민혁이 엄마는 유달리 바쁘고 피곤한 날이면 평소 엄격하게 지키던 숙제 시간 규칙을 느슨하게 넘기곤 했다. 어느 날부터 민혁이는 숙제 시간을 제멋대로 미루기 시작했고, 엄마는 다시 강하게 잔소리를 하면서 감정 기복이 심해졌다. 이후 상담을 통해 민혁이 엄마는 <u>스스로의 휴식과 감정 관리를 우선</u>으로 하며 규칙을 지키는 데 필요한 에너지를 확보하기로 마음먹었다. 휴식을 취하고 마음을 돌보니 자연스럽게 일관된 태도를 유지할 수 있었고, 민혁이도 안정된 환경에서 다시금 숙제 시간을 잘 지키게 되었다.

부모의 자기관리는 크게 두 가지 측면에서 이루어져야 한다. 첫째, 감정 조절이다. 육아 중 순간적으로 화가 나거나 짜증이 날 때가 많지만, 그 감정을 통제하지 못하면 일관된 태도를 유지하기 어렵다. 감정이 흔들리면 말과 행동이 달라지고, 아이는 혼란스러워진다. 감정을 관리하기 위해서는 호흡법, 명상, 잠깐의 휴식 등 간단한 방법을 일상에 습관화하는 것이 도움이 된다. 둘째, 체력 관리이다. 신체적 피로는 정신적 인내심을 급격히 떨어뜨린다. 규칙을 꾸준히 지키고 아이와 긍정적으로 소통하려면 충분한 수면과 규칙적인 운동, 건강한 식사가 필수적이다. 자기 몸을 잘 돌보는 부모가 아이에게도 안정적이고 일관된 모습을 보여줄 수 있다.

또한, 부모가 자기 자신을 돌아보고 객관적으로 평가하는 시간도 중요하다. '내가 오늘 얼마나 일관성 있게 행동했는가?' '내 감정을 잘 조절했는가?' 같은 질문을 통해 자기 성찰을 하고, 부족한 부분을 보완하려는 의식적인 노력이 필요하다. 이 과정에서 배우자나 신뢰하는 사람과 감정을 나누는 것도 큰 도움이 된다.

일관성은 아이에게 '예측 가능하고 안정적인 환경'을 제공한다. 아이는 부모의 태도가 일관되면 자신이 무엇을 해야 하는지 명확히 알고, 안정감을 느껴 행동과 감정을 잘 조절할 수 있으나 부모가 일관성 없이 감정에 따라 반응하면 아이는 불안해지고 경계심이 커진다. 따라서 부모의 자기관리는 부모 개인만의 문제가 아니라 아이의 성장과 교육, 그리고 가족 전체의 행복에 직접 연결된 중요한 요소다. 오늘부터 짧은 시간이라도 자신을 돌보고, 감정과 체력을 관리하는 습관을 시작해 보자. 부모가 건강하고 일관된 모습을 보일 때, 아이는 가장 안전하고 든든한 성장의 터전을 얻게 될 것이다.

부모를 위한 감정 루틴 만들기

부모의 감정 습관이 아이의 감정 안전벨트가 된다. 아이의 습관을 지키기 위해서는 부모의 감정 루틴도 안정되어야 한다. 간단한 감정 습관 가이드를 통해 부모인 나부터 감정을 건강하게 다루는 연습을 시작하자.

- **step 1 '오늘의 감정'을 정하고 이름 붙이기**
  - 하루를 마무리하며 스스로에게 질문해 본다. "나는 오늘 어떤 감정을 가장 많이 느꼈더라?"
  - 예 피곤함, 걱정, 뿌듯함, 외로움, 화남, 고마움 등
  - 감정에 이름을 붙이면 감정에 압도당하지 않고 다룰 수 있는 힘이 생긴다.
  - 감정 노트를 쓰거나 스마트폰 메모장에 이모티콘으로 감정을 기록해도 좋다.

- **step 2 '감정 과잉 반응' 경보 버튼 만들기**
  - 아이가 떼쓰거나 예기치 않은 상황이 생길 때 반사적으로 "그만 좀 해!"라고 외치기 전에 스스로에게 정지 신호를 만들어본다.
  - 나만의 경보 버튼 예
    - ☐ 속으로 숫자 5까지 세기
    - ☐ 발끝에서 머리끝까지 스캔하듯 긴장 풀기
    - ☐ 물 한 모금 마시며 말 멈추기
    - ☐ "지금 화났구나"라고 스스로에게 속삭이기

- **step 3 감정을 나누는 짧은 문장 연습하기**
- 감정을 억누르기보다 짧고 솔직하게 말하는 습관을 들인다.
  - ☐ "지금 내가 좀 예민한 것 같아."
  - ☐ "내가 걱정돼서 그런 말이 나왔어."
  - ☐ "미안해, 나도 감정 조절이 잘 안 됐어."
  - ☐ "지금 나는 좀 쉬고 싶어."
- 이런 짧은 문장의 말들이 아이에게 '감정은 말해도 괜찮은 것'이라는 메시지를 준다.

- **step 4 매일 하나의 감정 루틴 실천하기**
- 스스로 선택한 감정 루틴의 실천 여부 확인하기
- 5일 정도 실천한 후 결과 점검하기

> 부모의 감정도 습관이다. 부모 스스로 자신의 감정을 다룰 수 있을 때 아이의 감정도 자연스럽게 흘러갈 수 있다. '이해받는 경험'을 매일 한 조각씩 선물해 보자. 아이의 달라진 눈빛을 느낄 수 있을 것이다.

참고문헌

김은경, 정인숙(2016). 초등학생의 수면습관 및 식습관과 주의집중력의 관계. 대한 간호학회지, 46(1), 54-63.
서은국(2014). 행복의 기원. 21세기북스.
서천석(2012). 아이의 신호를 이해하는 법. 위즈덤하우스.
윤미현, 안서희(2010). 아동의 아침식사 실태와 인지능력 및 학업성취도의 관계. 한국식생활문화학회지, 25(4), 395-403.
이상미, 김양희(2011). 아동의 수면습관이 정서 및 사회성 발달에 미치는 영향. 아동교육, 20(4), 55-72.
이영미 외(2018). 유아 미디어 리터러시 교육의 실제. 학지사.
임규연 외(2020). 성장 마인드셋을 반영한 과정 중심 피드백의 이론적 고찰과 적용 방안. 교육방법연구, 32(2), 353-373.
정재승, 정재은, 이고은 외(2021). 정재승의 인간탐구보고서 3. 아울북.
최유하 외(2019). 과정 중심 피드백이 초등학생의 자기조절학습 및 학업성취에 미치는 영향. 초등교육연구, 36(1), 77-96.
최윤미, 최인자(2003). 청소년의 수면습관과 학업수행능력의 관계. 한국생활과학회지, 12(1), 1-12.

노먼 도이지, 장호연 역(2023). 스스로 치유하는 뇌. 히포크라테스.
대니얼 J. 시겔, 김보연 외 역(2022). 마음의 발달. 하나의학사.
대니얼 카너먼, 이창신 역(2018). 생각에 관한 생각. 김영사.
로버트 M. 새폴스키, 김영남 역(2023). 행동. 문학동네.
찰스 두히그, 강주헌 역(2012). 습관의 힘. 갤리온.

Baumeister, R. F., & Tierney, J.(2011). *Willpower: Rediscovering the Greatest Human Strength*. Penguin Press.
Buckingham, D.(2003). *Media Education: Literacy, Learning and Contemporary*

Culture. Polity Press.

Clear, J.(2018). *Atomic Habits: An Easy & Proven Way to Build Good Habits & Break Bad Ones*. Penguin Random House, Avery Publishing.

Doidge, N.(2007). *The Brain That Changes Itself*. Viking.

Duhigg, C.(2012). *The Power of Habit: Why We Do What We Do in Life and Business*. Random House.

Dweck, C. S.(2006). *Mindset: The New Psychology of Success*. Random House.

Eisenberg, N., Spinrad, T. L., & Eggum, N. D.(2010). Emotion-related Self-regulation and Its Relation to Children's Maladjustment. *Annual Review of Clinical Psychology, 6,* 495-525.

Fogg, B. J.(2020). *Tiny Habits: The Small Changes That Change Everything*. Houghton Mifflin Harcourt.

Gottman, J., Katz, L. F., & Hooven, C.(1997). *Meta-emotion: How Families Communicate Emotionally*. Lawrence Erlbaum.

Graybiel, A. M.(2008). Habits, Rituals, and the Evaluative Brain. *Annual Review of Neuroscience, 31,* 359-387.

Kahneman, D.(2011). *Thinking, Fast and Slow*. Farrar, Straus and Giroux.

Kolb, B., & Whishaw, I. Q.(2015). *An Introduction to Brain and Behavior(4th ed.)*. Worth Publishers.

LeDoux, J.(2002). *The Synaptic Self: How Our Brains Become Who We Are*. Viking.

Sapolsky, R. M.(2017). *Behave: The Biology of Humans at Our Best and Worst*. Penguin Press.

Siegel, D. J., & Hartzell, M.(2003). *Parenting from the Inside Out: How a Deeper Self-understanding Can Help You Raise Children Who Thrive*. Tarcher/Penguin.

Siegel, D. J.(2012). *The Developing Mind: How Relationships and the Brain Interact to Shape Who We Are(2nd ed.)*. Guilford Press.

Sroufe, L. A.(2005). Attachment and Development: A Prospective, Longitudinal Study from Birth to Adulthood. *Attachment & Human Development, 7*(4), 349-367.